Roberto Tartaglione • Angelica Benincasa

A1|A2

Grammatica della lingua italiana Per Stranieri

regole • esercizi • letture • test

DI BASE

progetto grafico e copertina: Lucia Cesarone
impaginazione: Gabriel de Banos
disegni: Roberto Ghizzo
redazione: Carlo Guastalla, Chiara Sandri

Printed in Italy
ISBN 978-88-6182-406-5
prima edizione: ottobre 2015

Ringraziamenti

Vanno ringraziate alcune persone che ci hanno supportato nella realizzazione di questo scritto.
In primo luogo un grazie di cuore va a **Silverio Novelli**, vecchio amico, collaboratore della Treccani per l'area "lingua e linguaggi" e autore di saggi e libri sulla lingua italiana fra cui il recente "Si dice non si dice dipende". La sua "benedizione" su alcune affermazioni fatte in questa grammatica ci conforta già da ora per quando dovremo rispondere a qualche obiezione su espressioni che abbiamo indicato come consentite o tollerate e che qualche critico pedante riterrà certamente indegne di un libro di grammatica.
Un grazie tutto speciale va a **Giulia Grassi**, storica dell'arte e collaboratrice di Matdid per la sezione archeologica, che ha fornito spunti e indicazioni di carattere storico assolutamente puntuali e precisi.
Non possiamo dimenticare **Helena Kovacs** che si è sobbarcata il doppio del lavoro alla Scuola d'Italiano nel periodo in cui gli autori del libro vivevano concentrati solo sulle faccende grammaticali e **Benoit Bernard** che si è occupato di **Emma** e **Vittoria** mentre la mamma era costantemente davanti al computer. Il merito (o la colpa) che questo libro sia arrivato alle stampe è anche loro.
Ancora un grazie va ad **Adriano Tartaglione** per il pratico *software* che ha inventato su nostra richiesta per verificare velocemente a che punto del dizionario di frequenza d'uso fossero i lemmi utilizzati nelle nostre letture. Semplice ed efficacissimo.
Ringraziamo **Sandra Djordjevic**, direttrice di *Scudit Belgrado* e **Federica Gallina**, direttrice della *Scuola d'Italiano* di Oslo, per i suggerimenti in base alla loro esperienza didattica con studenti slavi e scandinavi. Utilissime le indicazioni dell'amica **Petra Patoc** che, unendo una talentuosissima competenza linguistica a un'età che la rende ancora vicina a quando di italiano era studentessa, ci ha fatto pensare a qualche "trabocchetto linguistico" a cui noi non avevamo dato peso.
Un altro grazie va a **Daniela Mancini** e **Tommaso Marani** autori del recente "Il congiuntivo": con Daniela in particolare ci siamo incontrati e scontrati quotidianamente sulle più diverse questioni grammaticali che via via spuntavano fuori durante la scrittura di questo libro.
Ringraziamo ancora il paziente lavoro di revisione editoriale di ALMA Edizioni e in particolare **Carlo Guastalla**: e se l'introduzione a questo libro non supera le 25 pagine lo si deve a lui. Preziosi i consigli degli studenti francesi di *Scudit Paris* che hanno pazientemente svolto molti degli esercizi e letto gran parte delle letture: **Cécile Adam**, **Kate Guyonvarch**, **Annick Margottet** e **Nicole Delivery**.
E soprattutto ringraziamo gli insegnanti vecchi e nuovi di ***Scudit Scuola d'Italiano***, che da anni sperimentano nelle loro classi molti dei materiali presenti in questo libro: **Arianna Fioravanti**, **Marina Giorgini**, **Alessandra Petrolati**, **Giulia Pucciarini**, **Paola Quadrini**, **Matilde Ronzitti**, **Giovanna Virgilio** e **Sonia Arlacchi** (collaboratrice di *Scudit Paris*).
Elencare i mille motivi per cui dire grazie a **Gianclaudio Macchiarella** richiederebbe un volume a parte.

ALMA Edizioni
via Bonifacio Lupi, 7
50129 Firenze
info@almaedizioni.it
www.almaedizioni.it

Indice

Introduzione

LA STRUTTURA

La nostra Grammatica della lingua italiana Per Stranieri è divisa in due volumi (A1/A2 e B1/B2). Ogni volume comprende:

1. **un percorso grammaticale**, con schemi grammaticali a difficoltà progressiva, che introducono ogni capitolo;
2. **esercizi** che seguono le varie illustrazioni grammaticali in ogni capitolo;
3. **letture di riepilogo** ogni tre o quattro capitoli, che riassumono le questioni affrontate fino a quel punto;
4. riquadri con **curiosità** sulla lingua italiana, trucchi per la memorizzazione e **consigli** per l'uso dei vari aspetti della lingua nella vita quotidiana;
5. le **videolezioni** di grammatica di Roberto Tartaglione disponibili su **www.ALMA.tv**, la tv di ALMA Edizioni dedicata alla lingua e alla cultura italiana.

L'intenzione è quella di fornire uno strumento agile di studio e di consultazione, in cui non si è obbligatoriamente costretti a seguire una progressività (che pure è cara agli autori).
Non sarebbe fuori luogo per esempio considerare filo conduttore del libro proprio le **venti letture**. Graduate grammaticalmente, controllate lessicalmente, varie nei contenuti, brevi così da non richiedere eccessivo sforzo di "traduzione", dosate in modo da offrire un panorama delle strutture linguistiche che si vanno via via acquisendo. In teoria (ma solo in teoria, ovviamente) seguendo solo il "percorso letture" si potrebbe avere un quadro – se non esaustivo – almeno relativamente ricco della dimensione formale, di quella semantica e di quella pragmatica della lingua italiana, dosato per livelli.

LA GRAMMATICA

Gli schemi grammaticali sono anche loro "progressivi": gli argomenti trattati sono perciò frazionati in base all'importanza, cioè alla **frequenza d'uso**. Un **indice finale** permette però di ricostruirne facilmente l'unità.

La progressione è più o meno quella consolidata nei manuali di italiano per stranieri.
Qualche accorgimento che abbiamo seguito – per quanto riguarda almeno l'illustrazione dei tempi e dei modi verbali - va comunque segnalato. Infatti abbiamo:

- **"accostato" la trattazione di passato prossimo e imperfetto indicativo:** i due tempi verbali vanno acquisiti in tempi non troppo distanti fra loro per evitare una "predilezione" particolare per uno di loro;
- **posticipato l'illustrazione del futuro indicativo**, per evitare che l'uso meccanico del "futuro per parlare di domani" diventi prevalente sul futuro che esprime altre volontà comunicative;
- **introdotto "il discorso indiretto" nelle sue forme più semplici abbastanza presto**. La capacità di reinterpretare le parole altrui non è da emarginare a "fine corso";
- **considerato il congiuntivo come "uno dei tanti" argomenti grammaticali utili** a chi impara l'italiano, ma non "il cuore della lingua". Troppo spesso abbiamo visto gli studenti concentrarsi un po' troppo su questo modo verbale e i corsi di livello medio o alto trasformarsi in una lotta verso l'acquisizione del congiuntivo. Ecco: abbiamo cercato di evitare questo;
- **approfondito in modo particolare l'uso dei modi infiniti**. La ricerca spasmodica del "congiuntivo giusto" porta talvolta a trascurare forme e sintagmi che ne possono perfino evitare l'uso e che rendono la lingua assai più scorrevole e fluida;

- **"maltrattato" il passato remoto e il trapassato remoto**, emarginandoli all'ultimo capitolo. Del resto, se il passato remoto è ancora vivo e vegeto in alcune situazioni, è anche vero che il trapassato remoto pare stia solo aspettando che il suo certificato di morte venga stilato da qualche linguista pietoso.

Queste scelte, dettate per lo più dalla pratica didattica, non impediscono agli insegnanti di usare un determinato capitolo quando lo ritengono più opportuno. In un corso che voglia approfondire la lingua scritta o letteraria, nessuno vieta che il capitolo sul passato remoto venga utilizzato prima di quando la nostra "numerazione dei capitoli" richiederebbe.

GLI ESERCIZI

Per **gli esercizi** abbiamo cercato di essere vari nella tipologia: ma trattandosi di un libro di grammatica, pensato anche per autoapprendimento, abbiamo minimizzato le tipologie che esigono la "partecipazione di gruppo", privilegiando quelle a "risposta chiusa". Gli esercizi dopo le letture, a differenza degli altri, non sono riferiti a un solo argomento grammaticale, ma riprendono un po' tutto quanto si è visto in precedenza e mirano in particolare alla "fissazione" di formule, strutture, frasi chiave e automatismi e sono, volutamente, più ripetitivi.

Negli esercizi il lessico è meno ancorato al "dizionario di frequenza d'uso" che nelle letture. Alcune famiglie di parole (colori, parti del corpo, festività, ecc.) era opportuno comparissero insieme, senza dar peso al fatto che "Natale" abbia una frequenza maggiore di "Capodanno" o che "domenica" sia più frequente di "venerdì".

LA DIMENSIONE CULTURALE

Un ultimo aspetto che ci pare non aver trascurato è quello che riguarda **la "dimensione culturale"** nell'apprendimento dell'italiano. Convinti come siamo che lo studio della lingua italiana abbia sempre una motivazione di carattere culturale (sia essa intesa come amore per l'arte, come curiosità turistica, come passione gastronomica o come necessità integrativa per esigenze di lavoro) abbiamo cercato di accennare a un po' tutti quegli aspetti che servono a "definire una cultura". Se qualche volta siamo stati ironici (trattando per esempio la storia di Nerone come la tratterebbe un giornale scandalistico nella lettura 10 del vol. 1) o abbiamo giocato con l'assurdo (come nella lettura 8 del vol. 2: *Al ristorante, domani*), abbiamo evitato di riferirci ad argomenti troppo "sensibili" come religione o caratteristiche etniche. Cosa che, pur facendo parte del nostro italico senso dell'umorismo, potrebbe urtare la sensibilità dell'orecchio straniero: abbiamo ironizzato quindi solo su noi stessi, sulla nostra storia, cultura o atteggiamento mentale.

LE FONTI

Per quanto riguarda citazioni di frasi o di brani riportati nel testo, abbiamo sempre indicato l'autore. Se in qualche caso abbiamo dimenticato di farlo, segnalatecelo e rimedieremo. Come materiali didattici di italiano per stranieri l'unico "fondo" a cui abbiamo attinto è quello di **Matdid**, materiali di Scudit Scuola d'Italiano Roma, in www.matdid.it . Ma trattandosi di materiali nostri qualche volta non ne abbiamo riferito l'autore, consapevoli che nessuno avrebbe potuto aversene a male.

Gli autori

1. IL NOME

1.1 NOMI MASCHILI E FEMMINILI, GENERALITÀ

I nomi in **-o** sono di solito **maschili** e hanno il plurale in **-i**.	ann***o*** - ann***i***, alber***o*** - alber***i***, giorn***o*** - giorn***i***, libr***o*** - libr***i***, lavor***o*** - lavor***i***, bambin***o*** - bambin***i***, ragazz***o*** - ragazz***i***, ecc.
I nomi in **-a** sono di solito **femminili** e hanno il plurale in **-e**.	cas***a*** - cas***e***, famigli***a*** - famigli***e***, ide***a*** - ide***e***, ragazz***a*** - ragazz***e***, signor***a*** - signor***e***, ecc.
I nomi in **-e** possono essere **maschili** o **femminili** e hanno il plurale in **-i**.	*Maschili*: mes***e*** - mes***i***, nom***e*** - nom***i***, padr***e*** - padr***i***, color***e*** - color***i***, paes***e*** - paes***i***, ecc. *Femminili*: art***e*** - art***i***, class***e*** - class***i***, nott***e*** - nott***i***, posizion***e*** - posizion***i***, madr***e*** - madr***i***, ecc.

1.2 SCHEMA DEI NOMI

	maschili in -o	femminili in -a	maschili o femminili in -e
singolare	-o	-a	-e
plurale	-i	-e	-i

e inoltre...

1.3 NOMI MASCHILI E FEMMINILI, PARTICOLARITÀ

I nomi che hanno l'ultima lettera con un **accento** sono **invariabili**: il plurale è uguale al singolare.	città → città caffè → caffè tiramisù → tiramisù
I **nomi stranieri** di solito sono maschili e sono **invariabili**: il plurale è uguale al singolare.	computer → computer autobus → autobus ma: email (femminile) → email
I nomi in **-io** di solito hanno il plurale con una sola **-i**.	orolog***io*** → orolog***i*** occh***io*** → occh***i*** ma: z***io*** → z***ii***
I nomi in **-ca/-ga** hanno il plurale **-che/-ghe**.	ami***ca*** → ami***che***
I nomi in **-co/-go** hanno il plurale **-chi/-ghi**, ma alcune volte anche in **-ci/-gi**.	tur***co*** → tur***chi*** ami***co*** → ami***ci***
Alcuni nomi sono irregolari.	uomo → uomini problema (maschile) → problemi euro (maschile) → euro mano (femminile) → mani

Esercizi

1 Leggi i nomi di persona più diffusi in Italia.

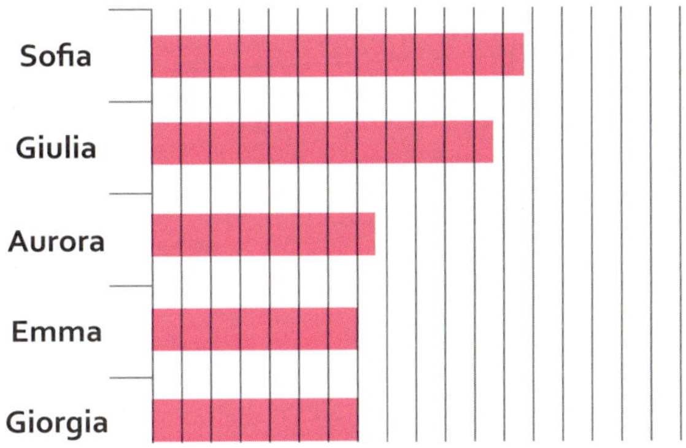

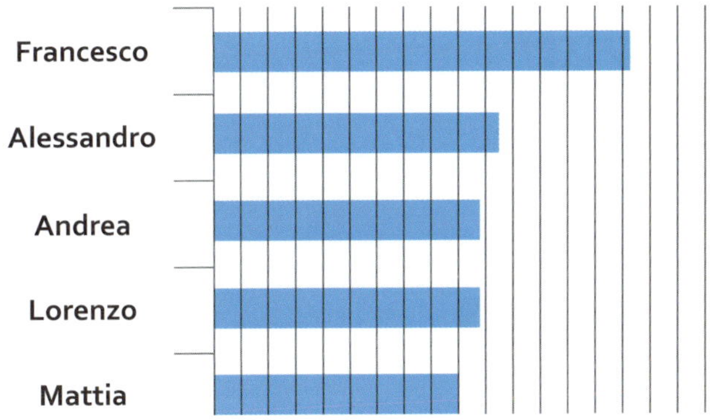

2 Quale nome di persona è nel gruppo sbagliato?

4 nomi femminili + 1 nome maschile

SOFIA
BEATRICE
GINEVRA
ANDREA
GAIA

4 nomi maschili + 1 nome femminile

FRANCESCO
SIMONE
NICOLA
CLIO
GABRIELE

3 Inserisci nella tabella le parole che indicano le parti di una giornata.

NOMI FEMMINILI	NOMI MASCHILI

Esercizi

4 Come si chiama in italiano? Segui gli esempi.

Es. Come si chiama questo in italiano? Questo in italiano si chiama **bambino**.

Es. Come si chiama questa in italiano? Questa in italiano si chiama **casa**.

1 Come si chiama questo in italiano? ____________________ **libro**.

2 Come si chiama questa in italiano? ____________________ **famiglia**.

3 ____________________? ____________________ **ragazzo**.

4 ____________________? ____________________ **ragazza**.

5 ____________________? ____________________ **macchina**.

5 Fai il plurale.

1 anno ____________________
2 bambino ____________________
3 giorno ____________________
4 lavoro ____________________
5 libro ____________________
6 pizza ____________________
7 casa ____________________
8 famiglia ____________________
9 idea ____________________
10 macchina ____________________

6 Fai il singolare.

1 ____________________ numeri
2 ____________________ ragazzi
3 ____________________ Stati
4 ____________________ ore
5 ____________________ persone
6 ____________________ ragazze
7 ____________________ bambini
8 ____________________ settimane
9 ____________________ signore
10 ____________________ storie

Esercizi

7 **Abbina i nomi della lista alle immagini corrispondenti, come nell'esempio.**

amore	arte	classe	gente	giornale	mare	mese	nazione
nome	notte	ospedale	presidente	professore	televisore	voce	

a. amore

b. ____________

c. ____________

d. ____________

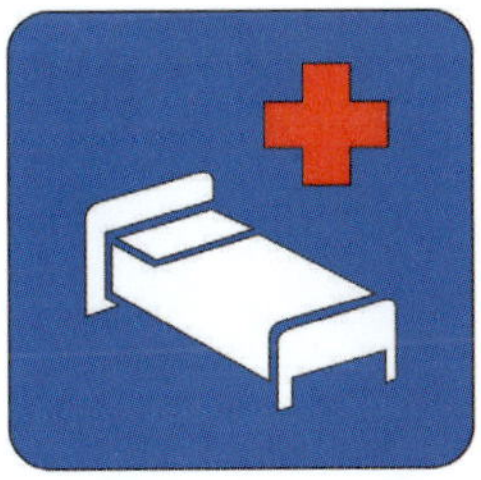

e. ____________

f. ____________

g. ____________

h. ____________

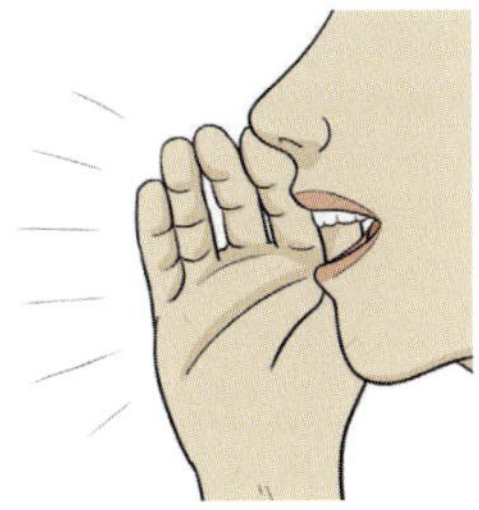

i. ____________

l. ____________

m. ____________

n. ____________

o. ____________

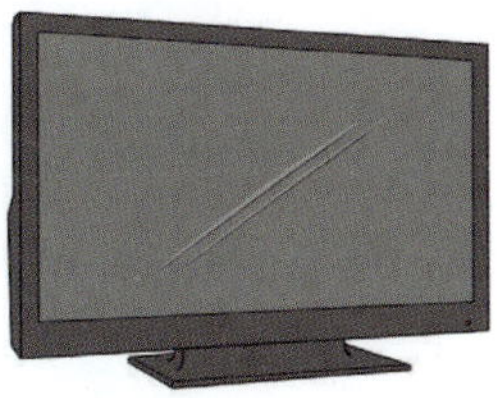

p. ____________

ANTONIO

q. ____________

8 **Inserisci i nomi dell'esercizio 7 nella colonna giusta.**

NOMI MASCHILI	NOMI FEMMINILI

9 Completa con le forme del singolare o del plurale.

1  un telefonino →  tre ____________

2  un ____________ →  due anni

3  una madre →  due ____________

4  una nazione →  sei ____________

5  una signora →  due ____________

6  un ____________ →  due signori

7  una francese →  due ____________

8  un televisore → 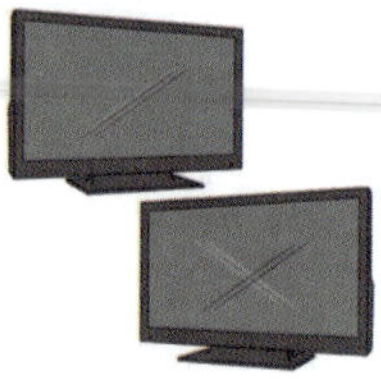 due ____________

10 Compila il formulario.

Ambasciata d'Italia

………………

FOTOGRAFIA

………………

Domanda di visto per gli Stati Schengen

Modulo gratuito

………………………………………

………………………………………

1. Cognome

2. Nome

3. Data di nascita (giorno-mese-anno) ………………	4. Luogo di nascita / ……………… 5. Stato di nascita / ………………	6. Cittadinanza attuale ……………… 7. Cittadinanza alla nascita, se diversa ………………

8. Sesso	9. Stato civile	
☐ Maschile ☐ Femminile	☐ Non coniugato/a ☐ Separato/a ☐ Vedovo/a ☐ Altro (precisare) / ………………………………	☐ Coniugato/a ☐ Divorziato/a

10. Tipo di documento

☐ Passaporto ordinario
☐ Passaporto diplomatico
☐ Passaporto di servizio
☐ Passaporto ufficiale
☐ Passaporto speciale
☐ Documento di viaggio di altro tipo (precisare) / ………………………………

11. Numero del documento di viaggio / ………………	12. Data di rilascio………………	13. Valido fino al /…..	14. Rilasciato da /……………

15. Indirizzo del domicilio e indirizzo di posta elettronica del richiedente ………………	Numero/i di telefono / ………………

16. Occupazione attuale / ………………………………

17. Scopo/i principale/i del viaggio

☐ Turismo
☐ Affari
☐ Visita a familiari o amici
☐ Cultura
☐ Sport
☐ Visita ufficiale
☐ Motivi sanitari
☐ Studio
☐ Transito
☐ Transito aeroportuale
☐ Di altro tipo (precisare) /

Esercizi

11 **Come si dice... Scegli una lingua che conosci e segui gli esempi.**

in arabo	in francese	in inglese	in italiano
in norvegese	in russo	in serbo	in spagnolo
in svedese	in tedesco	in turco	in ...

Es. Come si dice "nazione" in inglese? — In inglese "nazione" si dice "nation".
Es. Come si dice "numero" in tedesco? — In tedesco "numero" si dice "Nummer".

1 Come si dice "nome" in ...? — In ... "nome" si dice ______________
2 Come si dice "cognome" in ...? — In ... "cognome" si dice ______________
3 Come si dice "indirizzo" in ...? — In ... "indirizzo" si dice ______________
4 Come si dice "telefono" in ...? — In ... "telefono" si dice ______________
5 Come si dice "data di nascita" in ...? — In ... "data di nascita" si dice ______________
6 Come si dice "luogo di nascita" in ...? — In ... "luogo di nascita" si dice ______________

e inoltre...

12 **Fai il plurale.**

1 tiramisù ______________
2 città ______________
3 amico ______________
4 pomeriggio ______________
5 uomo ______________
6 euro ______________
7 radio ______________
8 mano ______________
9 film ______________
10 caffè ______________

In questa grammatica non c'è un riferimento agli accenti. Ma qualche volta la "e" è accentata "è" e qualche volta "é". Che differenza c'è?
Non ne parliamo perché di solito, scrivendo al computer, il correttore ortografico dà la soluzione giusta. Scrivendo a penna invece è sufficiente un segno qualunque per indicare l'accento. Comunque può bastare sapere che l'accento grave (**è**) indica una pronuncia aperta della vocale (*caffè*, *purè*), l'accento acuto (**é**) indica pronuncia chiusa (*perché*, *trentatré*). Lo stesso vale (teoricamente) per la "o", anche se in finale di parola è sempre aperta (*farò*, *oblò*).

vai su www.alma.tv

Accento e apostrofo **CERCA**

nella rubrica **GRAMMATICA CAFFÈ**

13 Piacere! Completa i dialoghi come nell'esempio.

■ Buongiorno. Mi chiamo Angelo Bianchi. Sono professore.
● Buongiorno ___Professor___ Bianchi, piacere!

■ Buongiorno. Mi chiamo Giorgio Macchi. Sono ingegnere.
● Buongiorno ____________ Bianchi, piacere!

■ Buongiorno. Mi chiamo Francesco Russo. Sono dottore.
● Buongiorno ____________ Russo, piacere!

Quando un italiano dice "Buongiorno Signor Rossi" e non dice la "e" di "Signore", fa un errore?
I nomi, e in generale le parole italiane, se finiscono con le lettere *r*, *l*, *n* e talvolta anche ***m* + vocale**, possono perdere questa vocale;
la vocale si perde obbligatoriamente nel caso di ***signore* + nome di persona** e in generale con il **titolo + nome di persona**.
Es. ***Signor*** *Rossi* (femminile: *Signora Rossi*), ***dottor*** *Ferrari*, ***mal*** *di testa*, ***pan*** *di Spagna*, ***mar*** *Mediterraneo..*

14 Quante parole conosci?

2. L'ARTICOLO

2.1 L'ARTICOLO DETERMINATIVO

L'articolo **il** (plurale **i**) si usa con moltissimi nomi maschili.	*il* bambino	*i* bambini
L'articolo **lo** (plurale **gli**) si usa davanti a nomi maschili che cominciano con **s + consonante** e con **z**.	*lo* studente *lo* zero	*gli* studenti *gli* zeri
L'articolo **l'** (plurale **gli**) si usa con nomi maschili che cominciano con vocale.	*l'*anno *l'*ospedale	*gli* anni *gli* ospedali
L'articolo **la / l'** (plurale **le**) si usa davanti a nomi femminili; davanti a vocale di solito prende l'apostrofo.	*la* notte *l'*idea	*le* notti *le* idee

2.2 L'ARTICOLO INDETERMINATIVO

L'articolo **un** si usa con la maggiornanza dei nomi maschili, **inclusi quelli che cominciano con vocale**.	*un* amico *un* libro	*un* anno *un* orologio
L'articolo **uno** si usa davanti a parole maschili che cominciano con **s + consonante** e con **z**.	*uno* spagnolo *uno* studente	*uno* stato *uno* zio
L'articolo **una** si usa davanti a tutti i nomi femminili; se cominciano con vocale può prendere l'**apostrofo** (**un'**). Nota bene: **un'** è sempre femminile, **un** è sempre maschile.	*una* donna *una* ragazza *un'*amica MA	*un'*idea *un'*ora *un* amico

2.3 SCHEMA DEGLI ARTICOLI

	SINGOLARE		PLURALE
	determinativi	indeterminativi	determinativi
nomi maschili	il	un	i
nomi maschili in **s + consonante** e **z**	lo	uno	gli
nomi maschili in **vocale**	l'	un	gli
nomi femminili	la	una	le
nomi femminili in **vocale**	l'	un'	le

e inoltre...

2.4 L'ARTICOLO DAVANTI A SUONI PARTICOLARI

Davanti a nomi **maschili** che cominciano con suoni "forti" come **ps**, **gn**, **x**, **i + vocale**, **y + vocale**, si usa l'articolo determinativo **lo** (plurale **gli**) e l' indeterminativo **uno**.	*lo / uno* psicologo, *lo / uno* gnomo, *lo / uno* iodio, *lo / uno* xenofobo, *lo / uno* yogurt, ecc.
Davanti a nomi **femminili** che cominciano con **i + vocale** si usano gli articoli **la / una**, sempre senza apostrofo.	*la / una* iella, *la / una* iena, ecc.

1 Guarda i 50 sostantivi tra i più frequenti in italiano, poi svolgi i compiti.

amico	esame	lavoro	ora	scuola
amore	esempio	libro	organizzazione	sera
anno	euro	madre	paese	settimana
attenzione	figlio	mamma	parola	signore
bambino	film	mano	persona	stato
cane	gente	mese	presidente	storia
casa	giornale	moglie	problema	televisione
classe	giorno	momento	professore	tempo
colore	idea	nome	questione	uomo
donna	informazione	numero	ragazzo	voce

1a Scrivi tutti i nomi che possono avere l'articolo **L'**.

1b Dei nomi che al singolare hanno l'articolo **L'**, scrivi quelli che al plurale hanno l'articolo **GLI**.

1c Dei nomi che al singolare hanno l'articolo **L'**, scrivi quelli che al plurale hanno l'articolo **LE**.

1d Quante sono le parole in 1b meno le parole in 1c?

2 Completa con gli articoli.

ARTICOLI INDETERMINATIVI

1 L'Europa è ____ continente.
2 L'Italia è _____ nazione.
3 Il Veneto è _____ regione.
4 Roma è ______ città.
5 Frascati è ______ paese.
6 Capri è _____ isola.
7 Il Vesuvio è _____ vulcano.

ARTICOLI DETERMINATIVI

8 _____ continenti sono cinque.
9 _____ nazioni dell'Unione Europea sono molte.
10 _____ regioni italiane sono venti.
11 _____ città italiane sono numerose.
12 _____ paesi italiani sono più di mille.
13 _____ isole italiane più famose sono la Sicilia e la Sardegna.
14 _____ vulcani famosi sono il Vesuvio e l'Etna.

3 Che cosa è questo? Inserisci le parole della lista con l'articolo indeterminativo, come negli esempi.

libro	*casa*	amaca	autobus	famiglia	onda	orologio	zaino

Es. Che cosa è questo? Questo è un libro.

Es. Che cosa è questa? Questa è una casa.

1 Che cosa è questa?

____

2 Che cosa è questo?

____

3 Che cosa è questo?

____

4 Che cosa è questa?

____

5 Che cosa è questo?

____

6 Che cosa è questa?

____

4 Inserisci nelle frasi gli articoli determinativi e indeterminativi, come nell'esempio.

Es. 

Che lavoro fa il signor Aldo?

Il signor Aldo fa ___il___ dottore.
Il signor Aldo è ___un___ dottore.

1 

Che lavoro fa Indiana Jones?

Indiana Jones fa _______ archeologo.
Indiana Jones è _______ archeologo.

2 

Che lavoro fa la signora Angelica?

La signora Angelica fa _____ casalinga.
La signora Angelica è _____ casalinga.

3 

Che lavoro fa il signor Roberto?

Il signor Roberto fa _____ disoccupato.
Il signor Roberto è _____ disoccupato.

4 

Che lavoro fa il signor Camilleri?

Il signor Camilleri fa _____ scrittore.
Il signor Camilleri è _____ scrittore.

5 

Che lavoro fa la signora Elena?

La signora Elena fa _____ pensionata.
La signora Elena è _____ pensionata.

6 

Che lavoro fa Monica Bellucci?

Monica Bellucci fa _____ attrice.
Monica Bellucci è _____ attrice.

7 

Che lavoro fa Luciano?

Luciano fa _____ cantante.
Luciano è _____ cantante.

5 Forma delle frasi e completale con l'articolo indeterminativo, come nell'esempio.

1 *Claudia Cardinale*
2 L'elefante
3 L'hotel "Miramare"
4 La Fiat 500
5 Francesco
6 L'Islanda
7 "O sole mio"
8 Rossi
9 Il verde
10 Via Garibaldi 2
11 Vittorio Emanuele di Savoia

è

a _____ animale
b _____ albergo
c __un'__ *attrice*
d _____ canzone
e _____ cognome
f _____ colore
g _____ indirizzo
h _____ macchina
i _____ nome
l _____ re
m _____ Stato

1. c ▪ 2.__ ▪ 3.__ ▪ 4.__ ▪ 5.__ ▪ 6.__ ▪ 7.__ ▪ 8.__ ▪ 9.__ ▪ 10.__ ▪ 11.__

e inoltre...

6 Trasforma gli articoli dal singolare al plurale.

_____ sceicchi bianchi.

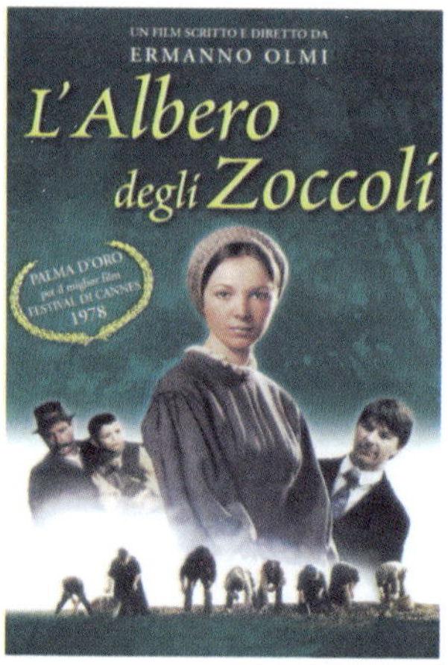

_____ alberi degli zoccoli.

_____ buoni, _____ brutti, _____ cattivi.

I nomi di persona possono avere l'articolo?
In Nord-Italia è facile sentir dire *il Marco*, *la Luisa*. Nel centro e nel sud l'articolo davanti al nome invece non si usa. Ma queste differenze regionali nell'uso dell'articolo (anche davanti a nome di familiare, *zio/lo zio* , *nonna/la nonna*) sono frequenti e a volte bizzarre: nel Salento (sud Italia) per esempio si usa l'articolo davanti ai nomi di persona. Che confusione!

vai su www.alma.tv

Quando lo zio perde l'articolo — CERCA

nella rubrica GRAMMATICA CAFFÈ

7 Completa le frasi con gli articoli.

1 Oggi è ____ ultimo giorno di scuola.

2 Questi sono ____ veri spaghetti alla amatriciana!

3 Questo è ____ piccolo Stefano.

4 Roberto è ____ mio psicologo.

5 Oggi è ____ primo giorno di scuola.

6 Questo è ____ zaino per il picnic.

8 Metti l'articolo determinativo e indeterminativo davanti ai nomi, come nell'esempio.

Es. __lo__ __uno__ yogurt
1 ______ ______ psicologo
2 ______ ______ scuola
3 ______ ______ avventura
4 ______ ______ orso
5 ______ ______ zio
6 ______ zaini
7 ______ gnomi
8 ______ ______ xilofono
9 ______ ______ appartamento
10 ______ ______ gnomo
11 ______ ______ iella
12 ______ ______ iettatore
13 ______ ______ stadio
14 ______ ______ uovo

Da cosa dipende la scelta dell'articolo?
La scelta dell'articolo ***il / lo / l'***; ***la / l'***; ***un / uno***; ***una / un'*** dipende dalla parola che lo segue.
Es. *il giorno / lo strano giorno / l'ultimo giorno; la donna / l'altra donna*, ecc.

3. L'AGGETTIVO

3.1 GLI AGGETTIVI, GENERALITÀ

In italiano gli aggettivi sono di due tipi: con 4 **terminazioni** o con **2 terminazioni.**

Aggettivi con 4 **terminazioni**:

	maschile	femminile
singolare	-o	-a
plurale	-i	-e

bravo / brava / bravi / brave
italiano / italiana / italiani / italiane
piccolo / piccola / piccoli / piccole
rosso / rossa / rossi / rosse
vecchio / vecchia / vecchi / vecchie

Aggettivi con **2 terminazioni**, uguali per maschile e femminile.

	maschile e femminile
singolare	-e
plurale	-i

facile / facili
grande / grandi
francese / francesi
verde / verdi

3.2 GLI AGGETTIVI *QUELLO* E *BELLO*

Gli aggettivi **quello** e **bello** prendono le stesse terminazioni dell'articolo determinativo.

quel	**bel**	quel paese	un bel bambino
quello	**bello**	quello studente	un bello sport
quell'	**bell'**	quell'orologio	un bell'albergo
quella	**bella**	quella ragazza	una bella voce
quei	**bei**	quei bambini	due bei bambini
quegli	**begli**	quegli sport	due begli orologi
quelle	**belle**	quelle madri	due belle ragazze

e inoltre...

3.3 GLI AGGETTIVI, PARTICOLARITÀ

Alcuni aggettivi hanno **una sola terminazione** e sono quindi **invariabili**.

Due polli ***arrosto***.
I numeri ***dispari***.

Molti aggettivi riferiti a colori sono **invariabili**.

Due vestiti rosa / viola / beige / blu / rosa / viola / nocciola / lilla / indaco, ecc.

L'aggettivo **belga** è sia maschile che femminile. Il plurale è **belgi / belghe**.

Un ***uomo belga***, due ***persone belghe***.

Quando lo stesso aggettivo si riferisce a due o più nomi di genere sia maschile che femminile, l'aggettivo è **sempre maschile**.

Un tavolo vecchio, una sedia vecchia.
Un tavolo e una sedia ***vecchi***.

Esercizi

1 **Di che nazionalità è? Di che nazionalità sono? Completa le risposte aiutandoti con gli aggettivi della lista.**

....	....	....	....	albanese	austriaco	americano
bielorusso	bosniaco	ceco	croato	danese	estone	finlandese
francese	greco	inglese	irlandese	islandese	italiano	lettone
lituano	lussemburghese	macedone	moldavo	montenegrino	norvegese	olandese
polacco	portoghese	rumeno	russo	serbo	slovacco	sloveno
spagnolo	svedese	svizzero	tedesco	turco	ucraino	ungherese

1 Cristina è italiana? — No, Cristina è austriac___.
2 Alexis è francese? — No, Alexis è grec___.
3 Aurora e Giulia sono inglesi? — No, Aurora e Giulia sono italian___.
4 Vladimir e Ivan sono spagnoli? — No, Vladimir e Ivan sono russ___.
5 Helena è polacca? — No, Helena è svedes___.
6 Bernard è tedesco? — No, Bernard è frances___.
7 Thor e Svein sono americani? — No, Thor e Svein sono norveges___.
8 Elisabeth e Kathy sono croate? — No, Elisabeth e Kathy sono ingles___.
9 Di che nazionalità sono Camille e Anniek? — Camille e Anniek sono olandes___.
10 Di che nazionalità è Kirsten? — Kirsten è danes___.
11 Di che nazionalità sono Anke e Kerstin? — Anke e Kerstin sono tedesch___.
12 Di che nazionalità sono Luca, Marina e Paolo? — Luca, Marina e Paolo sono italian___.
13 Di che nazionalità è Joseph? — Joseph è croat___.
14 Di che nazionalità sono Ester e Filipa? — Ester e Filipa sono spagnol___.

2 **Trova nella colonna di destra gli aggettivi con il significato contrario a quello degli aggettivi a sinistra, come nell'esempio.**

1	*alto* →	A	anziano
2	antico	B	*basso*
3	bello	C	brutto
4	buono	D	cattivo
5	caldo	E	corto
6	facile	F	debole
7	forte	G	differente
8	giovane	H	difficile
9	giusto	I	freddo
10	grande	L	moderno
11	lungo	M	piccolo
12	molto	N	poco
13	nuovo	O	povero
14	pieno	P	sbagliato
15	ricco	Q	vecchio
16	uguale	R	vuoto

1. B • 2.___ • 3.___ • 4.___ • 5.___ • 6.___ • 7.___ • 8.___ • 9.___ • 10.___ • 11.___ • 12.___ • 13.___ • 14.___ • 15.___ • 16.___

3 Completa gli aggettivi con la vocale finale.

1 L'arte italian___ è molto famosa.
2 Charles è un tipico nome ingles___.
3 Questa casa non è grand___.
4 Questi sono problemi vecch___.
5 Palermo è una città italiana famos___.
6 LA 7 è una televisione privat___.
7 Bill Gates è un uomo molto ricc___.
8 Questo autobus è pien___ di gente.
9 Paolo è italiano, Maria è stranier___.
10 La Norvegia è bell___.
11 Il Colosseo e Fontana di Trevi sono monumenti important___.
12 La Germania è una repubblica democratic___.
13 Roma e Napoli sono due città antich___.
14 La Galleria Borghese è un grand___ museo.
15 Emma e Aurora sono due bambine piccol___.
16 La Repubblica e il Corriere sono due giornali nazional___.
17 L'amore di Giulietta e Romeo? Un amore grand___!
18 Sandra e Federica sono due ragazze fort___.
19 La Fiat Panda non è una macchina nuov___.
20 La Spagna è un paese interessant___.

4 Abbina le icone con le scritte.

A ___ B ___ C ___ D ___ E ___ F ___ G ___

1 Bagno occupato
2 Sigaretta elettronica permessa
3 Negozio chiuso
4 Gelati vietati
5 Parcheggio gratuito
6 Negozio aperto
7 Vietato giocare a pallone

5 Completa le frasi con l'aggettivo **BELLO** come nell'esempio

Es. Che ____bel____ bambino!
1 Che ________ ragazzi!
2 Che ________ studente!
3 Che ________ uomo!
4 Che ________ donna!
5 Che ________ attrice!
6 Che ________ studentesse!
7 Che ________ occhi!
8 Che ________ fisico!
9 Che ________ avvocato!
10 Che ________ grammatica!

6 Completa con l'aggettivo QUELLO e con l'ultima vocale degli aggettivi, come nell'esempio.

Es. ___Quei___ bambini sono belli? Ma no, sono brutt_i_!
1 ______ ragazzi sono alti? Ma no, sono bass___!
2 ______ studenti sono ricchi? Ma no, sono pover___!
3 ______ uomo è giovane? Ma no, è vecchi___!
4 ______ donna è buona? Ma no, è cattiv___!
5 ______ attrice è intelligente? Ma no, è stupid___!
6 ______ studentesse sono italiane? Ma no, sono ingles___!
7 ______ occhi sono belli? Ma no, sono bruttissim___!
8 ______ fisico è forte? Ma no, è debol___!
9 ______ avvocato è onesto? Ma no, è disonest__!
10 ______ grammatica è bella? Ma no, è bellissim___!

7 Un cubo e una sfera: metti la vocale giusta al posto giusto cercando di descrivere i vari disegni qua sotto... senza pensarci troppo. Gli oggetti sono cubi e sfere. I colori sono il verde e il rosso. Segui gli esempi.

1 Una sfera ROSSA e un cubo VERDE

2 ______________________________

3 Due sfere ________ e un cubo ________

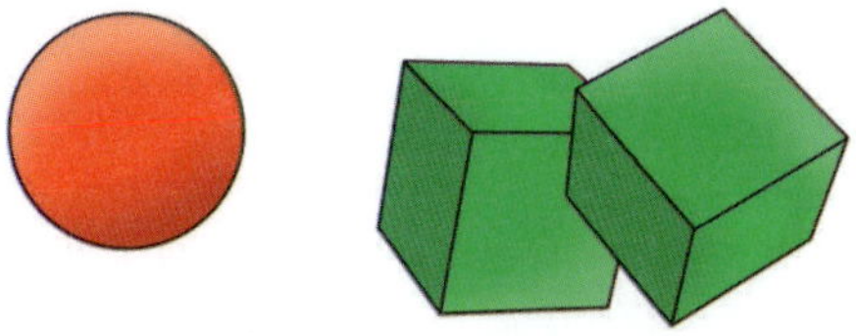

4 ______________________________

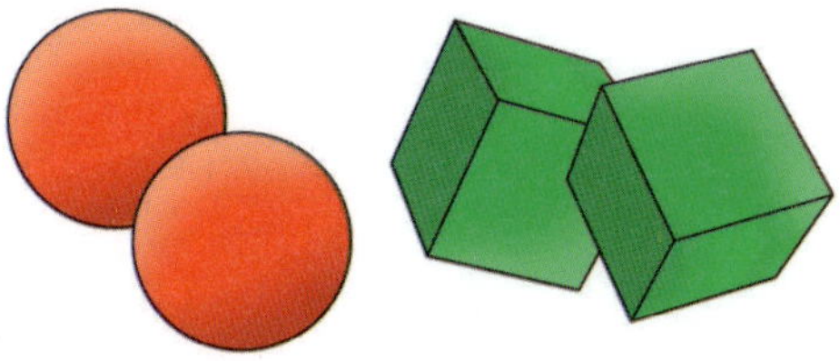

5 ______________________________

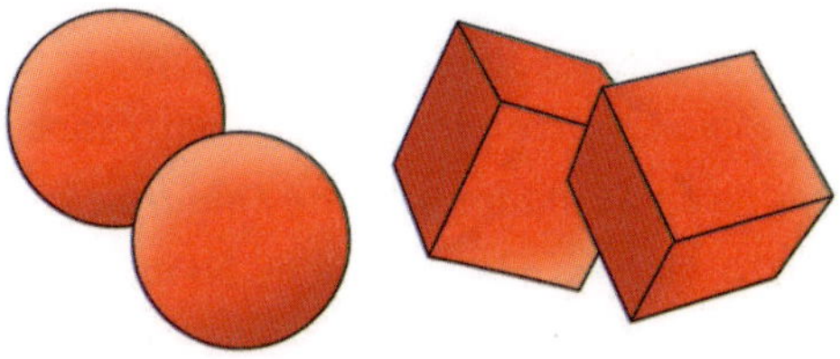

6 ______________________________

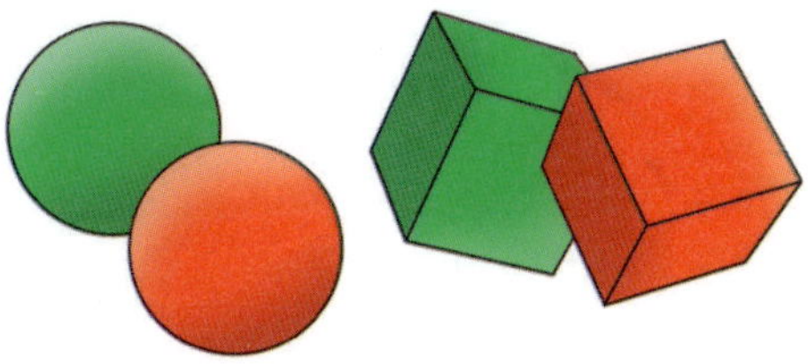

7 ______________________________

8 ______________________________

e inoltre...

8 **Di che colore è? Di che colore sono? Completa le risposte aiutandoti con gli aggettivi della lista.**

arancione	azzurro	beige	bianco	blu	bordeaux	castano
giallo	grigio	nero	rosa	rosso	verde	viola

Di che colore è il cielo?

1 Il cielo è __________

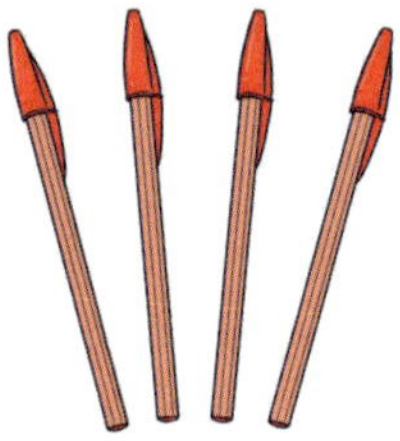

Di che colore sono queste penne?

2 Queste penne sono __________

Di che colore sono queste faccine?

3 Queste faccine sono __________

Di che colore sono queste faccine?

4 Queste faccine sono __________

Di che colore sono questi vestiti?

5 Questi vestiti sono __________

Di che colore sono questi capelli?

6 Questi capelli sono __________

9 **Scegli la forma corretta.**

1 Mary e Camilla sono due ***donne inglesi / donne inglese***.
2 New York e Pechino sono due ***città grande / città grandi***.
3 ***Quelli ragazzi / Quei ragazzi*** sono italiani.
4 ***Quelli studenti / Quegli studenti*** sono cinesi.
5 Walter è un ***uomo belgio / uomo belga***.
6 In gennaio le ***notte sono fredde / notti sono fredde*** .
7 Caterina è una ***madre giovane / madre giovani***.
8 Il gelato, la pizza e la pasta sono ***buone / buoni***.
9 L'hotel Miramare è un ***bell'albergo / bello albergo***.
10 Roberto è un ***padre anziane / padre anziano***.
11 Lo zero è un numero ***disparo / dispari***.
12 Questo è un ***lavoro facile / lavoro facili***.
13 Juan è una ***persona spagnolo / persona spagnola***.
14 Maria e Anna sono due mie ***belle amiche / bell'amiche***.
15 Quel libro è ***antico / antica***.
16 La mia famiglia è ***grande / grandi***.
17 Quei ***polli arrosto / polli arrosti*** sono buonissimi.

4. IL PRESENTE DI *ESSERE* E *AVERE*

4.1 IL PRESENTE DI *ESSERE* E *AVERE*, CONIUGAZIONE

	ESSERE	AVERE	
io	**sono**	**ho**	Io ***sono*** italiano.
tu	**sei**	**hai**	Tu non ***sei*** francese.
lui/lei/Lei	**è**	**ha**	Lui ***è*** americano.
			Lei ***è*** americana.
noi	**siamo**	**abbiamo**	Noi ***abbiamo*** una macchina.
voi	**siete**	**avete**	Voi non ***avete*** l'orologio?
loro/Loro	**sono**	**hanno**	Loro non ***hanno*** tempo.

4.2 LE FORME *C'È / CI SONO*

Le forme **c'è / ci sono** si usano in frasi che indicano spesso un **luogo**, anche figurato, dove **c'è** (esiste) qualcosa o **ci sono** (esistono) diverse cose.	In città ***c'è*** molto traffico. In Italia ***ci sono*** molti monumenti. No, (qui) i tuoi amici non ***ci sono***.
Il luogo di solito è indicato prima del verbo *esserci*, ma qualche volta è sottinteso.	Il Colosseo ***è a Roma*** → ***A Roma c'è*** il Colosseo. Oggi (in centro) c'è traffico.
Nelle **frasi interrogative** il luogo di solito si trova dopo il verbo.	C'è un telefono ***in casa***? Quanti studenti ci sono ***in classe***?

e inoltre...

4.3 FORMALE E INFORMALE

Quando parliamo con un amico o un'amica usiamo il **tu**.	Tu, Roberto, ***sei*** italiano? E tu, Angelica, ***sei*** italiana?
Quando parliamo con una persona in modo formale o rispettoso usiamo **Lei**, la forma di cortesia.	Lei, dottoressa Rossi, ***è*** italiana? (Lei) ***Ha*** una penna, per favore? Professor Rossi, Lei ***è*** troppo gentile!
Quando parliamo di una terza persona maschile usiamo **lui**.	Lui ***è*** un mio amico: si chiama Francesco. Quello ***è*** Ettore: lui ***è*** bravo a scuola, io no!
Quando parliamo di una terza persona femminile usiamo **lei**.	Lei ***è*** una mia amica: si chiama Sofia. E lei ***è*** mia sorella. Ha 25 anni.
Il saluto **ciao** si usa solo in frasi informali (con il **tu**).	***Ciao*** Elena, sei italiana o spagnola? ***Buongiorno*** Dottore, Lei è italiano?

1 Scegli il verbo giusto.

1 Il Piemonte e la Lombardia ***sono / hanno*** due regioni italiane.
2 L'Italia ***è / ha*** importante per l'arte e per la musica.
3 Io ***sono / ho*** siciliano.
4 Roma ***è / ha*** la capitale d'Italia.
5 Tu ***sei / hai*** la nazionalità italiana.
6 Venezia ***è / ha*** famosa in tutto il mondo.
7 Noi ***siamo / abbiamo*** una casa a Milano.
8 Voi, a Firenze, ***siete / avete*** molti monumenti storici.
9 Un importante porto italiano ***è / ha*** a Genova.
10 Napoli ***è / ha*** circa tre milioni di abitanti.
11 Il Vaticano ***è / ha*** uno Stato autonomo.

2 Scegli fra È / C'È e SONO / CI SONO.

1 A Milano ***è / c'è*** traffico.
2 Milano ***è / c'è*** una città industriale.
3 In italiano ***sono / ci sono*** nomi maschili e nomi femminili.
4 Quante chiese ***sono / ci sono*** a Roma?
5 "Libro" e "tavolo" ***sono / ci sono*** due nomi maschili.
6 A Genova ***è / c'è*** un porto molto importante.
7 In questa classe ***sono / ci sono*** tre studenti russi.
8 Genova ***è / c'è*** in Liguria.
9 Tutto ok! Non ***è / c'è*** problema!
10 L'hotel è pieno: non ***sono / ci sono*** camere libere in agosto.
11 Oggi ***è / c'è*** una giornata molto fredda.
12 Oggi in centro non ***è / c'è*** traffico.
13 Maria ***è / c'è*** studentessa di Medicina all'Università di Bologna.
14 In italia ***sono / ci sono*** poche famiglie numerose.
15 Domani ***è / c'è*** una festa a casa di Giorgia.
16 Non ***è / c'è*** il wi-fi in questo bar?

Il porto di Genova

3 Completa le frasi con le forme di ESSERE o AVERE.

1 Anna __________ 20 anni.
2 Io e mia moglie __________ dottori.
3 Io __________ italiano, __________ di Roma.
4 Ciao, Lorenzo! __________ un minuto di tempo?
5 Tu, Karl, __________ tedesco?
6 Mio fratello e io __________ i capelli neri.
7 Io non __________ una macchina, ma un motorino.
8 Daniela e Enrico __________ una bella casa.
9 Tu e Silvio __________ fame?
10 Il mio computer __________ vecchio.
11 Tu e Alessandra __________ molto amiche.
12 Anna e Sofia __________ molto belle.
13 Tu quanti anni __________?
14 Io sono italiano. E tu di dove __________.
15 Io e Emma __________ fame, __________ sete, __________ sonno!

Qualche volta è difficile scegliere tra *essere* e *avere*. Qualche suggerimento?

Il verbo ***essere*** + ***di*** + **città** indica la città di origine e non la nazione.

Es. *Io sono di Mosca; Io sono di Londra.*

Il verbo ***essere*** + **aggettivo di nazionalità** indica la nazione di origine.

Es. *Sono russo; Sono inglese.*

Per indicare l'**età si usa il verbo avere**.

Es. *Ho ventisei anni.*

Avere si usa anche nelle formule ***avere fame***, ***avere sete***, ***avere sonno***, ecc.

Es. *Il bambino ha fame e ha sonno; Hai sete?*

4 Leggi i due testi, poi svolgi il compito nella prossima pagina.

La mia donna ideale?	***Il mio uomo ideale?***
È alta circa un metro e settanta. Ha i capelli mossi e lunghi, è bionda e ha due grandi occhi azzurri. I lineamenti non sono troppo dolci, ma decisi e marcati. Il naso è normale, la bocca non è grande ma ha le labbra carnose. La carnagione è chiara e il suo carattere è un po' aggressivo. Che lavoro fa? Non lo so, ma è ricca, molto ricca.	È molto alto e robusto, ha i capelli neri e gli occhi un po' a mandorla. Non ha gli occhiali, ha il naso aquilino e i lineamenti marcati. La bocca è grande e la carnagione scura. Ha lo sguardo vivo e il carattere un po' dolce. Che lavoro fa? Non è uno sportivo, fa l'intellettuale... forse è un professore, un professore di italiano.

4a Con l'aiuto degli aggettivi della lista qui sotto, prova a descrivere il tuo uomo o la tua donna ideale.

IL VISO	GLI OCCHI	I CAPELLI	I LINEAMENTI	IL NASO	LE SPALLE	LA PELLE
rotondo	grandi	lunghi	dolci	greco	larghe	fresca
ovale	piccoli	corti	marcati	francese	strette	morbida
	a mandorla	mossi		aquilino	curve	secca
LE LABBRA	azzurri	lisci	**LA CARNAGIONE**	a patata		rugosa
sottili	verdi	ricci	chiara		**LO SGUARDO**	pelosa
carnose	castani	biondi	scura	**IL FISICO**	vivo	
	grigi	castani		magro	addormentato	**LE ORECCHIE**
LE MANI	neri	rossi	**IL CARATTERE**	grasso		a sventola
lunghe			dolce	robusto		normali
tozze			aggressivo			

Il mio uomo ideale / La mia donna ideale

____
____
____
____
____
____
____
____
____
____
____
____
____

e inoltre...

5 Trasforma il dialogo da informale a formale.

Valerio Cattaneo	Ciao! Sono Valerio.	Buongiorno! Sono il Signor Cattaneo.
Anne Vitou	Ciao, piacere! Sono Anne, sono francese. E tu di che nazionalità sei?	______
Valerio	Sono italiano, di Milano. E tu di dove sei?	______
Anne	Sono di Parigi. E quanti anni hai?	______
Valerio	Ho 40 anni e sono professore di lingua italiana all'Università per Stranieri. E tu che lavoro fai?	______
Anne	Ah! Interessante! Io sono dottoressa. Hai un numero di telefono?	______
Valerio	Certo! 339.6785921	______
Anne	Grazie! A presto allora! Ciao!	______

5. I NUMERI E L'ORA

5.1 NUMERI DA 0 A 999

0	zero	**10**	dieci	**20**	venti	**30**	trenta	**40**	quaranta
1	uno	**11**	undici	**21**	ven**tu**no	**31**	tren**tu**no	**50**	cinquanta
2	due	**12**	dodici	**22**	ventidue	**32**	trentadue	**60**	se**ss**anta
3	tre	**13**	tredici	**23**	ventitr**é**	**33**	trentatr**é**	**70**	se**tt**anta
4	quattro	**14**	quattordici	**24**	ventiquattro	**34**	trentaquattro	**80**	ottanta
5	cinque	**15**	quindici	**25**	venticinque	**35**	trentacinque	**90**	novanta
6	sei	**16**	sedici	**26**	ventisei	**36**	trentasei	**100**	cento
7	sette	**17**	diciassette	**27**	ventisette	**37**	trentasette	**110**	centodieci
8	otto	**18**	diciotto	**28**	ven**to**tto	**38**	tren**to**tto	**120**	centoventi
9	nove	**19**	diciannove	**29**	ventinove	**39**	trentanove	**130**	centotrenta

100	cento	**500**	cinquecento	**900**	novecento
103	centotr**é**	**508**	cinquecentootto	**999**	novecentonovantanove

5.2 NUMERI DA 1.000 IN POI

1.000	mille	**3.000**	tremila	**7.000**	settemila
1.004	millequattro (*mille e quattro*)	**3.171**	tre**mila**centosettantuno	**7.920**	sette**mila**novecentoventi

10.000	diecimila	**100.000**	centomila	**1.000.000**	un milione (di)
30.306	trentamilatrecentosei	**130.003**	centotrentamilatr**é**	**2.500.000**	due milioni e mezzo (di)

1.000.000.000	un miliardo (di)	**4.000.600.000**	4 miliardi e 600 milioni (di)
1.500.000.000	un miliardo e mezzo (di)	**9.500.200.000**	nove miliardi 500 milioni 200mila

5.3 LA PREPOSIZIONE *DI* CON I NUMERI

Dopo i numeri che indicano **milioni** o **miliardi** si usa la preposizione **di**.	Centomila persone. Un milione ***di*** persone.
Si usa **di** anche se parliamo di **milioni** o **miliardi** "**e mezzo**".	Un miliardo ***e mezzo*** di Euro.
Non si usa **di** se il numero finisce con cifre diverse.	Un miliardo e 500 mila Euro.

5.4 GENERE DEI NUMERI

I numeri che si riferiscono a **anni** o **giorni** sono maschili; l'articolo davanti a numeri in vocale è **l'**.	***Il*** 1940 è un anno importante. Oggi è ***l'***8 giugno.
I numeri che si riferiscono a **autobus** o **tram** sono maschili.	***Il*** 64 è l'autobus per il Vaticano.
I numeri che si riferiscono a tipi di **macchine**, di solito, sono femminili.	La mia macchina è ***una*** 500.
Milione e **miliardo** sono sostantivi maschili e hanno articolo maschile.	***I*** miliardi di stelle. ***I*** milioni di donne.

5.5 I NUMERI PER ESPRIMERE L'ORA

Che ore sono? / Che ora è?	***Sono*** le due / le tre / le quattro, ecc. ***È*** mezzogiorno / mezzanotte / l'una, ecc.

Sono le due ***e*** cinque. / ***e*** dieci. / ***e*** un quarto. / ***e*** venti. / ***e*** venticinque. / ***e*** mezza. / ***e*** trentacinque.

Sono le tre ***meno*** venti. / ***meno*** un quarto. / ***meno*** dieci. / ***meno*** cinque.

5.6 *A CHE ORA?*

A che ora?	***A che ora*** c'è un treno per Milano?
A (mezzogiorno, mezzanotte) All' (una) Alle (due, tre, quattro ecc.)	12:00 - ***A*** mezzogiorno. 12:45 - ***All'***una meno un quarto. 19:25 - ***Alle*** sette e venticinque.

e inoltre...

5.7 FORMALE E INFORMALE

Nel linguaggio più "tecnico" si può esprimere l'ora con **e** + il numero dei minuti.	03:40 → Sono le tre ***e quaranta***. 09:55 → Sono le nove ***e cinquantacinque***. 18:35 → Sono le 18 ***e 35***.
É possibile anche sostituire la formula **sono le x meno y** con **manca / mancano y alle x**.	10:40 → ***Mancano*** 20 alle 11. 03:45 → ***Manca*** un quarto alle 4. 06:50 → ***Mancano*** 10 alle 7.
Per indicare l'orario di mattina e pomeriggio in italiano si usano raramente le espressioni **antimeridiano** e **postmeridiano** (*a.m.* e *p.m.*) e di solito si dice **di mattina**, **di pomeriggio**, **di sera**, **di notte**.	05:00 → Le cinque (***di mattina***). 17:00 → Le cinque (***di sera***). 15:30 → Le tre e mezza (***di pomeriggio***). 03:30 → Le tre e mezza (***di notte***).

Esercizi

1 I numeri con la mano: scrivi in lettere i primi 5 numeri.

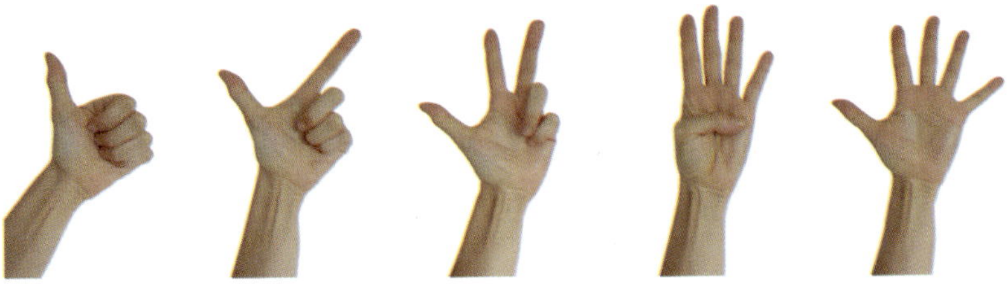

1 ____________________
2 ____________________
3 ____________________
4 ____________________
5 ____________________

2 Scrivi gli anni in lettere.

Anna

Giovanni

Marina

Sergio

1 Anna ha __________ anni.
2 Giovanni ha __________
3 Marina ha __________
4 Sergio ha __________

3 Scrivi i prezzi in lettere, come nell'esempio.

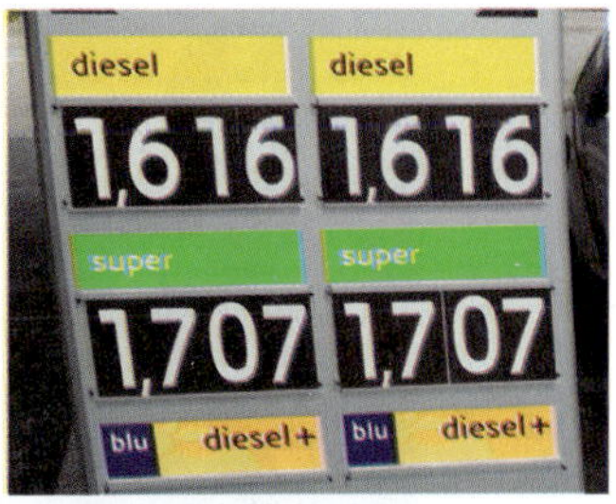

HOTEL "MOVISPENNO"		
Camera tipo	**bassa stagione**	**alta stagione**
Singola	€ 150,00	€ 210,00
Doppia uso singola	€ 220,00	€ 280,00
Doppia	€ 320,00	€ 490,00
Tripla	€ 450,00	€ 610,00

Es. Quanto costa un litro di benzina?
Un litro di benzina costa un euro e settanta.

1 Quanto costano gli spaghetti aglio, olio e peperoncino?
____

2 Quanto costa un carciofo romanesco?
____

3 Quanto costa un litro di diesel?
____

4 Quanto costa la frittura di calamari?
____

5 Quanto costa una camera tripla in alta stagione?
____

4 Prova a indovinare l'anno di nascita dei personaggi italiani, come nell'esempio.

Es. L'anno di nascita di... Leonardo da Vinci... è il... millequattrocentocinquantadue (1452)

L'anno di nascita di	Giulio Cesare	è il		100 a.C.
	Michelangelo			1254
	Federico Fellini			1475
	Umberto Eco			1807
	Roberto Benigni			1870
	Sofia Loren			1909
	Rita Levi Montalcini			1920
	Giuseppe Garibaldi			1932
	Marco Polo			1934
	Maria Montessori			1952

5 Scrivi gli orari di apertura e chiusura, come nell'esempio.

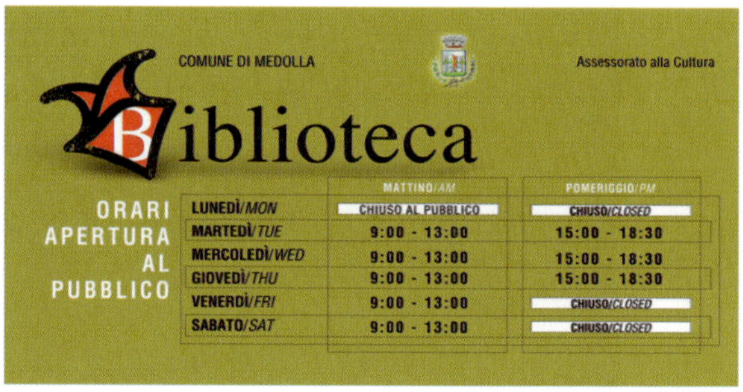

Es. A che ora apre l'ufficio informazioni la mattina? — *L'ufficio informazioni, la mattina apre alle nove.*

1. A che ora apre l'ufficio informazioni il pomeriggio? ______
2. A che ora apre il supermercato? ______
3. A che ora apre la biblioteca il giovedì mattina? ______
4. A che ora apre la biblioteca il martedì pomeriggio? ______
5. A che ora apre la biblioteca il lunedì? ______
6. A che ora chiude l'ufficio informazioni la mattina? ______
7. A che ora chiude l'ufficio informazioni il pomeriggio? ______
8. A che ora chiude il supermercato la sera? ______
9. A che ora chiude il sabato mattina la biblioteca? ______

In parole come "diciotto" o "ciao" la "i" non si pronuncia?

In quel tipo di parole la ***i*** serve solo come segnale per indicare che la ***c*** (o la ***g***) seguita da ***a/o/u*** ha un suono dolce e non duro. In pratica quella ***i*** ha la funzione contraria alla ***h***: nella parola *chiesa* la ***h*** indica il suono duro di ***c***. Ma bisogna ricordare che se la ***i*** porta l'accento tonico allora si pronuncia, come nella parola *farmacìa*.

e inoltre...

6 Che ore sono? Leggi gli orari indicati dagli orologi e scrivili a lettere.

1

2

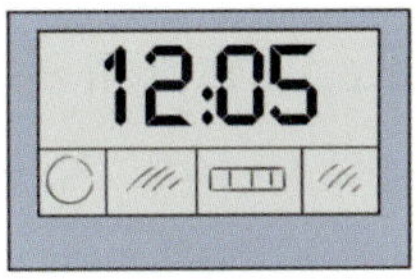

3

4

5

6

7

8

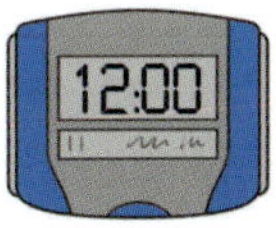

9

10

11

12

13

14

15

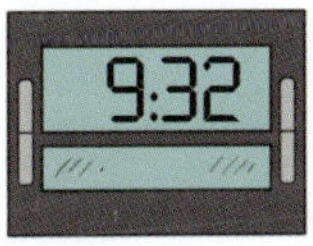

16

17

18

1 ________________
2 ________________
3 ________________
4 ________________
5 ________________
6 ________________
7 ________________
8 ________________
9 ________________
10 ________________
11 ________________
12 ________________
13 ________________
14 ________________
15 ________________
16 ________________
17 ________________
18 ________________

7 Scrivi su un quaderno gli orari di partenza di treni e aerei, come nell'esempio.

Es. A che ora c'è un treno per Milano?
Per Milano c'è un treno alle dieci e dieci.

1 A che ora c'è un treno per Venezia?
2 A che ora c'è un treno per Genova?
3 A che ora c'è un treno per Ivrea?
4 A che ora c'è un volo per Amsterdam?
5 A che ora c'è un volo per Parigi?
6 A che ora c'è un volo per Bari?
7 A che ora c'è un volo per Napoli?

lettura 1. L'ITALIA

L'Italia è un paese ricco di storia, di arte, di città antiche e di monumenti importanti, ma è famosa anche per il cinema, la moda, la cucina, la mafia, il calcio e per la politica.
L'Italia è una repubblica: la capitale è Roma, in una regione che si chiama Lazio.
A Roma c'è il Papa, c'è il Presidente della Repubblica e c'è il Capo del Governo.
In Italia ci sono sempre molti turisti stranieri perché è un paese davvero interessante: c'è il mare (e l'acqua normalmente è pulita e azzurrissima) e ci sono le montagne a nord.
In Centro-Italia la campagna è molto bella e verde.
Ma l'Italia non è solo un grande museo o un paese per turisti: è anche una nazione moderna con grandi industrie e una economia importante.
A Maranello, in Emilia-Romagna, per esempio, c'è la Ferrari, a Milano ci sono importanti televisioni private e a Roma, centro di arte e cultura, ci sono anche famosi stilisti; a Napoli non ci sono grandi industrie, ma è certamente una città italiana molto famosa per la musica.
I nomi italiani famosi sono parecchi[1] : Martini, Campari, Ferrari, Benetton, Armani, Fellini, Benigni, per esempio. E… altri italiani famosi nel mondo?

[1]parecchi → molti

Esercizi

1 Vero o Falso?

		V	F
1	In Italia non c'è la monarchia ma c'è la repubblica.	☐	☐
2	Il Lazio è una città in Italia centrale.	☐	☐
3	In Italia ci sono molti turisti stranieri perché è un paese con molte attività economiche.	☐	☐
4	La campagna è molto verde in Italia centrale e a sud ci sono montagne bellissime.	☐	☐
5	Qualche volta il mare non è pulitissimo.	☐	☐
6	A Milano ci sono le televisioni private.	☐	☐
7	A Napoli ci sono grandi attività industriali.	☐	☐
8	L'Italia è famosa per la moda e la cucina.	☐	☐

2 Scegli la forma corretta.

1 L'Italia è ***ricco di città antiche / ricca di cittè antiche / ricca di città antiche***.
2 L'Italia è famosa per ***la cinema / il cinema / i cinema***.
3 Il Papa è ***in Roma / a Roma / da Roma***.
4 A Roma ***c'è / è / ha*** il Presidente della Repubblica.
5 In Italia ***sono / ha / ci sono*** molti turisti stranieri.
6 Il mare ***qualche volte / qualche volta / qualche volti*** è inquinato.
7 La campagna è bella in Italia ***centrale / centrala / centrali***.
8 La Ferrari ***c'è / è / ci sono*** a Maranello.
9 L'Italia è ***un nazione moderno / una nazione moderne / una nazione moderna***.
10 Armani è ***un nome famoso / una nome famosa / un nome famose***.
11 In Italia ci sono molti ***grandi musei / grande musei / grandi museo***.
12 L'Italia è un paese ricco ***dei / delli / di*** monumenti importanti.

3 Collega nome e immagine e scrivi l'articolo.

1

2

3

4

5

A ___ calcio
B ___ campagna
C ___ cinema
D ___ cucina
E ___ Ferrari
F ___ Fiat
G ___ mafia
H ___ mare
I ___ moda
L ___ montagna
M ___ monumento
N ___ Napoli
O ___ politica
P ___ turista

6

7

8

9

10

11

12

13

14

4 Completa le frasi con il plurale, come nell'esempio.

Es. L'Italia è un paese ricco di storia. → L'Italia e la Turchia *sono due paesi ricchi di storia.*

1 L'Italia è famosa per il cinema. → L'Italia e la Francia ___
2 L'Italia è una repubblica democratica. → L'Italia e la Germania ___
3 Roma è una capitale europea. → Roma e Vienna ___
4 Il Lazio è una regione in Italia centrale. → Il Lazio e la Toscana ___
5 L'Italia è una nazione interessante. → L'Italia e la Grecia ___
6 L'Italia non è solo un grande museo. → L'Italia e la Spagna ___
7 L'Italia è una nazione moderna. → L'Italia e l'Inghilterra ___
8 Canale 5 è una televisione privata. → Canale 5 e LA 7 ___
9 Valentino è uno stilista. → Valentino e Armani ___
10 La Lombardia è una regione dell'Italia settentrionale. → La Lombardia e il Veneto ___
11 La Calabria è una regione dell'Italia meridionale. → La Calabria e la Campania ___
12 Il mare italiano è quasi sempre pulito. → I mari ___
13 Il Campari è un famoso aperitivo. → Il Campari e il Martini ___

Esercizi

5 Completa gli aggettivi.

1 L'Italia è un paese ricc___ di storia.
2 L'Italia è ricc__ di storia.
3 L'Italia e la Francia sono ricc___ di storia.
4 L'Italia e il Portogallo sono ricc___ di storia.
5 La moda italiana è famos___.
6 Il cinema italiano è famos___.
7 La moda e la cucina italiana sono famos_____.
8 La moda e il cinema italiano sono famos_____.
9 Il Lazio e la Toscana sono due region___.
10 Un Papa italiano e un Papa polacc___.
11 Un Papa argentino e molti papi italian___.

6 Completa con gli articoli.

1 L'Italia è ___ paese ricco di storia, ma è famosa anche per ___ cinema, ___ moda, ___ politica e per ___ calcio.
2 ___ Stato italiano è ___ repubblica democratica.
3 ___ Lazio è ___ regione in Italia centrale.
4 L'Italia non è solo ___ grande museo o ___ Paese per turisti, ma è anche ___ nazione moderna.
5 A Maranello c'è ___ Ferrari, a Milano ci sono ___ grandi televisioni private. Napoli è famosa per ___ musica.
6 ___ nomi italiani famosi sono parecchi.

7 Come si dice? Sottolinea la forma corretta.

1 Paese ricco o paese ricca?
2 Arte italiano o arte italiana?
3 Cinema bello o cinema bella?
4 Capitale europeo o capitale europea?
5 Papa africano o Papa africana?
6 Presidente americano o presidente americane?
7 Mare azzurro o mare azzurra?
8 Regione italiano o regione italiana?
9 Nazione democratico o nazione democratica?
10 Televisione privato o televisione privata?
11 Industrie grande o industrie grandi?
12 Storie italiane o storie italiani?
13 Musiche importante o musiche importanti?
14 Montagne alte o montagne alti?
15 Mode straniere o mode stranieri?
16 Nazioni ricche o nazioni ricchi?
17 Paesi industriale o paesi industriali?
18 Regioni italiane o regioni italiani?
19 Nomi famose o nomi famosi?
20 Città moderne o città moderni?

8 Leggi il testo e rispondi alle domande.

Roma è una città ricca di storia, di arte e di monumenti importanti; è famosa anche per la moda, la cucina e per la politica.
Roma è la capitale d'Italia, in una regione in Italia centrale che si chiama Lazio. A Roma c'è il Papa, c'è il Presidente della Repubblica e c'è il Capo del Governo.
A Roma ci sono sempre molti turisti stranieri perché è un centro di arte e di cultura. Ma non è solo un grande museo o una città per turisti: è anche una città moderna con importanti attività economiche e industriali.
A Roma per esempio ci sono le grandi televisioni di Stato, ci sono importanti stilisti e ci sono anche grandi industrie, in particolare l'industria cinematografica.
I monumenti romani famosi sono moltissimi: il Colosseo, la Basilica di San Pietro in Vaticano, Fontana di Trevi, per esempio. E… altri monumenti famosi di Roma?

1 Come si chiama la capitale d'Italia?
2 Dove è Roma?
3 Perché a Roma ci sono molti turisti?
4 Di che cosa è ricca Roma?
5 Quale industria romana è molto famosa?
6 Che cosa è "il Lazio"?
7 Il Lazio è in Nord-Italia?
8 A Roma ci sono importanti tv private?
9 A Roma ci sono industrie?
10 A Roma c'è la Ferrari?
11 Come si chiama il Papa?
12 Come si chiama il Presidente della Repubblica?
13 Come si chiama il Capo del Governo?

6. IL PRESENTE INDICATIVO

6.1 FORME DEL PRESENTE INDICATIVO

	Verbi in -ARE	Verbi in -ERE	Verbi in -IRE	Verbi in -IRE (-isco)
	es. parl-ARE	*es.* scriv-ERE	*es.* part-IRE	*es.* cap-IRE (+isc)
io	parl-**o**	scriv-**o**	part-**o**	cap-**isco**
tu	parl-**i**	scriv-**i**	part-**i**	cap-**isci**
lui / lei	parl-**a**	scriv-**e**	part-**e**	cap-**isce**
noi	parl-**iamo**	scriv-**iamo**	part-**iamo**	cap-**iamo**
voi	parl-**ate**	scriv-**ete**	part-**ite**	cap-**ite**
loro	parl-**ano**	scriv-**ono**	part-**ono**	cap-**iscono**

6.2 USO DEL PRESENTE INDICATIVO

Il presente indicativo che si usa per:

parlare di "questo momento";	Io (in questo momento) ***sono*** al telefono.
parlare del presente in generale (presente "abituale");	Io ***vivo*** a Roma (ora e normalmente).
parlare di un passato "storico" o "fuori del tempo" (per raccontare un film, per esempio);	Giuseppe Verdi ***nasce*** nel 1813. Nel film Clint Eastwood ***uccide*** cinque banditi.
parlare di un futuro "abbastanza" sicuro.	Domani ***vado*** al cinema.

6.3 I VERBI RIFLESSIVI

Usano sempre i **pronomi riflessivi** (mi, ti, si, ci, vi, si). Per esempio *ricordarsi* o *vestirsi*.

	Ricordarsi	**Vestirsi**
io	mi ricordo	mi vesto
tu	ti ricordi	ti vesti
lui / lei	si ricorda	si veste
noi	ci ricordiamo	ci vestiamo
voi	vi ricordate	vi vestite
loro	si ricordano	si vestono

6.4 I VERBI CON PRESENTE REGOLARE PIÙ FREQUENTI IN ITALIANO

Verbi in -ARE		Verbi in -ERE		Verbi in -IRE	Verbi in -IRE (-isco)
abitare	diventare	accendere	ripetere	aprire	capire
amare	domandare	chiedere	rispondere	dormire	finire
arrivare	entrare	chiudere	scrivere	partire	preferire
aspettare	lavorare	credere	vedere	sentire	
camminare	pensare	leggere	vivere		
cantare	portare	mettere			
chiamare / chiamarsi	sperare	perdere			
	tornare	prendere			

6.5 I VERBI CON PRESENTE IRREGOLARE PIÙ FREQUENTI IN ITALIANO

	VOLERE	DOVERE	POTERE	ANDARE	DIRE	BERE
io	voglio	devo	posso	vado	dico	bevo
tu	vuoi	devi	puoi	vai	dici	bevi
lui / lei	vuole	deve	può	va	dice	beve
noi	vogliamo	dobbiamo	possiamo	andiamo	diciamo	beviamo
voi	volete	dovete	potete	andate	dite	bevete
loro	vogliono	devono	possono	vanno	dicono	bevono

	FARE	SAPERE	STARE	VENIRE	DARE	USCIRE
io	faccio	so	sto	vengo	do	esco
tu	fai	sai	stai	vieni	dai	esci
lui / lei	fa	sa	sta	viene	dà	esce
noi	facciamo	sappiamo	stiamo	veniamo	diamo	usciamo
voi	fate	sapete	state	venite	date	uscite
loro	fanno	sanno	stanno	vengono	danno	escono

e inoltre...

6.6 DIFFERENZE FRA *POTERE*, *SAPERE* E *RIUSCIRE A* (+INFINITO)

Potere significa "avere la possibilità o il permesso".
Non potere significa che fare qualcosa non è possibile: non ho il permesso, è vietato.

Posso entrare?
I bambini ***non possono*** entrare in quel cinema!
Non posso guidare perché ho bevuto.

Sapere significa "avere la capacità".
Non sapere significa "non avere la capacità, la competenza, l'abilità di fare qualcosa".

Non parlo russo, ma ***so*** leggere i caratteri cirillici.
Non sai usare il computer? Incredibile!
Molte persone in quel paese ***non sanno*** scrivere.

Riuscire a significa "avere la capacità di portare a conclusione qualcosa".
Non riuscire a significa "non avere la capacità di fare qualcosa e comunque non avere l'abilità di arrivare a una conclusione".

Riesco sempre a fare quello che voglio.
Giulio ***riesce*** a correre i 100 metri in 11 secondi!
Non riesco a studiare se parli sempre!
Non riesco a parcheggiare in questo piccolo spazio.

vai su www.alma.tv

Quando l'irregolare è regolare **CERCA**

nella rubrica **GRAMMATICA CAFFÈ**

Esercizi

1 Completa lo schema con la coniugazione dei verbi regolari.

	cant-ARE	scriv-ERE	apr-IRE	fin-IRE
io	cant-**o**			
tu		scriv-**i**		
lui / lei			apr-**e**	
noi				fin-**iamo**
voi		scriv-**e-te**		
loro	cant-**ano**			

2 Ricostruisci le frasi, come nell'esempio.

SOGGETTO	VERBO	OGGETTO
1 Io	13 mangiate	A il libro
2 *Giulia*	14 finiscono	B una borsa
3 Daniela e Alessandra	15 legge	C la tv
4 Il cantante	16 compri	D *il tango*
5 Tu	17 capiscono	E un panino
6 Gli studenti	18 apriamo	F la musica
7 Gabriele e Luigi	19 beviamo	G i compiti
8 Roberto ed io	20 fa	H l'inglese
9 Io e Emma	21 finisco	I la porta
10 Vittoria	22 *balla*	L un concerto
11 Tu e Federico	23 guardi	M una birra
12 Tu	24 sentono	N il giornale

SOLUZIONE

1. ___ ___
2. 22 D
3. ___ ___
4. ___ ___
5. ___ ___
6. ___ ___
7. ___ ___
8. ___ ___
9. ___ ___
10. ___ ___
11. ___ ___
12. ___ ___

3 Abbina ogni foto al nome del personaggio e alla frase che lo descrive.

1 ___ ___

2 ___ ___

3 ___ ___

4 ___ ___

5 ___ ___

6 ___ ___

7 ___ ___

8 ___ ___

9 Laura Pausini
10 Paolo Sorrentino
11 Roberto Benigni
12 Dolce e Gabbana
13 Roberto Bolle
14 I fratelli Barilla
15 Roberto Saviano
16 Renzo Piano

A Fa il regista (Oscar 2014).
B Producono la pasta in una industria italiana.
C Canta .
D Progetta musei, aeroporti, auditorium, stadi.
E È regista e attore.
F Sono stilisti di moda.
G Balla alla Scala di Milano.
H Scrive romanzi.

4 **Tre dei personaggi dell'esercizio 3 si presentano. Riscrivi le presentazioni alla terza persona (singolare o plurale, segui i nuovi inizi).**

Laura Pausini - Ciao. Mi chiamo Laura, ho 40 anni e sono di Faenza in provincia di Ravenna. Vivo a Milano e ho una figlia che si chiama Paola. Viaggio molto per lavoro. Di solito mi sveglio alle 10 perché vado a dormire molto tardi. Canto tutto il giorno e la sera sento la musica, mangio le tagliatelle e qualche volta bevo il vino rosso.

Si chiama Laura... ______________________________

____

I fratelli Barilla - Buongiorno. Ci chiamiamo Guido, Luca e Paolo e siamo fratelli. Veniamo da Milano e siamo la quarta generazione dell'azienda italiana Barilla. Siamo famosi in tutto il mondo per la produzione della pasta. Nel tempo libero facciamo molti sport e leggiamo libri di filosofia.

Si chiamano... ______________________________

____

____

Roberto Bolle - Buonasera, mi chiamo Roberto, ho 39 anni, sono di Casale Monferrato in provincia di Alessandria. Studio danza e ballo in tutto il mondo. Preferisco non parlare di cose private.

Si chiama Roberto... ______________________________

____

____

____

5 **Inserisci nelle email i verbi delle due liste.**

abitiamo	c'è	c'è	è	insegna	sei	lavoriamo	stai	siamo	vieni	vivo

Ciao Francesca, come stai? Io bene!
Ora ________________ con Matteo a Palermo. ________________ in un appartamento in Centro. Io e Matteo, come sai, ________________ nella stessa scuola: lui ________________ matematica e io italiano. ________________ molto contenti di vivere qui. Palermo è una città molto rumorosa, ma è bellissima! ________________ il mare azzurro e ________________ il sole tutto l'anno! E poi la cucina siciliana... GNAMMM! ________________ buonissima!
E tu? ________________ sempre a Firenze? E tu ________________ sempre single? ☺ E quando ________________ da noi?
Un abbraccio. Antonella

ho	lavoro	posso	potete	si chiama	sono	sto

Ciao Antonella! ________________ contenta di avere tue notizie.
Io non ________________ più a Firenze, ma a Bologna perché ora ________________ in questa città.
E non sono più single perché ________________ un gatto che ________________ Casanova.
Venire da voi in Sicilia? Che bello! Forse ________________ a Natale. Ma voi... ________________ ospitare una amica e un Casanova?
Un bacio. Francesca

6 **Mamma mia! Coniuga i verbi al presente indicativo.**

La giornata di Maria (mamma single)

Maria di solito (*alzarsi*) __________ alle 6. (*Preparare*) __________ la colazione, il pranzo e la cena. (*Bere*) __________ un caffè e non (*avere*) __________ il tempo di mangiare qualcosa. (*Lavarsi*) __________, (*vestirsi*) __________ e (*svegliare*) __________ i bambini. (*Portare*) __________ a scuola i bambini e (*andare*) __________ a lavorare. (*Lavorare*) __________ dalle 9 alle 15, (*andare*) __________ in palestra, (*fare*) __________ la spesa, (*tornare*) __________ a casa e (*giocare*) __________ con i bambini.

La sera (*cenare*) __________, (*guardare*) __________ la televisione, (*stare*) __________ al computer o (*telefonare*) __________ a un'amica, (*leggere*) __________ un po' e (*andare*) __________ a dormire.

La giornata di Paola (mamma casalinga)

Paola di solito (*alzarsi*) __________ alle 6. (*Preparare*) __________ la colazione, (*lavarsi*) __________, (*vestirsi*) __________ e (*svegliare*) __________ i bambini. (*Portare*) __________ a scuola i bambini e (*tornare*) __________ a casa. (*Andare*) __________ a fare la spesa, (*incontrare*) ______________ le amiche e (*prendere*) ______________ un caffè con loro. (*Preparare*) ______________ il pranzo e quando i bambini (*tornare*) __________ a casa (*mangiare*) ______________ con loro.

Il pomeriggio, mentre i bambini (*giocare*) __________, lei (*studiare*) ______________ tedesco, poi (*pulire*) ______________ la casa e (*andare*) ______________ a dormire.

7 Superstizioni all'italiana. Coniuga i verbi al presente indicativo.

Un italiano "vero" (*essere*) ___________ molto superstizioso. A Capodanno per esempio tutti gli italiani (*mangiare*) ___________ lenticchie per diventare ricchi. Se un italiano (*vedere*) ___________ un gatto nero che (*attraversare*)________ la strada normalmente (*cambiare*) ___________ direzione. Se è superstizioso, uno non (*passare*) ___________ sotto una scala. Se uno specchio (*rompersi*) ___________... ahi ahi: Sette anni di sfortuna!
Se il sale (*cadere*) ___________ a tavola, questo (*portare*) ___________ sfortuna! E mai regalare un fazzoletto, una spilla o un coltello perché (*portare*) ___________ dolore.
La persona che (*ricevere*) ___________ questo regalo (*dovere*) ___________ pagare simbolicamente una monetina. Va bene anche un centesimo.

Il numero sfortunato è il 17. E il giorno sfortunato è venerdì 17! Ma a tavola mai 13 persone!

Il quadrifoglio, il ferro di cavallo e il cornetto rosso invece (*portare*) ___________ fortuna.
Se (voi - *vedere*) ___________ una stella cadente (voi - *avere*) ___________ la possibilità di esprimere un desiderio!
Se un amico (*fare*) ___________ un esame o un colloquio di lavoro mai dire "Auguri!". (Voi - *Dovere*) ___________ dire sempre e solo "In bocca al lupo!". E lui (*dovere*) ___________ rispondere "Crepi!"

8 Per un errore in una colonna del file Excel le risposte di un paziente alle domande del dottore si sono mescolate. Prova a rimettere le risposte nell'ordine giusto.

FILE HOME INSERT PAGE LAYOUT FORMULAS DATA REVIEW VIEW

A19 ↓ | ✗ ✓ *fx*

	A		B
DOMANDE		RISPOSTE	
1	Sta lontano dal vino?	A	Bevo almeno due litri al giorno.
2	Usa droghe?	B	Tutti i giorni.
3	Fuma? Quante sigarette?	C	Il più possibile.
4	Fa sport?	D	Mai mai!
5	Beve abbastanza acqua? Quanti bicchieri?	E	Forse due o tre.
6	Ha una vita sessuale regolare?	F	Mah... Quello che offre il mercato.
7	Mangia in modo sano?	G	Si, due volte a settimana.
8	Prende medicine? Usa molti farmaci?	H	Moltissimi... Quando ho tempo naturalmente.
9	Ha hobby o passatempi?	I	Neanche uno!

1.___ • 2.___ • 3.___ • 4.___ • 5.___ • 6.___ • 7.___ • 8.___ • 9.___ • 10.___

9 Trasforma le domande della prima colonna dell'esercizio 8 usando il "tu".

1 ______________________
2 ______________________
3 ______________________
4 ______________________
5 ______________________
6 ______________________
7 ______________________
8 ______________________
9 ______________________

Come posso imparare dov'è l'accento dei verbi italiani?
È semplice: la prima e la seconda persona plurale (*noi/voi*) hanno l'**accento in avanti** (parl-i**à**mo e parl-**à**te, scriv-**è**te, part-**ì**te); la terza persona plurale (*loro*) invece ha l'accento indietro (p**à**rl-ano, d**ò**rm-ono).

La terza persona singolare e plurale del presente sono le più difficili da ricordare. Come posso memorizzarle?
I verbi in **-are** finiscono con **-a** e **-ano** (parl-a; parl-ano). I verbi in **-ere** e **-ire** finiscono con **-e** e **-ono** (scriv-e, part-e; scriv-ono, part-ono).

e inoltre...

10 Inserisci nelle frasi il verbo POTERE o il verbo SAPERE al presente indicativo, come nell'esempio.

Es. ____So____ suonare il pianoforte, ma stasera non ____posso____ suonare perché ho mal di testa.

1 Maria cucina benissimo e ______________ fare un tiramisù eccezionale!
2 Oggi ha mal di gola e non ______________ parlare.
3 Tu ______________ parlare giapponese?
4 ■ Che ore sono? ● Non lo ______________.
5 ■ Vieni a cena da me stasera? ● No, non ______________ venire: sono sposato...
6 Francesco non ______________ fare il bagno da solo perché non ______________ nuotare.
7 Non ______________ guidare perché ho lasciato la patente a casa.
8 ■ Hai l'indirizzo di Paolo? ● Io non ______________ dove abita.
9 Se vuoi, (noi) ______________ prendere un caffè insieme.
10 Voi ______________ giocare a poker?

7. LE PREPOSIZIONI

7.1 LE PREPOSIZIONI SEMPLICI

di	a	da	in	con	su	per	tra / fra

7.2 LE PREPOSIZIONI ARTICOLATE

Le preposizioni **di**, **a**, **da**, **in**, **su** + **articolo determinativo** formano con l'articolo una sola parola.

Luigi viene ***dalla*** (da + la) Lombardia.
Domani andiamo ***al*** (a + il) mare.
L'Uomo è andato ***sulla*** (su + la) luna.

	il	lo	l'	la	i	gli	le
di	del	dello	dell'	della	dei	degli	delle
a	al	allo	all'	alla	ai	agli	alle
da	dal	dallo	dall'	dalla	dai	dagli	dalle
in	nel	nello	nell'	nella	nei	negli	nelle
su	sul	sullo	sull'	sulla	sui	sugli	sulle

7.3 USO DELLE PREPOSIZIONI

Le preposizioni non si possono tradurre "automaticamente": il loro uso deve essere ricordato nel contesto.

In alcune costruzioni avverbiali "di spazio".

a destra / a sinistra **di**
fuori **di / da**
in mezzo **a**
intorno **a**
uguale **a** / differente **da**
vicino **a** / lontano **da**

Abito vicino ***al*** mare.
A destra ***della*** banca c'è un bar.
Lavoro lontano ***da*** casa.
Lui sta in mezzo ***agli*** amici.
Marina è uguale ***a*** me.
Questo film non è uguale ***agli*** altri.

Con verbi di stato o movimento.

(andare / stare) **in** + **nome di nazione**
(andare / stare) **a** + **nome di città**
(andare / stare) **da** + **una persona**

Vado ***in*** Spagna / Abito ***in*** Francia.
Torno ***a*** Roma / Vivo ***a*** Bologna.
Vado ***dal*** dottore.

In costruzioni verbali frequenti.

avere voglia **di**
cercare **di**
cominciare **a**
dipendere **da**
fidarsi **di**
finire **di** / smettere **di**
giocare **a** (**a tennis**, ecc.)
partire **per**
provare **a**
ricordarsi / innamorarsi **di**
riuscire **a**

Ho voglia ***di*** un caffè.
Cerco ***di*** finire questo lavoro oggi.
Comincio ***a*** lavorare alle nove.
Andare ***al*** mare? Dipende ***dal*** tempo.
Finisco ***di*** studiare stasera tardi.
Parto ***per*** Venezia.
Provo a smettere ***di*** fumare.

La preposizione articolata **di** al plurale (**dei**, **degli**, **delle**) si usa anche come plurale dell'articolo indeterminativo.

Provo a leggere ***dei*** giornali italiani.
Hai ***delle*** idee interessanti.

e inoltre...

7.4 I PRONOMI *IO* E *TU* DOPO LE PREPOSIZIONI

I **pronomi soggetto** sono **io**, **tu**, **lui**, **lei**, **noi**, **voi**, **loro**.	***Io*** mi chiamo Giovanni.
Quando non sono soggetto, restano invariati, escluso **io** e **tu** che diventano **me** e **te**, anche dopo una preposizione.	Tu parli ***con loro***. Io sento ***voi***. Tu guardi ***me*** e io guardo ***te***. Parlano ***di te***. Lui telefona solo ***a me***.
Il pronome **tu** diventa **te** anche nella formula **io e te** (e **NON** **io e tu*).	Stasera usciamo da soli, soltanto ***io e te***. Stasera usciamo da soli, soltanto ***tu e io***.
Si usano **me** e **te** anche in alcune esclamazioni e dopo **senza**, **come** e **quanto** (valore comparativo).	***Beato te! Povero me!*** Sei stanco ***quanto me***. Io non sono ***come te***.

Con le preposizioni *con, per, tra/fra* non è proprio possibile formare una preposizione articolata?

La preposizione articolata è anche possibile nel caso di *con* + **articolo**, ma **nella lingua scritta non è frequente**. Nello scritto è estremamente più frequente la forma preposizione + articolo (es. *con il*, *con i*, ecc.)

1 Completa il testo con le preposizioni semplici.

Un matrimonio ben organizzato

Romeo e Rossella vivono _____ Verona ma si sposano _____ Roma. I loro amici vengono _____ Parigi, _____ Madrid e _____ Bruxelles. Molti vengono _____ Londra, _____ Oslo e _____ Berlino. Altri abitano _____ Italia. Il loro matrimonio è _____ Piazza del Campidoglio e la festa _____ Via Aurelia n. 34. Partono _____ il viaggio di nozze subito dopo il matrimonio e vanno _____ Perù e _____ Venezuela. Restano _____ America Latina un mese. Beati loro!

2 Collega ogni nome a una frase, come nell'esempio, e completa le frasi con le preposizioni di luogo.

Paul

Ellen

Timo

Giulio

Benoît

1 Vive ______ Brasile.

2 Vive ______ Inghilterra.

3 Viene ______ Edimburgo.

4 Lavora ______ Germania.

5 Parte ______ New York.

Alejandra

Carlota

Catherine

Jeff

Fatima

6 È ______ Roma.

7 Sta ______ Parigi.

8 Torna ______ Lisbona.

9 Abita ______ Madrid.

10 Studia ______ Norvegia.

1.______ • 2. Paul • 3.______ • 4.______ • 5.______ 6.______ • 7.______ • 8.______ • 9.______ • 10.______

3 Osserva il quadro di Giorgio De Chirico *Piazza d'Italia* e scegli la preposizione corretta.

1. La fontana è in mezzo ***della / alla*** piazza.
2. Gli uomini sono a sinistra ***della / dalla*** piazza.
3. Il treno è in fondo ***della / alla*** piazza.
4. I palazzi sono vicini ***della / alla*** strada.
5. Il treno è lontano ***della / dalla*** fontana.

4 Scegli le parole della lista e volgi le frasi al plurale, come negli esempi.

autobus	famiglia	giornale	*libro*	macchina	monumento

Es.  Che cos'è? È un libro.  Che cosa sono? Sono dei libri.

1  Che cos'è? ______________  Che cosa sono? ______________

2  Che cos'è? ______________  Che cosa sono? ______________

3  Che cos'è? ______________  Che cosa sono? ______________

4  Che cos'è? ______________  Che cosa sono? ______________

5  Che cos'è? ______________  Che cosa sono? ______________

5 Descrivi il disegno con le parole della lista, come negli esempi.

Asciugamani	Cravatta
Borsa	Gonna
Boxer	Guanti
Calze	Maglietta
Calzini	Maglione
Camicia	Mutande
Cappello	Pantaloni
Cappotto	Reggiseno
Cintura	Sciarpa
Costume da bagno	Vestito

Cosa c'è nell'armadio?

Nell'armadio c'è un cappotto...

Cosa c'è nei cassetti?

Nei cassetti ci sono dei calzini...

6 Descrivi cosa cosa c'è sul tavolo.

Bicchiere	Forchetta
Bottiglia	Piatto
Coltello	Tovaglia
Cucchiaio	Tovagliolo
Cucchiaino	

7 Descrivi cosa c'è nel salotto.

Divano
Lampada
Quadro
Tappeto

e inoltre…

8 **Scegli la forma corretta.**

La posta del cuore

Cara Posta del Cuore di "Donna Oggi", sono un ragazzo **di/con** trentanove anni e mezzo e mi sono innamorato **di/con** una ragazza che si chiama Arianna. Ma lei non si fida **per/di** me: dice che sono un Peter Pan perché vivo ancora **con/per** i miei genitori.
È giusto cambiare vita per amore? Devo forse lasciare casa **dei/ai** miei genitori, smettere **a/di** bere e cercare **di/a** trovare un lavoro?
Io so giocare molto bene **a/con** poker: può essere una soluzione partire **a/per** Las Vegas e provare **di/a** vincere molti soldi? Ho voglia **a/di** dimostrare a Arianna che sono un vero uomo! Certo a Las Vegas posso anche perdere tutto... ma in questo caso Arianna può provare **di/a** lavorare di più… Insomma, dipende un po' anche **di/da** lei se riusciamo **di/a** vivere insieme, no? Come posso convincere Arianna che può cominciare **a/di** credere in me? Aiuto, Posta del Cuore! Ho bisogno di un consiglio!

Carlo (Napoli)

9 **Scegli il pronome corretto.**

1 Tu e ***io / me*** possiamo fare grandi cose insieme.
2 Non voglio parlare con ***tu / te***.
3 Quasi tutti i miei amici fanno sport, ma ***io / me*** no.
4 Io non sono giovane come ***tu / te***.
5 Io parlo e parlo, ma ***tu / te*** non capisci!
6 La vita non ha senso senza ***tu / te***.
7 Io e ***tu / te*** possiamo fare grandi cose insieme.
8 Quando vedo ***tu / te*** mi sento subito più allegro.
9 Non dipende da ***io / me***.

8. I POSSESSIVI

8.1 I POSSESSIVI

Gli aggettivi possessivi in italiano **sono preceduti (quasi) sempre dall'articolo**.

il mio	il tuo	il suo	il nostro	il vostro	il loro
la mia	la tua	la sua	la nostra	la vostra	la loro
i miei	i tuoi	i suoi	i nostri	i vostri	i loro
le mie	le tue	le sue	le nostre	le vostre	le loro

8.2 I POSSESSIVI E LA FAMIGLIA

Mio / mia, **tuo / tua**, **suo / sua**, **nostro / nostra**, **vostro / vostra** **non sono preceduti da articolo** prima del nome di un familiare singolare, che però deve avere alcune caratteristiche:	Conosci ***mio padre***? Lei è ***mia madre***. ***Mio cugino*** abita a Torino. ***Mia nonna*** vive a Siracusa.
- deve essere **"ufficiale"**, non affettivo: **madre**, NON *mamma*; **padre**, NON *papà*;	***Mio padre*** si chiama Giuseppe. MA: ***Il mio papà*** si chiama Giuseppe.
- non deve essere alterato: **nonno**, NON *nonnino*; **zia**, NON *zietta*;	***Mio cugino*** ha tre anni. ***Mia zia*** ha una casa a Genova. MA: ***Il mio cuginetto*** ha tre anni. ***La mia zietta*** ha una casa a Genova.
- non deve essere **determinato**: **marito**, NON *ex-marito*; **moglie**, NON *ex-moglie*; **fratello**, NON *fratello maggiore*; **sorella**, NON *sorella minore*.	***Mio fratello*** ha sedici anni. ***Mio nonno*** è Gigi. MA: ***Il mio fratello minore*** ha sedici anni. ***Il mio nonno preferito*** è Gigi.

8.3 I POSSESSIVI CON GLI ARTICOLI

Gli aggettivi **possessivi plurali** hanno **sempre** l'articolo.	***Le vostre birre*** sono pronte! ***Le mie zie*** sono molto simpatiche.
Il possessivo **loro**, anche al singolare, ha **sempre** l'articolo.	Alberto e Luca sono fratelli e ***il loro*** padre è un famoso avvocato.
I possessivi possono riferirsi a un nome non espresso. **I miei** significa **i miei genitori**; **i nostri** può riferirsi a "persone come noi", "il nostro gruppo".	Non ho un lavoro e vivo con ***i miei***. Bevi birra? Allora sei ***dei nostri***! Arrivano ***i nostri***! (nei film western quando arriva la cavalleria)

e inoltre...

8.4 PARTICOLARITÀ DEL POSSESSIVO

Nella lingua scritta o formale i possessivi di solito sono **prima del nome.**	***La mia macchina.*** ***Il tuo numero*** di telefono.
Nella lingua parlata, informale o regionale, i possessivi spessissimo sono **dopo il nome** e hanno così una maggiore forza espressiva.	***La macchina mia*** è vecchia ma va benissimo! Uso ***i soldi miei***, non quelli degli altri!
Il possessivo sta dopo il nome e il nome non ha l'articolo in alcune formule standardizzate: **casa mia / tua / sua / nostra / vostra / loro**; **colpa mia**; **piacere mio**, ecc.	***Casa mia*** è piccola. A che ora torni ***a casa tua***? È tutta ***colpa tua***! "Piacere, Angelica", "***Piacere mio***, Roberto".
Il possessivo **proprio** (= suo), con articolo, si usa obbligatoriamente quando il soggetto del verbo non è ben determinato (Vedi Vol. 1, cap. 9).	È importante avere ***le proprie*** idee (NON sue!). Ognuno è responsabile del***le proprie*** azioni.

LA FAMIGLIA FARFUGLI

ELENA
Casalinga ama gli animali.

ROBERTO
Petroliere, fuma molto.

divorziati

GIOVANNI
Informatico, esperto in giochi con la Playstation.

sposati

ANGELICA
Insegnante di ginnastica. Nel tempo libero balla il tango.

SANDRA
Lavora in un asilo-nido, guarda tutte le soap opera sudamericane in televisione.

LUCA
Giocatore di calcio professionista. Ama la natura.

conviventi

ADRIANO
Non lavora ma ha sempre auto di lusso e vestiti firmati.

GIULIA
Studia storia del Teatro all'università, ma non fa esami da 4 anni.

fidanzati

LA FAMIGLIA CEREBRONI

GIULIA
Archeologa, direttrice di biblioteca.

TOMMASO
Glottologo, parla 12 lingue, tutte morte.

sposati

MARINA
Professoressa di teologia morale. Ama l'arte e odia lo sport.

DANIELA
La pecora nera della famiglia. Divorziata 4 volte. Ha un negozio di erboristeria.

SONIA
Psichiatra infantile. Ama l'alcool e le auto sportive.

DEVOR
Americano, famoso scrittore, bravo giocatore di baseball.

sposati

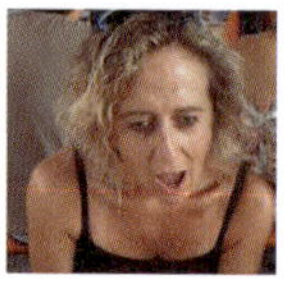
ALESSANDRA
Psicologa, in cerca di lavoro fisso. Single.

1 Osserva nella pagina precedente l'albero genealogico della famiglia Farfugli e della famiglia Cerebroni e completa le frasi qui sotto con i possessivi.

1 Giulia è una studentessa. Elena è ______ nonna.
2 Angelica e Sandra sono sorelle: Elena e Roberto sono ______ genitori.
3 Roberto è un petroliere. Giulia, l'archeologa, è ______ ex moglie.
4 Marina è una professoressa. Devor è ______ cognato.
5 Alessandra è psicologa. Tommaso è ______ nonnino.
6 Daniela e Marina sono sorelle. Alessandra è ______ nipote.
7 Sonia è sposata: ______ marito si chiama Devor.
8 Devor è uno scrittore americano. Tommaso è ______ suocero.
9 Alessandra non ha un lavoro. ______ cuginetta si chiama Giulia.
10 Luca fa il calciatore e Marina è ______ convivente.
11 Giulia è archeologa e Devor è ______ genero.
12 Giovanni è un informatico e Roberto è ______ padre.
13 Giulia e Tommaso sono sposati e Alessandra è ______ nipote.
14 Elena e Roberto sono sposati. Angelica e Sandra sono ______ figlie.

2 Completa la tabella.

	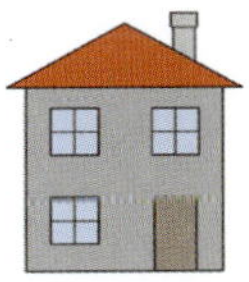			
io	La mia casa			
tu				Il tuo libro
lui/lei		Le sue scarpe		
noi				
voi				
loro			I loro pantaloni	

3 Completa le frasi con gli aggettivi possessivi.

1 Ho una bicicletta: ____________ bicicletta è nuova.
2 Abbiamo un gatto: ____________ gatto è grigio.
3 Marco, come stanno ____________ genitori?
4 Marco e Giuseppe hanno una villa: ____________ villa è sul mare.
5 Avete una piscina: ma ____________ piscina è piccola.
6 Cristina ha un amico francese: ____________ amico si chiama Paul.

4 Completa le frasi con i possessivi.

1 Conosco Maria ma non conosco ________ sorella.
2 Conosco Sonia e Sebastiano ma non conosco ________ figli.
3 Conosco Elena e conosco anche ________ ex-marito.
4 Conosco Paolo e conosco anche ________ genitori.
5 Conosco Maria e conosco tutta ________ famiglia, anche ________ nonna.
6 Conosco Antonio, ________ padre e anche ________ mamma.
7 Conosco te ma non conosco ________ moglie.

5 Completa le frasi con QUELLO e BELLO e con il possessivo IL MIO, LA MIA, I MIEI, LE MIE, come nell'esempio.

Es. Che belle borse! Voglio ___quelle___ borse! Devono diventare ___le mie___ borse.

1 Che bel ragazzo! Voglio __________ ragazzo! Deve diventare __________ ragazzo!
2 Che bella casa! Voglio __________ casa! Deve diventare __________ casa!
3 Che bei vestiti! Voglio __________ vestiti! Devono diventare __________ vestiti!
4 Che begli occhiali! Voglio __________ occhiali! Devono diventare __________ occhiali!
5 Che belle scarpe! Voglio __________ scarpe! Devono diventare __________ scarpe!
6 Che bell'uomo! Voglio __________ uomo! Deve diventare __________ uomo!
7 Che __________ anello! Voglio quell'anello! Deve diventare __________ anello!
8 Che __________ borsa! Voglio quella borsa! Deve diventare __________ borsa!
9 Che __________ macchina! Voglio quella macchina! Deve diventare __________ macchina!
10 Che __________ stereo! Voglio quello stereo! Deve diventare __________ stereo!

6 Completa il testo con gli aggettivi possessivi, con o senza articolo.

Arriva Peppa Pig!
Peppa Pig è un cartone animato inglese che ha successo in tutto il mondo. In Italia tutti i bambini conoscono questa serie tv. La protagonista si chiama Peppa Pig, ________ genitori sono Papà e Mamma Pig. È molto simpatica e gentile, ama giocare e divertirsi con ________ fratellino George e con ________ amici. Ha quattro anni e ________ colore preferito è il rosso.
Peppa presenta ________ famiglia:
«________ fratello George adora le torte al cioccolato, ma odia le verdure. Ha due anni e ________ migliore amico è Richard Coniglio. ________ colore preferito è il blu.
Io ho una grande famiglia: ________ nonno è un marinaio, ________ nonna colleziona dei bei cappelli. ________ madre lavora da casa con internet; è una brava cuoca, ha trentanove anni e ________ colore preferito è l'arancione. ________ padre è architetto e ama la matematica. Il Signor Coniglio e la signora Gatto sono ________ colleghi. ________ passione è la danza classica. E poi ci sono ________ zii, zio Pig e zia Pig e ________ cugini Chloé e Alexander».

7 Scegli la forma corretta.

1 ***Mio / Il mio*** ultimo figlio si chiama Dario.
2 ***Tua / La tua*** cugina è studentessa.
3 ***Suoi / I suoi*** genitori vivono all'estero.
4 ***Nostra / La nostra*** madre lavora all'università.
5 ***Loro / Il loro*** padre è un famoso chirurgo.
6 ***Mia / La mia*** sorellina ha solo sei anni.
7 ***Tuoi / I tuoi*** nonni sono ancora vivi?
8 ***Sua / La sua*** zia sa parlare molto bene il tedesco.
9 ***Nostre / Le nostre*** due figlie sono sposate.
10 ***Vostro / Il vostro*** padre ha la macchina?
11 ***Loro / La loro*** nonna è ancora una bellissima donna!
12 ***Sua / La sua*** sorella minore si chiama Danila.

e inoltre...

1

8 Scegli la forma corretta.

1 Scusa, è ***la mia colpa / colpa mia***.
2 Sono ***affari miei / i miei affari***.
3 Vuoi venire ***a casa mia / alla mia casa***?
4 Andate anche voi ***alla loro casa / a casa loro***?
5 ● Piacere Francesco.
■ ***Piacere mio / È il mio piacere***!
6 È tutto ***merito suo / il suo merito***!
7 ***In cuor suo / Nel suo cuore*** conosce la verità.
8 Puoi fare gli auguri a tuo fratello ***dalla mia parte / da parte mia***?
9 Fate sempre ***di testa vostra / con la vostra testa***.
10 Marco è uno che ***sa il suo fatto / sa il fatto suo***.

2

9 Scegli tra l'aggettivo possessivo SUO e PROPRIO.

1 È importante fare sempre il ___________ dovere.
2 Marco fa sempre il ___________ dovere.
3 Bisogna credere nelle ___________ idee.
4 Lucia crede nelle ___________ idee.
5 È necessario difendere la ___________ libertà.
6 La Francia difende la ___________ libertà.
7 Ogni mamma ama il ___________ figlio.
8 Arianna ama ___________ figlia.
9 Ognuno pensa ai ___________ interessi.
10 Valerio pensa ai ___________ interessi.

3

10 Sai spiegare perché nei titoli dei film di questa pagina è presente o non è presente l'articolo prima del possessivo?

4

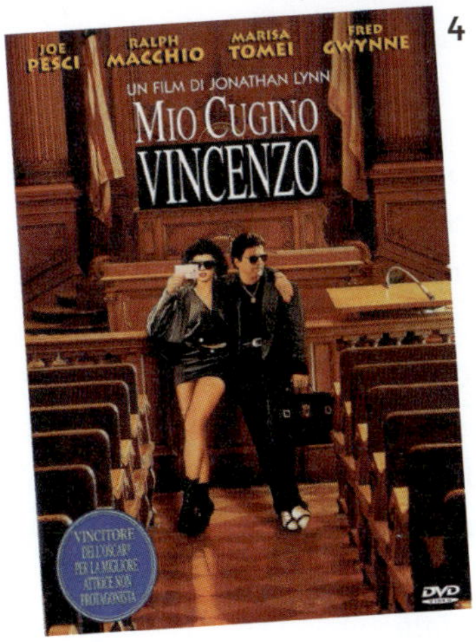

5

lettura 2. LINGUE ITALIANE

Gli stranieri studiano l'italiano, ma quando vanno in Italia e sentono gli italiani parlare in famiglia, nei bar e fra amici… be', capiscono poco o niente. Il problema è che in Italia, ogni regione, ogni città e qualche volta anche i piccoli paesi hanno un dialetto particolare. E anche per gli italiani c'è lo stesso problema: se un milanese va a Napoli difficilmente capisce che *iamme 'n goppa* significa *andiamo su*; e se una persona di Palermo va in Romagna difficilmente capisce che *amarcord* significa *io mi ricordo*. Altri esempi?
La parola *testa* è italiano. In Sardegna si dice *conca*, a Milano si dice *crapa*, a Napoli *capa*, a Roma *capoccia*, vicino a Roma *cucuzza*: quante lingue parlano gli italiani?
Anche la grammatica è differente nel Nord e nel Sud Italia: un bambino del Nord, per esempio dice *la mamma è bella*. Un bambino di Roma dice *mamma è bella* (senza articolo). E un bambino toscano non dice *papà* ma dice *babbo*.
E l'italiano? Tutti capiscono e parlano l'italiano, oggi, perché è la lingua della radio, della televisione e dei giornali. Ma se uno straniero vede un film italiano… mamma mia! Anche nei film il dialetto (o l'accento regionale) è sempre molto forte. Per questo, se una persona cerca un film in un italiano davvero buono ha solo una possibilità: vedere un film straniero doppiato in italiano. Sean Connery (*mi chiamo Bond, James Bond!*) e Clark Gable (*francamente me ne infischio!, frankly my dear, i don't give a damn!*) e poi Al Pacino, Robert de Niro… loro e solo loro parlano davvero un italiano perfetto!

Esercizi

1 Vero o Falso?

		V	F
1	I dialetti del Nord Italia non sono simili ai dialetti del Sud.	☐	☐
2	Nel dialetto di Roma *conca* significa *testa*.	☐	☐
3	I siciliani non sanno parlare in dialetto.	☐	☐
4	I milanesi vivono nel Nord Italia.	☐	☐
5	Fra i dialetti del Nord e i dialetti del Sud ci sono differenze anche nella grammatica.	☐	☐
6	Se un siciliano parla dialetto, un toscano capisce tutto.	☐	☐
7	A Palermo un bambino dice *la mamma è bella*.	☐	☐
8	La Romagna è una regione del Nord.	☐	☐
9	Al Pacino parla un italiano perfetto.	☐	☐
10	A Napoli *iamme* significa *andiamo*.	☐	☐
11	L'italiano è la lingua dei giornali.	☐	☐
12	A Roma *papà* si dice *babbo*.	☐	☐
13	In molti film italiani c'è il dialetto o l'accento regionale.	☐	☐

2 Completa con gli articoli determinativi.

1 ____ stranieri studiano ____ italiano.
2 ____ piccoli paesi hanno un loro dialetto.
3 ____ italiani hanno ____ stesso problema.
4 ____ parola *testa* è italiano.
5 Tutti capiscono ____ italiano.
6 ____ dialetto è presente nei film.
7 ____ giornali sono scritti in italiano.

3 Completa con gli articoli indeterminativi.

1 ____ italiano capisce sempre l'italiano della tv.
2 Anche ____ italiana capisce sempre l'italiano, naturalmente.
3 Se ____ straniero vede ____ film italiano...!
4 Se ____ persona cerca ____ film in italiano buono ha solo una possibilità.

4 Completa con le preposizioni: DI, DEL, DELLO, DELL', DELLA, DEI, DEGLI, DELLE.

1 Una persona ____ Milano non capisce il siciliano.
2 Una persona ____ Sicilia non capisce il milanese.
3 L'italiano ____ Nord è differente da quello parlato a Napoli o a Palermo.
4 La Toscana è una regione ____ Italia centrale.
5 L'italiano è la lingua ____ giornali.
6 Un problema ____ studenti stranieri è capire l'italiano parlato per strada.
7 La Lombardia è una ____ regioni più grandi nell'Italia del Nord.
8 La lingua ufficiale ____ Stato italiano è l'italiano.

DI
DI + IL = DEL
DI + LO = DELLO
DI + L' = DELL'
DI + LA = DELLA
DI + I = DEI
DI + GLI = DEGLI
DI + LE = DELLE

5 Scegli la forma corretta.

1 ***- / Gli*** stranieri studiano l'italiano.
2 Quando ***vengono / vanno*** in Italia capiscono poco.
3 ***- / Il*** problema è che in Italia ogni città ha un dialetto particolare.
4 In Italia ogni ***regione / regioni*** ha un dialetto particolare.
5 E anche per gli italiani c'è ***il / lo*** stesso problema.
6 Se un milanese va ***in / a*** Napoli difficilmente capisce il dialetto.
7 Se una persona di Palermo va ***in / a*** Romagna difficilmente capisce.
8 ***Quante lingue / Quanta lingua*** parlano gli italiani?
9 Un bambino del Nord ***dice / si dice*** *la mamma è bella*.
10 Un bambino ***toscano / toscana*** non dice *papà* ma dice *babbo*.
11 Tutti ***capisce / capiscono*** l'italiano.
12 Tutti ***parlano / parla*** l'italiano.
13 L'italiano è la lingua dei ***giornale / giornali***.
14 Se ***un / uno*** straniero vede un film italiano... mamma mia!
15 Il dialetto è sempre molto ***forte / forti***.

6 Completa le frasi con il presente dei verbi.

1 Gli stranieri (*studiare*) ________________ l'italiano.
2 I turisti (*andare*) ________________ in Italia.
3 Gli stranieri (*sentire*) ________________ gli italiani parlare in dialetto.
4 Anche i piccoli paesi (*avere*) ________________ un dialetto particolare.
5 Se un milanese (*andare*) ________________ a Napoli, ha problemi.
6 Difficilmente un milanese (*capire*) ________________ il dialetto napoletano.
7 *Iamme 'n goppa* (*significare*) ________________ *andiamo su*.
8 La parola *testa* (*essere*) ________________ italiana.
9 In Sardegna *testa* si (*dire*) ________________ *conca*.
10 Ma quante lingue (*parlare*) ________________ gli italiani?
11 Un bambino del Nord (*dire*) ________________ *la mamma è bella*.
12 Tutti (*capire*) ________________ l'italiano.
13 Ma se uno straniero (*vedere*) ________________ un film italiano non capisce molto.
14 Se una persona (*cercare*) ________________ un film in italiano buono, quella persona (*avere*) ________________ solo una possibilità: vedere un film straniero doppiato in italiano!

9. IL *SI* IMPERSONALE

9.1 IL *SI* IMPERSONALE

Le sei forme del verbo sono tutte "personali" e possono essere precedute quindi da un pronome personale: io, tu, lui / lei , noi, voi, loro.	***Io*** parlo italiano, ***tu*** parli italiano, ***lui / lei*** parla italiano, ***noi*** parliamo italiano, ***voi*** parlate italiano, ***loro*** parlano italiano.
Nella **forma impersonale** si usa il pronome impersonale si **+ la terza persona del verbo**.	In Italia ***si parla*** italiano. A scuola ***si studia***.
La forma impersonale di un verbo riflessivo usa il pronome doppio ci si.	La mattina ***ci si lava***, ***ci si veste*** e si va a lavorare.

9.2 IL *SI* IMPERSONALE + SINGOLARE O + PLURALE

Il si impersonale può essere seguito da un verbo alla terza persona **singolare o plurale**.	In Italia ***si mangiano*** gli spaghetti. In Italia ***si beve*** il vino.
Il verbo è **sempre alla terza persona singolare** se sta da solo, se non è seguito da altre parole plurali, se non ha un oggetto plurale.	In ufficio ***si lavora***. In biblioteca ***si fa silenzio***. Dalla mia finestra ***si vede il mare***.
Il verbo è plurale se ha un oggetto plurale (se è seguito da una parola plurale).	Dalla mia finestra ***si vedono le montagne***. In questo negozio non ***si fanno sconti***. Non ***si dicono le parolacce***!

e inoltre...

9.3 ALTRI MODI PER RENDERE IMPERSONALE UN VERBO

Un verbo diventa impersonale con l'uso di un **tu generico**: significa qualcuno, una persona qualunque, non una persona in particolare.	***Tu lavori*** tutta la vita e non ***pensi*** che da vecchio ***devi*** vivere con pochissimi soldi.
Esiste la forma impersonale con uno.	Se ***uno*** è stanco, ***fa*** sicuramente più errori.
Esiste anche la forma impersonale con la terza persona plurale del verbo: un generico loro.	Che ***fanno*** oggi al cinema? ***Dicono*** che quello è un ristorante molto buono.

1 **Completa i testi sulle feste "non nazionali" con la forma impersonale dei verbi tra parentesi.**

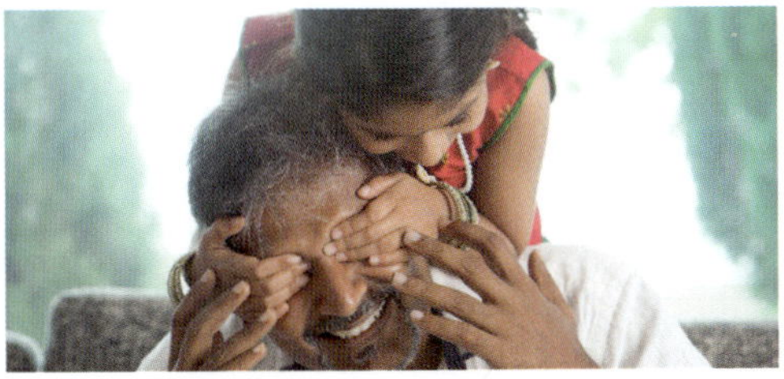

La festa del papà

In Italia (*festeggiare*) __________ tutti i papà il 19 marzo, giorno della festa di San Giuseppe.
Di solito (*fare*) __________ un regalo ai papà: una cravatta, una cintura o un portachiavi e (*mangiare*) __________ i bignè di San Giuseppe, dei dolci tipici della cucina Italiana.

La festa della mamma

In Italia la seconda domenica di maggio è la festa della mamma: (*fare*) __________ un regalo alla mamma, qualche volta (*scrivere*) __________ un biglietto di auguri, ma non (*preparare*) __________ dei dolci speciali.

La festa degli innamorati

Il 14 febbraio (*festeggiare*) __________ San Valentino, la festa degli innamorati. (*Organizzare*) __________ una cena romantica e (*fare*) __________ dei bellissimi regali alla fidanzata o al fidanzato.
Se (*essere*) __________ single o se (*pensare*) __________ che è una stupida festa consumistica, allora non (*festeggiare*) __________ e (*andare*) __________ al cinema a vedere un bel film.

2 **Coniuga i verbi evidenziati in rosso e utilizza la forma impersonale.**
Attenzione: sono tutti verbi riflessivi!

1

____

2

____

3

____

4

____

3 Trasforma le forme personali in forme impersonali, come nell'esempio.

Es. Entro in casa. *Si entra in casa.*

1 Trovo l'ingresso. ______
2 Vedo tutte le stanze. ______
3 Pranzo in cucina. ______
4 Ricevo ospiti in salotto. ______
5 Non devo entrare in quella camera. ______
6 Chiudo le porte a chiave. ______
7 Passo molto tempo ai fornelli. ______
8 Preparo gli spaghetti. ______
9 Non uso tappeti. ______
10 Lavoro molto. ______

4 Leggi il testo e indica quale **SI** è impersonale (I) e quale **SI** è riflessivo (R).

La cronologia e il calendario

Il tempo si (__) misura a partire da un momento, considerato fondamentale per la propria storia. Nel mondo Occidentale il Tempo storico si (__) divide in anni, secoli e millenni: si (__) calcola a partire dalla data della nascita di Cristo.
Si (__) usano infatti le formule a.C. (avanti Cristo) e d.C. (dopo Cristo).
Mentre gli anni si (__) scrivono in numeri arabi, per i secoli ed i millenni si (__) usano i numeri romani.
Dal 1° gennaio del 2001 siamo entrati nel XXI (ventunesimo) secolo e nel III millennio dell'era cristiana.
Il nostro calendario ufficiale è il Calendario gregoriano (da papa Gregorio XIII, che lo ha introdotto nel 1582).
L'anno si (__) divide in 12 mesi, per un totale di 365 o 366 giorni. Gli anni di 366 giorni si (__) chiamano bisestili.

e inoltre...

5 Trasforma le parole tra parentesi nella forma con il **SI** impersonale.

1 (*È possibile*) mandare un'email da questo computer?
______
2 In questa enoteca (*tutti bevono*) ottimi vini.
______
3 Dopo una giornata al mare (*tutti hanno voglia*) di tornare a casa.
______
4 Se (*uno mangia*) troppo (*uno si sente*) male.
______
5 Con la sigaretta elettronica (*uno può smettere*) di fumare.
______
6 (*Dicono*) che è un film bellissimo.
______
7 Da quest'altezza (*uno vede*) tutta la città.
______
8 (*Nessuno deve*) entrare qui.
______

10. L'AUSILIARE *STARE*

10.1 *STARE* + GERUNDIO (LA FORMA PROGRESSIVA)

Il presente progressivo si forma con l'**ausiliare stare + il gerundio dei verbi** (il gerundio finisce con **-ando** o con **-endo**).

sto stai sta stiamo state stanno + -ando (verbi in -are) -endo (verbi in -ere) -endo (verbi in -ire)	Io ***sto parlando.*** Tu ***stai scrivendo.*** Lui / Lei ***sta dormendo.*** Noi ***stiamo camminando.*** Voi ***state finendo.*** Loro ***stanno lavorando.***
Il presente progressivo indica un'azione che si svolge (che si sta svolgendo) proprio **in un determinato momento**.	Io ***sto parlando*** italiano (proprio ora, con te). Io ***parlo*** italiano (normalmente, perché sono italiano).
Il pronome riflessivo (**mi**, **ti**, **si**, **ci**, **vi**, **si**) di un verbo riflessivo può **formare una sola parola con il gerundio**.	***Mi*** sto vestendo = Sto ***vestendomi*** ***Si*** sta svegliando = Sta ***svegliandosi***
Stare + **gerundio** non si può usare nei tempi composti e nelle forme dell'infinito e dell'imperativo.	***Sto parlando*** (MA NON **Sono stato parlando*).

10.2 *STARE PER* + INFINITO

Stare per + **infinito** indica una azione che **deve avvenire fra poco tempo**. Ecco la differenza di significato con la forma progressiva: *Io parlo* = ora e sempre *Io sto parlando* = proprio in questo momento *Io sto per parlare* = non ora ma fra poco	Il film ***sta per*** cominciare (comincia fra pochi minuti). Il treno ***sta per*** partire (parte fra poco). Non posso parlare ora con te perché ***sto per uscire*** (devo andare via presto).
I pronomi riflessivi (**mi**, **ti**, **si**, **ci**, **vi**, **si**) si possono trovare prima del verbo **stare**, ma **anche formare una sola parola con l'infinito**.	***Mi*** sto per addormentare = Sto per ***addormentarmi.*** ***Si*** stanno per incontrare = Stanno per ***incontrarsi.***

L'ausiliare *stare* si usa nelle forme "*stare* + gerundio" e "*stare per* + infinito". Abbiamo sentito però anche "*stare a* + infinito" (*che stai a dire?*). Si tratta di una forma scorretta?

La forma ***stare a* + infinito** è correttissima. Il valore è simile a quello di ***stare* + gerundio**: ma ***stare a*** ha la caratteristica di sottolineare molto la "continuatività" dell'azione (*che stai a fare sempre chiuso in casa?*; *Non starò a ricordarvi di nuovo questa cosa*, ecc.). In alcuni dialetti la forma ***stare a* + infinito** si usa, in modo scorretto, per sostituire ***stare* + gerundio**, anche quando questa ripetitività non è essenziale (*In questo momento *sto a scrivere una lettera* invece che *sto scrivendo*). Per evitare questo errore si preferisce di solito non insegnare ***stare a* + infinito** che ha in realtà un uso più limitato.

1 **Sottolinea, nei titoli di giornale di qualche anno fa, le forme progressive.**

Sull'autostrada del Turchino nei pressi di Voltri

Si getta in extremis dal Tir che sta volando dal viadotto

Un autista francese deve la vita alla sua prontezza e decisione

Parti plurimi, aumenta la sopravvivenza

Stanno migliorando i sei gemellini per loro la scienza ha fatto miracoli

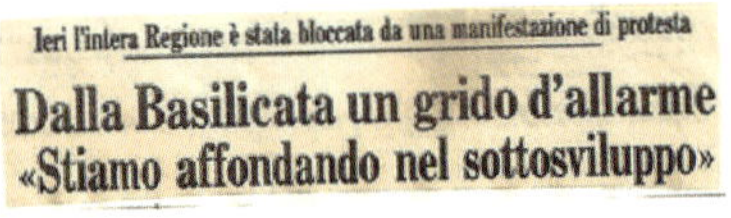
Ieri l'intera Regione è stata bloccata da una manifestazione di protesta

Dalla Basilicata un grido d'allarme «Stiamo affondando nel sottosviluppo»

La ripresa ci sta sfiorando

2 **Scegli tra *STARE* + GERUNDIO e *STARE PER* + INFINITO per descrivere i disegni, come nell'esempio. Usa i verbi della lista.**

baciarsi	bere	dormire	*mangiare*	sposarsi	telefonare

1 Sta per mangiare.

2 Sta mangiando.

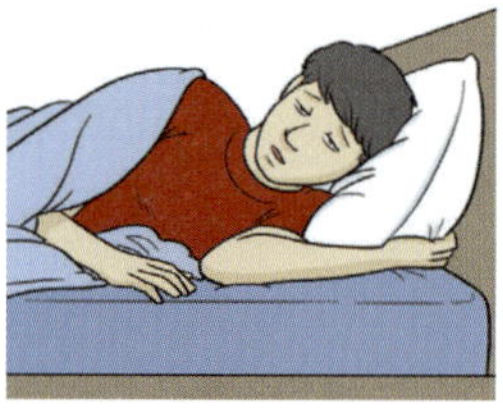
3 ____________________

4 ____________________

5 ____________________

6 ____________________

7 ____________________

8 ____________________

9 ____________________

10 ____________________

11 ____________________

12 ____________________

3 Leggi la pagina di istruzioni Facebook. Poi svolgi il compito.

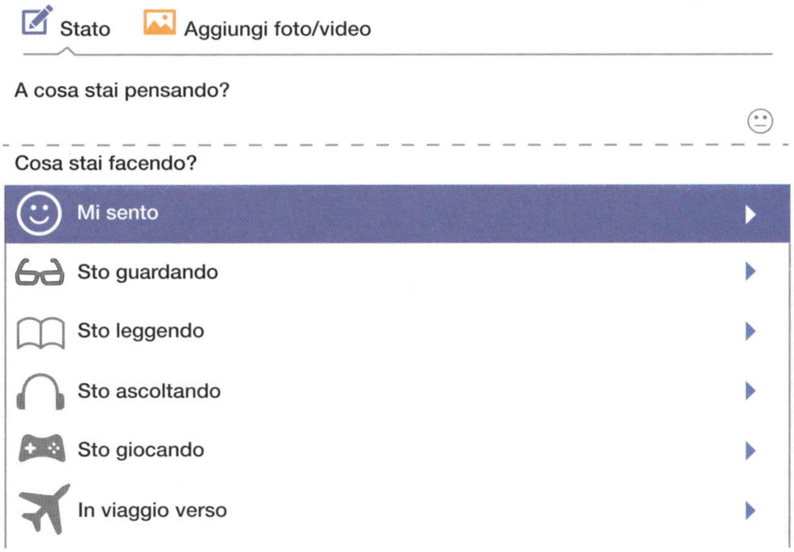

Le emoticon non sono più sufficienti per i vostri status su Facebook? Da oggi arriva una novità: nel social network più popolare del mondo c'è la possibilità di aggiungere un link a tutto quello che stiamo guardando, leggendo, ascoltando o mangiando in quel preciso istante.
È possibile visualizzare un'icona novità e rispondere alla frase: "fai sapere come ti senti o cosa stai facendo".

3a Quante parole non italiane ci sono in questo testo? Esiste una traduzione italiana di queste parole?

4 Con un po' di fantasia scrivi su Facebook il tuo "status" e usa il presente progressivo.

1. Cosa stai facendo? ______________________
2. A cosa stai pensando? ______________________
3. Cosa stai guardando? ______________________
4. Cosa stai ascoltando? ______________________

5 Coniuga i verbi al presente progressivo, come nell'esempio.

Voglio andare al cinema. Invito i miei amici, ma tutti sono impegnati!

Es. Marcello non può perché (*studiare*) sta studiando.

1. Nicola e Elisa non possono perché (*giocare*) ______________ a tennis.
2. Giulio non può perché (*guardare*) ______________ la partita di calcio.
3. Valerio e Francesco non possono perché (*ascoltare*) ______________ la musica.
4. Voi non potete perché (*fare*) ______________ un lavoro urgente.
5. Anna e Sofia non possono perché (*laurearsi*) ______________ e devono studiare.
6. Carlo non può perché (*bere*) ______________ una birra con Marta.
7. Tu non puoi perché (*leggere*) ______________ un libro molto interessante.
8. Io (*pensare*) ______________ di cambiare amici.

11. IL PASSATO PROSSIMO

11.1 COME SI FORMA IL PASSATO PROSSIMO

Il passato prossimo si forma con il presente dei verbi **essere** e **avere** + **il participio passato** del verbo.	Ieri ***ho mangiato*** una pizza. Domenica scorsa ***sono andato*** al mare.
Il participio passato dei verbi regolari finisce con **-ato**, **-uto**, **-ito**.	Ho parl***ato*** con Franco. Non ho cred***uto*** alle parole di tuo fratello. Quando sei part***ito***?
I verbi con ausiliare **avere** hanno sempre il **participio passato in -o**.	Io ***ho*** mangiat***o***, lui ***ha*** potut***o***, loro ***hanno*** dormit***o***, ecc.
I verbi con ausiliare **essere** hanno il **participio passato in -o**, **-a**, **-e**, **-i**.	Maria ***è*** andat***a*** a Roma. Anna e Sofia ***sono*** tornat***e*** a casa. Mario ***è*** uscit***o***.
Quando il soggetto plurale è formato da un nome maschile e uno (o più di uno) femminile, il participio è sempre al maschile plurale.	Mario e Anna sono partit***i***. Le quattro studentesse e il professore sono entrat***i*** insieme nell'aula.

io ho
tu hai
lui / lei ha
noi abbiamo
voi avete
loro hanno
} **parlato** / **creduto** / **sentito**

io sono
tu sei
lui / lei è
} **andata/o** / **partita/o**

noi siamo
voi siete
loro sono
} **andate/i** / **partite/i**

11.2 IL PASSATO PROSSIMO DI VERBI IRREGOLARI

Molti verbi in ***-ere*** hanno il participio passato **irregolare**.

aprire - ho **aperto**	bere - ho **bevuto**	chiedere - ho **chiesto**	chiudere - ho **chiuso**
decidere - ho **deciso**	dire - ho **detto**	essere - sono **stata/o**	fare - ho **fatto**
leggere - ho **letto**	mettere - ho **messo**	morire - sono **morta/o**	nascere - sono **nata/o**
prendere - ho **preso**	rispondere - ho **risposto**	scrivere - ho **scritto**	scoprire - ho **scoperto**
vedere - ho **visto**	venire - sono **venuto**	vincere - ho **vinto**	vivere - ho / sono **vissuto**

11.3 LA SCELTA DELL'AUSILIARE

La maggior parte dei verbi usa l'ausiliare **avere**.	Io ***ho*** mangiato, tu ***hai*** giocato, lei ***ha*** scritto.
I verbi modali *dovere*, *volere*, *potere*, usati **da soli** hanno l'ausiliare **avere**. **Con l'infinito** di un altro verbo, di solito prendono l'ausiliare di quel verbo.	● Come ***hai*** potuto? ▼ Veramente... ***ho*** dovuto! Oggi non ***sono potuto tornare*** presto a casa perché ***ho dovuto lavorare*** fino alle otto.
Tutti i verbi riflessivi usano **essere**.	***Mi sono innamorato*** di Luciana!
Usano **essere** molti verbi di "movimento" (molti, ma non tutti).	Io ***sono*** andato, tu ***sei*** tornata, ecc. MA: io ***ho*** passeggiato, io ***ho*** camminato, ecc.

11.4 I VERBI PIÙ FREQUENTI CHE HANNO L'AUSILIARE *ESSERE*

Verbi di movimento		Verbi di stato o di movimento figurato		Verbi "con pericolo di errore" (in molte lingue usano AVERE)
andare	arrivare	diventare	essere	costare
cadere	entrare	morire	nascere	durare
partire	tornare	restare	stare	piacere
uscire	venire			

11.5 QUANDO SI USA IL PASSATO PROSSIMO

Il passato prossimo indica un'azione **conclusa**, passata da **molto** o da **poco tempo**.	Ho finito di lavorare cinque minuti fa. I dinosauri sono morti sessantacinque milioni di anni fa.
L'azione conclusa può essere **molto lunga** o **molto breve**.	Ho lavorato cinque minuti. Ho lavorato quarant'anni.

e inoltre...

11.6 L'AUSILIARE DI VERBO MODALE + VERBO RIFLESSIVO

L'ausiliare di un **verbo modale + verbo riflessivo** dipende dalla posizione del pronome riflessivo. Pronome **prima** del modale → **essere**. Pronome **in una parola con l'infinito** → **avere**.	***Mi sono*** potuto vestire. / ***Ho*** potuto ***vestirmi***. ***Mi sono*** dovuto pettinare. / ***Ho*** dovuto ***pettinarmi***. ***Mi sono*** voluto nascondere. / ***Ho*** voluto ***nascondermi***.

1 Sai chi sono queste due grandi donne italiane? Svolgi i due compiti e abbina i cognomi della lista alle foto.

Montalcini	Montessori

1.a Completa il testo con il participio passato dei verbi tra parentesi.

Maria

Si chiama Maria: è (*nascere*) ____________ a Chiaravalle vicino ad Ancona nel 1870 ed è (*morire*) ____________ nel 1952 a Nordwick in Olanda.
Si è (*laurearsi*) ____________ in medicina con una tesi in psichiatria. Nel 1907 ha (*aprire*) ____________ la prima "Casa dei Bambini" a Roma.
Ha (*scrivere*) ____________ molti libri di pedagogia. Nel 1935 il Governo ha (*decidere*) ____________ di chiudere le "Case dei Bambini". Maria si è (*trasferirsi*) ____________ ad Amsterdam per continuare a lavorare e in seguito ha (*vivere*) ____________ anche in India.
Oggi il suo metodo pedagogico è famoso in tutto il mondo.

1.b Completa il testo con il passato prossimo dei verbi tra parentesi.

Rita Levi

Si chiama Rita: (*nascere*) ____________ a Torino nel 1909 e (*morire*) ____________ a Roma nel 2012.
(*Diventare*) ____________ famosa come scienziata. (*Studiare*) ____________ medicina e (*laurearsi*) ____________ nel 1936. Dopo la laurea (*cominciare*) ____________ a lavorare, ma come ebrea (*dovere*) ____________ lasciare il paese prima della Seconda guerra mondiale. (*Viaggiare*) ____________ in tutta Europa, (*vivere*) ____________ in America e poi (*ritornare*) ____________ in Italia.
(*Vincere*) ____________ il premio Nobel per la medicina nel 1986. Nel 2001 il presidente della Repubblica italiana (*nominare*) ____________ questa famosa donna senatrice a vita.

2 Trova e cancella nel crucipuzzle i participi irregolari dei verbi della lista. Attenzione: i participi sono scritti in orizzontale, in verticale, e anche in obliquo. Le lettere che restano formano una curiosità del passato prossimo.

aprire	bere	chiudere
mettere	morire	nascere
decidere	dire	essere
rispondere	scrivere	vedere
correre	prendere	fare
vincere	leggere	vivere

A	P	E	R	T	O	N	A	T	O
S	R	V	I	N	T	O	I	V	E
T	E	I	S	V	D	R	F	B	I
A	S	S	P	E	I	E	A	S	S
T	O	S	O	E	R	S	T	E	E
O	S	U	S	C	R	I	T	T	O
L	E	T	T	O	T	A	O	O	O
R	E	O	O	H	M	E	S	S	O
A	D	E	C	I	S	O	N	N	O
L	O	B	E	V	U	T	O	S	T
E	S	C	O	R	S	O	S	O	P
A	R	C	H	I	U	S	O	T	I
C	I	P	I	O	M	O	R	T	O

3 **Caterina racconta nel suo blog un viaggio di tre giorni nel Salento. Completa i verbi al passato prossimo con le vocali.**

Salento, una terra che resta nel cuore
La vacanza che ho sempre sognato: mare, arte e buon cibo!
Questo è il Salento

- di **caterinarossi** pubblicato l'8 ottobre •*Partenza il 24 settembre - Ritorno il 27 settembre - Viaggiatori: 2*

Sono stat___ molte volte a Lecce, una piccola e bellissima città del Sud Italia. Quest'anno ho decis___ di partire con Valentina. Abbiamo pres___ l'aereo all'aeroporto di Fiumicino e siamo arrivat___ due ore dopo. Abbiamo affittat___ una macchina, ma Valentina non ha la patente quindi ho guidat___ sempre io. La prima notte abbiamo dormit___ in un albergo nel centro storico. La mattina abbiamo visitat___ molte chiese barocche e poi abbiamo camminat___ tutto il giorno. Sulla piazza del Duomo ci siamo riposat___ un po' in un bar. Abbiamo bevut___ un caffè e abbiamo mangiat___ il pasticciotto, un tipico dolce ripieno di crema. Il giorno dopo abbiamo conosciut___ Carlo, un ragazzo leccese molto simpatico. Con lui siamo andat___ a Otranto e abbiamo passat___ tutta la giornata al mare. Abbiamo fatt___ molti bagni e ci siamo abbronzat___ tantissimo. L'ultimo giorno io e Valentina abbiamo fatt___ una passeggiata a Gallipoli e la sera abbiamo ballat___ la pizzica, una danza tradizionale della regione. Una vacanza perfetta che consiglio a tutti!

4 **Aggiungi il tuo commento all'articolo di Caterina, nel blog.**

Fede - *10 ottobre*
Settembre nel Salento! Un momento magico!

Sonia65 - *12 ottobre*
Spettacolo!!!

BenoitParis - *26 ottobre*
Bellezzà, baroccó, profumì e saporì. Questo è il Salentó!

Eire2000 - *28 febbraio*
Che invidia... qui piove sempre ☺

Veneziano1725 - *2 novembre*
In Puglia le donne più belle del mondo!!!!!!

InfallibileRoma - *25 dicembre*
Divino!

GomoSud - *8 gennaio*
Un posto dove stai senza pensieri

____
____
____

vai su www.alma.tv

Presente o passato prossimo? **CERCA**

nella rubrica **GRAMMATICA CAFFÈ**

Esiste un trucco per capire quando si deve usare il passato prossimo?

Il passato prossimo esprime un'**azione conclusa**: quindi (teoricamente) c'è sempre la possibilità di indicare "un orario" in cui questa azione è avvenuta. Se l'idea di un orario è assolutamente senza senso, attenzione, di solito non funziona il passato prossimo (vedi cap. 15.4).

Es. *Ho mangiato* (alle tre; dalle tre alle quattro). *Sono partito per la Spagna* (alle nove). *Sono nato a Roma* (una mattina alle undici).

5 **Riscrivi le frasi al passato prossimo, come nell'esempio, nella forma positiva (se le hai fatte) o nella forma negativa (se non le hai fatte). Poi intervista un compagno e scrivi le cose che ha fatto o non ha fatto lui.**

Le cose che si devono fare prima dei trent'anni!

	Io	Il mio compagno
Es: Andare in India.	Sono andato in India.	Non è andato in India.
1 Visitare almeno due continenti.		
2 Studiare all'estero.		
3 Innamorarsi.		
4 Restare a casa in pigiama per diversi giorni.		
5 Avere un figlio.		
6 Mangiare la vera mozzarella di bufala.		
7 Cambiare diversi lavori.		
8 Fare un viaggio da solo.		
9 Viaggiare con un biglietto di solo andata.		
10 Vincere alla lotteria.		

6 **ESSERE o AVERE? Scegli la forma corretta.**

Sabato scorso Silvia e Piero ***hanno andato / sono andati*** al cinema. I biglietti ***hanno costato / sono costati*** diciotto euro. Il film ***è durato / ha durato*** tre ore. A Silvia il film ***ha piaciuto / è piaciuto*** molto. A Piero invece per niente, forse perché non ***ha capito / è capito*** tutto... Come al solito lui ***si ha addormentato / si è addormentato***.
Dopo il film Silvia e Piero ***hanno uscito / sono usciti*** dal cinema e come sempre ***sono litigati / hanno litigato***.
Piero ***è tornato / ha tornato*** a casa da solo, mentre Silvia ***è camminata / ha camminato*** tutta la notte e non ***è rientrata / ha rientrato*** a casa.
La mattina dopo Silvia ***ha tornato / è tornata***. Piero, arrabbiatissimo, ***ha chiesto / è chiesto:*** «Dove ***hai stato / sei stata*** tutta la notte?». Silvia non ***ha risposto / è risposta, è cominciata / ha cominciato*** a piangere, ***è andata / ha andato*** in camera e ***ha chiuso / è chiusa*** la porta a chiave.

7 **Unisci i verbi ai sostantivi e intervista un compagno secondo il modello.**

Es. Hai organizzato una festa? Sì, ho organizzato una festa... / No, purtroppo non ho organizzato una festa...

1 Invitare	A gli auguri degli amici
2 Bere	B sulle candeline
3 *Organizzare*	C un regalo
4 Preparare	D un uomo / una donna
5 Leggere su Facebook	E lo champagne
6 Mangiare	F la torta di compleanno
7 Ascoltare	G gli amici
8 Ricevere	H una cena a lume di candela
9 Baciare	I la musica
10 Soffiare	L *una festa*

8 Completa le frasi su Galileo Galilei con il passato prossimo.

1 Galileo Galilei (*nascere*) _______________ a Pisa.
2 Galileo Galilei (*morire*) _______________ ad Arcetri.
3 Lui (*scoprire*) _______________ che la Terra gira intorno al sole.
4 Lui (*pensare*) _______________ che il sole è fermo al centro dell'universo.
5 Per questo (*andare*) _______________ in prigione.
6 Al processo, in tribunale, il giudice (*domandare*) _______________ "Il sole si muove?"
7 Galileo (*rispondere*) _______________ "Il sole gira intorno alla Terra!"
8 "Bravo Galileo, - (*dire*) _______________ il giudice con un sorriso - hai capito tutto."
9 Per quelle parole Galileo (*tornare*) _______________ in libertà.
10 Per quelle parole Galileo (*uscire*) _______________ libero dal tribunale.
12 Lui (*arrivare*) _______________ a casa sua e ha detto: "Eppur si muove!"

e inoltre...

vai su www.alma.tv

Essere o non essere CERCA

nella rubrica GRAMMATICA CAFFÈ

Qual è l'ausiliare dei verbi modali quando accompagnano un verbo riflessivo?

Tutto dipende dalla posizione del pronome riflessivo: se è prima del verbo modale si usa l'ausiliare **essere**. Se il pronome riflessivo forma una parola con l'infinito allora l'ausiliare è **avere**. In pratica: *non mi sono voluto arrabbiare / non ho voluto arrabbiarmi.*

9 Trasforma sul quaderno le frasi al passato prossimo, come nell'esempio. Attenzione alla posizione del pronome riflessivo.

Es. Devo ricordarmi di comprare il latte.
Mi sono dovuto ricordare di comprare il latte. / Ho dovuto ricordarmi di comprare il latte.

1 Ti puoi vestire da sola.
2 Federico si vuole lavare le mani.
3 Noi ci vogliamo divertire.
4 Renzo e Lucia non devono sposarsi.
5 Tu e Andrea potete incontrarvi.

10 Scrivi su un quaderno cosa hai dovuto fare in queste situazioni, come nell'esempio. Attenzione alla posizione del pronome riflessivo.

Es. Hai iniziato a fare la doccia e ti sei accorto che non c'è l'acqua calda. (Lavarsi con l'acqua fredda)
Mi sono dovuto lavare velocemente con l'acqua fredda. / Ho dovuto lavarmi con l'acqua fredda.

1 Hai perso la valigia all'aeroporto. (Comprarsi dei vestiti nuovi)
2 Hai lasciato le chiavi dietro la porta di casa e sei uscito. (Inventarsi un sistema per aprire la porta)
3 Sei arrivato in ritardo ad un appuntamento di lavoro importante. (Scusarsi)
4 Hai un volo alle 6 di mattina. (Alzarsi alle 3:30)
5 Ieri sera non hai cenato. (Farsi un panino)

lettura 3. UNA PAGINA DI DIARIO

Lunedì	Martedì	Mercoledì	**Giovedì**	Venerdì	Sabato	Domenica
			19			

Sono nervosissimoooo: Ho smesso di fumare!!!!

Ore 8:00 – 9:00	Macchina rotta! Sono andato a lavorare in autobus.
Ore 9:00 – 10:00	Ho preso lo stipendio[1].
Ore 10:00 – 11:00	Ho incontrato Paolo al bar. Abbiamo parlato un po'.
Ore 11:00 – 12:00	Ho invitato Maria a giocare a tennis con me. HA ACCETTATO!!!!!!!!
Ore 13:00 – 15:00	Sono uscito dall'ufficio e sono andato al self-service. Ho mangiato spaghetti, pollo, insalatina e ho bevuto una tazzina di caffè. Sono tornato a casa e ho fatto una splendida dormita sul divano.
Ore 16:00 – 17:00	Ho ritirato la macchina dal meccanico (380 Euro!!!)
Ore 17:00 – 18:00	Ho visto Maria. Abbiamo giocato un po' a tennis. (E ho vinto io, eh eh)
Ore 18:00 – 19:00	Io e Maria abbiamo fatto una lunga passeggiata.
Ore 19:00 – 20:00	Ho detto a Maria che sono innamorato di lei... (LEI NON HA RISPOSTO)
Ore 20:00 – 22:00	Abbiamo cenato insieme in un romantico ristorante sul mare.
Ore 23:00 – 24:00	Maria è tornata a casa sua. Sono tornato a casa anch'io. Ho acceso il televisore, ho ricominciato a fumare e sono andato a dormire.

Gennaio
Febbraio
Marzo
Aprile
Maggio
Giugno
Luglio
Agosto
Settembre
Ottobre
Novembre
Dicembre

Esercizi

1 **Scrivi una pagina di diario e descrivi la tua giornata di ieri.**

Lunedì	Martedì	Mercoledì	Giovedì	Venerdì	Sabato	Domenica

Ore 8:00 – 9:00	
Ore 09:00 – 10:00	
Ore 10:00 – 11:00	
Ore 11:00 – 12:00	
Ore 12:00 – 13:00	
Ore 13:00 – 14:00	
Ore 14:00 – 15:00	
Ore 15:00 – 16:00	
Ore 16:00 – 17:00	
Ore 17:00 – 18:00	
Ore 18:00 – 19:00	
Ore 19:00 – 20:00	
Ore 20:00 – 21:00	
Ore 21:00 – 22:00	
Ore 22:00 – 23:00	
Ore 23:00 – 24:00	

Gennaio
Febbraio
Marzo
Aprile
Maggio
Giugno
Luglio
Agosto
Settembre
Ottobre
Novembre
Dicembre

1 stipendio → i soldi alla fine di in un mese di lavoro

2 Completa le frasi al plurale, come nell'esempio.

Es. Marco è andato a lavorare in autobus perché la sua macchina è rotta.
Marco e Paolo sono andati a lavorare in autobus perché le loro macchine sono rotte.

1 Marco ha preso lo stipendio e ha incontrato un suo amico.
Marco e Paolo ______________________________

2 Marco è uscito dall'ufficio ed è andato a mangiare.
Marco e Paolo ______________________________

3 Marco ha ritirato la sua macchina dal meccanico.
Marco e Paolo ______________________________

4 Marco ha incontrato una ragazza e ha giocato a tennis con lei.
Marco e Paolo ______________________________

5 Marco ha cenato con la ragazza ma dopo lei è tornata a casa sua.
Marco e Paolo ______________________________

6 Marco è tornato a casa, ha acceso il televisore ed è andato a dormire.
Marco e Paolo ______________________________

3 Rispondi alle domande, come nell'esempio.

Es. A che ora Marco ha acceso il televisore? Marco ha acceso il televisore alle undici.

1 A che ora Marco è uscito di casa? ______________________________

2 A che ora ha preso lo stipendio? ______________________________

3 A che ora è andato al bar? ______________________________

4 A che ora è uscito dall'ufficio? ______________________________

5 A che ora ha visto Maria? ______________________________

6 A che ora è tornata a casa sua, Maria? ______________________________

7 A che ora è andato a dormire Marco? ______________________________

4 Cosa ha scritto Marco il giorno dopo sulla sua pagina Facebook? Scegli il post giusto.

1 

Marco Sfigatelli
Gli anni passano, ma a tennis sono sempre un dio!
Mi piace - Commenta - Condividi

2 

Marco Sfigatelli
Consiglio a tutti di non andare al Ristorante "da Ugo"; sono stato male tutta la notte.
Mi piace - Commenta - Condividi

3 

Marco Sfigatelli
Sono un cretino. E chi clicca su "mi piace" ha ragione!
Mi piace - Commenta - Condividi

4 

Marco Sfigatelli
Serata di fuoco! Dettagli solo in privato!
Mi piace - Commenta - Condividi

5 Completa con le preposizioni della lista.

in	nel	nello	nell'
nella	nei	negli	nelle

1 Abbiamo cenato _____ un ristorante.
2 _____ film italiani gli attori parlano dialetto.
3 _____ Italia del sud il mare è bellissimo.
4 _____ uffici ci sono molte persone.
5 _____ macchine di solito c'è l'airbag.
6 Il Papa abita _____ Stato del Vaticano.
7 _____ mia famiglia ci sono quattro persone.
8 _____ mio paese c'è solo un cinema.

6 Completa con le preposizioni della lista.

su	sul	sullo	sull'
sulla	sui	sugli	sulle

1 Ho fatto una dormita _____ divano.
2 Sono salito _____ un taxi.
3 Sono salito _____ scooter.
4 _____ insalata voglio un po' di olio.
5 _____ tavoli ci sono i libri.
6 La sua casa è proprio _____ montagna.
7 _____ case italiane ci sono le antenne della tv.
8 _____ autobus italiani c'è sempre troppa gente.

7 Completa con le preposizioni della lista.

a	al	allo	all'
alla	ai	agli	alle

1 Dovete andare _____ultimo piano.
2 Marco ha preso lo stipendio _____ nove.
3 Ho incontrato Maurizio _____ bar.
4 Io non so giocare _____ tennis.
5 Sono stato _____ stadio.
6 Hai scritto _____ tua amica?
7 Ho telefonato _____ miei genitori.
8 Ho parlato _____ studenti.

8 Completa con le preposizioni della lista.

di	del	dello	dell'
della	dei	degli	delle

1 Ho bevuto una tazzina _____ caffè.
2 L'italiano è la lingua _____ televisione.
3 Un bambino _____ Nord dice "la mamma".
4 Genova è una città _____ Italia del Nord.
5 L'italiano è la lingua _____ giornali.
6 La qualità _____ spaghetti è importante.
7 L'Umbria è una _____ regioni italiane.
8 Il Capo _____ Stato vive al Quirinale.

9 Completa con l'aggettivo *quello*.

1 __________ mattina lui è andato a lavorare in autobus.
2 Io lavoro in __________ ufficio.
3 Con __________ stipendio non posso vivere!
4 Vado al self-service con __________ amici.
5 Mangio sempre in __________ self-service.
6 __________ pomeriggio lui ha giocato a tennis.
7 __________ passeggiate che abbiamo fatto sono lunghissime.
8 __________ ristoranti sul mare sono molto romantici.

QUELLO
QUEL
QUELLA
QUELL'
QUEI
QUEGLI
QUELLE

10 Completa i participi passati con la vocale giusta.

1 Marco è andat___ in ufficio.
2 Marco ha pres___ il caffè.
3 Marco e Paolo sono uscit___ di casa.
4 Marco e Paolo hanno incontrat___ Maria.
5 Marco e Maria sono tornat___ a casa.
6 Marco e Maria hanno parlat___.
7 Eva è stat___ al ristorante.
8 Eva ha giocat___ a tennis.
9 Maria è salit___ all'ultimo piano.
10 Maria ha fatt___ una passeggiata.
11 Maria e Eva sono venut___ da me.
12 Maria e Eva hanno vist___ un film.

1a Maria è andat___ in ufficio.
2a Maria ha pres___ il caffè.
3a Maria e Eva sono uscit___ di casa.
4a Maria e Eva hanno incontrat___ Marco.
5a Marco e Paolo sono tornat___ a casa.
6a Marco e Paolo hanno parlat___.
7a Eva e Paolo sono stat___ al ristorante.
8a Eva e Paolo hanno giocat___ a tennis.
9a Marco è salit___ all'ultimo piano.
10a Marco ha fatt___ una passeggiata.
11a Marco e Paolo sono venut___ da me.
12a Marco e Paolo hanno vist___ un film.

11 Racconta la storia con la forma impersonale (SI + 3ª persona singolare o plurale del presente indicativo).

La mattina (*andare*) ______________ a lavorare in autobus. In ufficio (*prendere*) ______________ lo stipendio e (*incontrare*) ______________ gli amici. All'ora di pranzo (*uscire*) ______________ dall'ufficio e (*andare*) ______________ a mangiare in un self-service. Subito dopo (*tornare*) ______________ a casa e (*fare*) ______________ le cose normali... o (*fare*) ______________ una dormitina. Di sera (*andare*) ______________ in un romantico ristorante sul mare, ma se Maria va a dormire presto allora (*tornare*) ______________ subito a casa. A casa, (*guardare*) ______________ la tv, forse (*ricominciare*) ______________ a fumare e (*andare*) ______________ a dormire.

12 Completa con il passato prossimo dei verbi modali. Fai attenzione alla scelta dell'ausiliare ESSERE o AVERE.

1 Marco, quella mattina, (*dovere*) ____________________ svegliarsi alle sette.
2 Alle dieci Marco e Paolo si (*potere*) ____________________ incontrare al bar.
3 Marco e Paolo (*volere*) ____________________ vedersi.
4 Marco non si (*potere*) ____________________ dimenticare di ritirare la macchina.
5 Quel pomeriggio Marco si (*volere*) ____________________ vestire in modo elegante.
6 Marco e Maria non (*volere*) ____________________ baciarsi.
7 Alle undici di sera Marco e Maria (*dovere*) ____________________ salutarsi.
8 Quella sera Marco non (*potere*) ____________________ addormentarsi facilmente.

12. NOMI E AGGETTIVI PARTICOLARI

12.1 I NOMI MASCHILI IN *-A*

I nomi maschili di solito terminano in *-o*. Alcuni però terminano in **-a**.

Molti nomi che al singolare terminano con **-ma**: *il diploma - i diplomi* *il pigiama - i pigiami* *il problema - i problemi* *il programma - i programmi* *il sistema - i sistemi*	***Il diploma*** di italiano. ***Un bel pigiama*** azzurro. ***Un problema*** grandissimo. ***I programmi*** televisivi. ***Un sistema*** informatico.
Qualche nome come: *il papa - i papi* *il cinema(tografo) - i cinema(tografi)* *il pianeta - i pianeti*	***Il*** primo ***papa*** argentino. Vado ***al cinema***. La terra è ***un pianeta***.
I nomi in **-ista** (singolare maschile o femminile): *l'artista / l'artista - gli artisti / le artiste* *il musicista / la musicista - i musicisti / le musiciste* *il dentista / la dentista - i dentisti / le dentiste*	Michelangelo è ***un artista***. Artemisia Gentileschi è ***un'artista***. Il concerto di ***un*** famos***o*** ***musicista*** austriac***o***.

12.2 I NOMI FEMMINILI IN *-O*

I nomi femminili di solito terminano in *-a*. Alcuni però terminano in **-o**.

Qualche nome come: *la mano - le mani* *la radio - le radio*	Ho ***le mani*** sporche. Ascolto la musica ***alla radio***.
Alcuni nomi come: *l'auto(mobile) - le auto(mobili)* *la foto(grafia) - le foto(grafie)* *la moto(cicletta) - le moto(ciclette)* *la metro(politana) - le metro(politane)*	***La tua auto*** è piccola. Hai fatto ***una*** bellissim***a*** ***foto***. Ho comprato una bell***a*** ***moto***. Oggi ***la metro*** è chius***a***.
I nomi di **città** e i nomi di **marche automobilistiche** sono femminili anche se finiscono con **-o**	***Oslo*** è piccol***a***. ***Tokyo*** è bell***a***. ***La Volvo*** è sicur***a***.

e inoltre...

12.3 GLI AGGETTIVI *BELLO / BRUTTO, BUONO / CATTIVO* (DIFFERENZA CON *BENE / MALE*)

Bello e **brutto** sono aggettivi. Si riferiscono di solito a un **nome** e hanno spesso relazione con qualcosa che percepisco con la **vista**, l'**udito** o il **tatto**.	Quel ragazzo è molto ***bello***. Questo ***brutto*** film non è italiano. Alice mi ha dato un bacio molto ***bello***!
Buono e **cattivo** sono aggettivi: si riferiscono di solito a **nomi** e hanno spesso una relazione con **caratteristiche psicologiche** o anche **di gusto o olfatto**.	Una ***buona*** amica; una persona ***cattiva***. Il pesce in questo ristorante è ***buono***. Ma cos'è questo ***cattivo*** odore?
Bene e **male** sono avverbi. Si riferiscono di solito a **verbi**.	Parla ***bene***, scrive ***male***. Questa notte ho dormito ***malissimo***.

12.4 *QUALCHE, ALCUNI/E* E *UN PO'*

Qualche è aggettivo indefinito invariabile. Indica un certo numero, una quantità non definita.	Se voglio imparare l'italiano devo fare ***qualche*** lezione.
Dopo **qualche** si usa sempre un nome **singolare** anche se il senso è plurale.	Qualche libr***o***, qualche volt***a***, qualche giorn***o***, qualche cos***a***,ecc.
Quando il nome è **singolare** anche il verbo e eventuali aggettivi devono essere al singolare.	Qualche libr***o*** ***è*** interessant***e***. Qualche person***a*** non ***è*** simpatic***a***.
Alcuni/e è un aggettivo indefinito e ha lo stesso senso di *qualche*. Si usa però con nomi al **plurale**.	***Alcuni libri*** sono interessanti. ***Alcune persone*** non sono simpatiche.
Un po' significa *un poco* e si scrive con **apostrofo**.	■ Sei stanco? ● Sì, ***un po'***.
Se **un po'** indica una piccola quantità di qualcosa, quel "qualcosa" è introdotto dalla preposizione **di**.	Ho ***un po' di*** tempo libero. Esco con ***un po' di*** amici.

12.5 I NUMERI ORDINALI

I numeri ordinali in italiano si indicano di solito usando i numeri romani (I) o scrivendo un "pallino" (1°) vicino al numero cardinale.

I	1°	primo	XI	11°	undicesimo
II	2°	secondo	XII	12°	dodicesimo
III	3°	terzo	XIII	13°	tredicesimo
IV	4°	quarto	XIV	14°	quattordicesimo
V	5°	quinto	XV	15°	quindicesimo
VI	6°	sesto	XVI	16°	sedicesimo
VII	7°	settimo	XVII	17°	diciassettesimo
VIII	8°	ottavo	XVIII	18°	diciottesimo
IX	9°	nono	XIX	19°	diciannovesimo
X	10°	decimo	XX	20°	ventesimo

1 **Abbina le frasi di sinistra ai personaggi di destra, come nell'esempio. Poi completa il nome del lavoro.**

1 *Disegno vestiti di alta moda.*
2 Suoniamo jazz, io suono il sax e lei la tromba.
3 Le mie opere d'arte sono nei musei.
4 Curiamo le bocche di molte persone.
5 Scrivo molti articoli di cronaca nera.
6 Ascolto le parole dei pazienti.

A Amedeo, l'artist___
B Giulio e Carlo, i dentist___
C Enrico, il giornalist___
D Valeria e Federica, le musicist___
E Alberto, lo psicanalist___
F Giorgio, lo stilist___

1. F • 2.__ • 3.__ • 4.__ • 5.__ • 6.__

2 **Guarda il riassunto delle recensioni su TripAdvisor del ristorante "Marechiaro", poi svolgi il compito.**

Ristorante Pizzeria Pub Marechiaro
Lungomare Enrico Caruso 54/A Posillipo (Napoli)
05512345678 Sito web www.pubmarechiaro.it

6 foto dei visitatori

33 recensioni dei viaggiatori

Scrivi una recensione

Valutazioni dei visitatori	
Eccellente	17
Molto buono	13
Nella media	0
Scarso	2
Pessimo	1

Riassunto punteggio

Cucina
Servizio
Qualità/Prezzo
Atmosfera

2a **Leggi le recensioni e inserisci le parole della lista.**

bene | bene | buoni | buono | buono | cattiva | cattivi | male

1 **"Bello e buono"** - Recensito il 9 giugno
◉◉◉◉◉
Il mese scorso sono andata con delle amiche in questo ristorante / pizzeria per la prima volta. Il locale è grandissimo. In due abbiamo preso un antipasto misto abbondantissimo e molto ___________! La pizza è sottile e cotta ___________. Sono rimasta molto soddisfatta, specialmente quando è arrivato il conto… perché il mercoledì la pizza costa la metà.

2 **"Buonissimo"** - Recensito il 16 maggio
◉◉◉◉○
Sala stupenda, camerieri molto professionali. Abbiamo mangiato davvero ___________. Tutto fresco. Il prezzo è ___________. Complimenti!

3 **"No comment"** - Recensito il 2 luglio
◉◉○○○
Io e mia madre siamo stati qui una settimana fa. Non è stata la prima volta che siamo andati a mangiare in questo ristorante, ma altre volte è stato sicuramente meglio. Abbiamo chiesto due antipasti, un piatto di spaghetti alle vongole, una pizza, acqua e coca cola. Gli antipasti non mi sono piaciuti per niente, erano davvero ___________, le crocchette di patate cattivissime. Gli spaghetti ___________, ma le vongole piene di sabbia, la pizza ___________. Il KO finale? Il prezzo: 75,00 euro :(

4 **"Senza parole!"** - Recensito il 21 marzo
○○○○○
La cuoca del ristorante cucina proprio ___________. Consiglio di non andare mai a mangiare in questo posto!

3 **Scrivi due recensioni di ristoranti: una positiva e una negativa.**

Scrivi una recensione
◉◉◉◉◉

___

Scrivi una recensione
○○○○○

___

e inoltre...

4 **Trasforma le frasi con QUALCHE o ALCUNI, come negli esempi (attenzione ai singolari e plurali!).**

Es. Abbiamo comprato **qualche libro**. — Abbiamo comprato alcuni libri.

Es. Avete letto **alcune email**. — Avete letto qualche email.

1 Questa mattina avete comprato qualche medicina per il mal di gola? ___
2 Per qualche minuto Marco e Giuseppe non hanno più parlato. ___
3 Qualche anno fa sono andata in Sicilia. ___
4 Non sei sempre un mostro nelle foto. In qualche foto sei carino. ___
5 Alcuni politici sono disonesti. ___
6 Vittoria è un'artista e qualche sua opera d'arte è davvero geniale. ___
7 Qualche vizio fa bene alla salute. ___
8 La mattina bevo qualche caffè. ___
9 È tanto ricca: ha alcune case in montagna, alcune case al mare, alcune case all'estero... ___
10 Alcuni vestiti che Marisa ha comprato sono proprio orribili. ___
11 Quando il professore parla in italiano alcune volte non capisco. ___
12 Abbiamo qualche problemino economico. ___

5 **Scegli l'aggettivo corretto.**

Anna è una ragazza molto, forse troppo ***buona / bene***. Ieri è andata a fare ***alcuni / un po' di*** shopping in un grande centro commerciale di Milano a Piazza delle Cinque Giornate. Ha comprato una ***bella / buona*** borsa rossa per la sua amica Alessandra, un paio di scarpe nere molto ***bene / belle*** per sua sorella, una camicia bianca per sua cognata, una crema per il viso per sua madre, una cravatta verde per suo marito (suo marito ha solo una cravatta, veramente ***brutta / cattiva***!), una scatola di Lego e ***qualche / alcuni*** gelato per suo figlio Nicola, una camicia da notte azzurra per sua nonna e il nuovo libro di Elena Ferrante per lei. Una vera santa! Poi ha fatto una pausa al bar e ha preso un caffè, che però era ***cattivo / male***. Poi è andata dal parrucchiere.

6 Vita di coppia. Fai il test!

1. Hai vinto una vacanza in Sardegna gratis, ma il biglietto è per una sola persona. Cosa fai?
A. Penso un po', ma poi accetto.
B. Dico di no.
C. Compro subito un biglietto per partire in coppia.
D. Accetto subito.

2. C'è un / una ex che telefona e vuole uscire con te. Cosa fai?
A. Non parlo dell'argomento con il partner.
B. Dico che ho avuto la telefonata ma non dico di cosa abbiamo parlato.
C. Esco con l'ex senza parlare con il partner .
D. Dico tutto al partner.

3. La cosa che non ami del tuo / della tua partner.
A. Quando si dimentica le date importanti.
B. Quando preferisce stare con gli amici.
C. Amo tutto di lui / lei.
D. Quando russa.

4. A cosa rinunci per amore del tuo / della tua partner?
A. A un / una top model.
B. A un lavoro importante.
C. A un viaggio con gli amici.
D. Non voglio rinunciare a niente per lui / lei.

5. Quante volte pensi al tuo / alla tua partner durante il giorno?
A. Qualche volta.
B. Sempre.
C. Spesso.
D. Mai.

6. Meglio un giorno...
A. con la famiglia.
B. con gli amici.
C. da solo/a.
D. con lui / lei.

SOLO DONNE
scegli una di queste 4 immagini

a

b

c

d

SOLO UOMINI
scegli una di queste 4 immagini

a

b

c

d

Punteggi:

	A	B	C	D
1	4	7	10	0
2	4	7	0	10
3	7	4	10	7
4	4	7	10	0
5	4	10	7	0
6	0	4	7	10
7	4	7	10	0

Risultati

da 0 a 18 punti: non sei troppo innamorato/a. Vi state lasciando o siete in coppia da molti anni?

da 19 a 36 punti: sei solo un po' innamorato/a. O forse hai un carattere molto indipendente!

da 37 a 54 punti: sei molto innamorato/a. O sei solo molto giovane?

da 55 a 70 punti: sei davvero tanto innamorato/a! Forse troppo! Una birra con gli amici qualche volta fa bene!

Quando si usano i numeri romani?

Il numero ordinale si scrive con i numeri romani vicino al nome di un **papa** (**Es.** *Papa Paolo III*), vicino al nome di un **re** o di un **imperatore** (**Es.** *Felipe VI è il re di Spagna*), per la numerazione dei **secoli** (**Es.** *La storia del XX secolo*).

Si scrive con il "pallino" vicino al numero cardinale in **contesti più "moderni"** (**Es.** *Abito al 2° piano; Il 25° anniversario del matrimonio*) e per indicare il **primo giorno del mese** (**Es.** *La festa del 1° maggio; Il 1° aprile*). Per gli altri giorni del mese si usa il normale numero cardinale: 2, 3, 4, ecc.

7 Rileggi il testo dell'esercizio 5 e indica con i numeri ordinali a quale piano ha trovato le cose che ha comprato.

Quando ha preso l'ascensore, Anna ha letto:

Piano terra Profumeria	**Secondo piano** Moda Uomo	**Quarto piano** Intimo Donna	**Sesto piano** Moda Bambino - giocattoli
Primo piano Accessori / Scarpe	**Terzo piano** Moda Donna - Parrucchiere	**Quinto piano** Bar - ristorante	**Settimo Piano** Libri e tecnologia

1 Una borsa rossa ____________

2 Un paio di scarpe nere ____________

3 Una camicia bianca ____________

4 Una crema per il viso ____________

5 Una cravatta verde ____________

6 Una scatola di *Lego* ____________

7 Una camicia da notte azzurra ____________

8 Il nuovo libro di Elena Ferrante ____________

9 Caffè ____________

10 Parrucchiere ____________

8 Scrivi il numero ordinale con carattere latino.

1 Federico II è vissuto nel (tredicesimo) ________ secolo.

2 Papa Giovanni (ventitreesimo) ________ è morto nel 1963.

3 Vittorio Emanuele (terzo) ________ è stato Re d'Italia durante il Fascismo.

4 Romolo ha fondato Roma nell'(ottavo) ________ secolo avanti Cristo.

5 Il Re di Spagna è Felipe (quarto) ________.

Federico II

13. LE DETERMINAZIONI DI TEMPO

13.1 LE DETERMINAZIONI DI TEMPO

Per esprimere il tempo si usano delle formule fisse. Ecco alcuni esempi.

A che ora? **Alle** → esprime un'ora precisa. **Dalle... alle...** → esprime un periodo di tempo. **Verso le...** → esprime un'ora approssimativa (più o meno).	Ci vediamo ***alle*** tre. Puoi telefonare ***dalle*** tre ***alle*** quattro. Domani arrivo ***verso le*** 9.
Quando? **Di** mattina, **di** sera, **di** notte, **di** giorno, ecc. **In** estate (**d'**estate), **in** inverno (**d'**inverno), **in** primavera, **in** autunno. **A (In)** gennaio, **a (in)** febbraio, ecc. **Il** 2 aprile **del** 2004, **l'**8 settembre, **il** primo maggio, ecc. Lunedì (il prossimo lunedì). / **Il** lunedì (tutti i lunedì). Tre giorni **fa**. La **prossima** settimana, il **prossimo** mese, ecc. La settimana **scorsa**, l'anno **scorso**, ecc. **Fra / tra** due giorni. **Nel** 1977, **nel** 2015, **nel** XX secolo, ecc.	Non esco mai ***di*** notte. ***In*** autunno cadono le foglie. Mi piace il mare ***d'***inverno. ***A*** febbraio faccio uno spettacolo. Vieni? Io sono nato ***l'***11 maggio ***del*** 1990. Martedì non posso venire alla festa. Io ***il*** martedì lavoro! Io sono venuto in Italia ***un mese fa***. ***Il prossimo*** anno andiamo in montagna! L'anno ***scorso*** siamo stati al mare. Torno in Belgio ***tra / fra*** due mesi. Mia figlia è nata ***nel*** 2012.
Da quando? **Da** tre anni, **da** pochi giorni, ecc.	Sono in Italia ***da quattro settimane***.
Per quanto tempo? **(Per)** una settimana, **per** sempre, ecc.	Resto ***(per) quattro settimane.***

13.2 USO DI *FA* E *FRA / TRA*

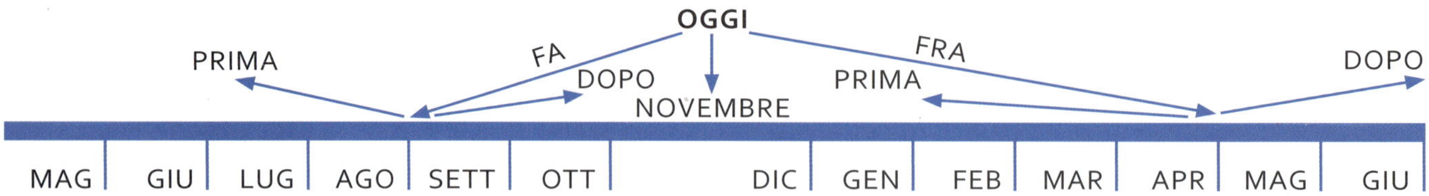

Fa e **fra / tra** indicano un momento precedente o posteriore **a partire dal presente di chi parla**.	Oggi è il 10 aprile: **tre giorni fa** sono andato al mare (= il 7 aprile) e **fra tre giorni** torno al lavoro (= il 13 aprile).

e inoltre...

13.3 USO DI *PRIMA* E *DOPO*

Prima e **dopo** indicano un momento precedente o posteriore a partire da **un momento che non è il presente di chi parla**. Vedi lo schema a pag. 80.

Oggi è il 10 aprile. Il 5 aprile sono andato al mare, ma il giorno ***prima*** ho lavorato (il giorno prima del 5 = il 4 aprile).

Oggi è il 10 aprile: dopodomani sto a casa, ma il giorno ***dopo*** vado in vacanza (dopodomani = il 12 aprile; il giorno dopo = il 13 aprile).

1 Osserva nella pagina precedente il calendario con le date italiane più importanti (in bianco le feste nazionali, in verde le feste non ufficiali, in rosso le stagioni) e rispondi alle domande.

1 Quando è Natale? ______
2 Quando è ferragosto? ______
3 Quando inizia la primavera? ______
4 Quando è la festa del papà? ______
5 Quando è Ognissanti? ______
6 Quando finisce l'inverno? ______
7 Quando è la festa della Repubblica Italiana? ______
8 Quando è il tuo compleanno? ______

2 Collega le immagini alle festività.

1 
2 
3 
4 
5 
6 
7 

___ Capodanno ___ Carnevale ___ Epifania ___ Festa della Donna ___ Festa del Lavoro ___ Natale ___ Pasqua

3 Guarda il meteo, le foto e poi rispondi alle domande.

Domenica 8 21

Ora	Tempo	T (°C)
10:15	sereno	14°
13:00	nebbia	20.6°
16:00	poco nuvoloso	16°
19:00	sereno	12.9°
22:00	foschia	10.4°
01:00	sereno	8.7°
04:00	pioggia e schiarite	4°
07:00	pioggia mista a neve	1°

1 
2 
3 
4 

3a Che tempo fa nelle quattro foto?

In che stagione siamo nei luoghi rappresentati nelle foto?
Com' è il tempo nella tua città nelle quattro stagioni?
Scrivi qui a destra il bollettino meteo di oggi e usa queste icone.

Ora	Tempo	T (°C)
01:00		
04:00		
07:00		
10:00		
13:00		
16:00		
19:00		
22:00		

4 **Trova le date degli avvenimenti e completa le frasi con gli anni in lettere, come nell'esempio.**

Es: Nel 1492 (Millequattrocentonovantadue) ________ Cristoforo Colombo ha scoperto l'America.

1 ________ è arrivato l'Euro in dodici Paesi europei.
2 ________ finisce il terzo millennio.
3 ________ la FIAT ha lanciato sul mercato la 500, simbolo del boom economico.
4 ________ è nata la Costituzione Italiana.
5 ________ è nato ufficialmente il Regno d'Italia.
6 ________ Guglielmo Marconi ha inventato la radio.

~~1492~~
1861
1895
1948
1957
2001
2999

5 **Riscrivi le frasi, come nell'esempio.**

Es: (Oggi è giovedì) Siamo arrivati a Roma martedì. Siamo arrivati a Roma due giorni fa. / Siamo a Roma da due giorni.

1 (Siamo nel 2015) Ho conosciuto Roberto nel 2001. ________
2 (Siamo nel 2010) Daniela e Sonia hanno iniziato a lavorare nel 2004. ________
3 (Sono le 9) Emma e Vittoria sono andate a scuola alle 8. ________
4 Gabriele si è sposato a dicembre (siamo a marzo). ________
5 Enrico ha iniziato a suonare la chitarra nel 2014 (siamo nel 2021). ________

6 **Rispondi alle domande, come nell'esempio.**

Es. Michele non è ancora arrivato? (cinque minuti) No. Michele arriva tra / fra cinque minuti.

1 Hai visto Nicola? (tre giorni) Sì. ________
2 Quando inizia la partita di calcio? (un'ora) ________
3 Quando si sposano Valerio e Lucia? (tre mesi) ________
4 Non sei ancora andata a Roma? (una settimana) No. ________
5 Non hai ancora telefonato a tua madre? (poco) No. ________

e inoltre...

7 **Inserisci nelle frasi FA, FRA / TRA, PRIMA, DOPO, DA.**

1 Oggi è il 25 novembre, ________ un mese è Natale.
2 Ho mandato un sms a Maria un'ora ________, ma lei non mi ha ancora risposto!
3 Lo conosco solo ________ tre giorni e mi sono innamorata pazzamente di lui!
4 Ho fatto le valigie tre giorni ________ di partire per Londra.
5 Studio italiano ________ un anno.
6 ________ questo corso d'italiano, parto per le vacanze!
7 ________ quanto tempo giochi a calcio?
8 Un anno ________ mi sono trasferito a Milano.
9 ________ cinque minuti arriva l'autobus.
10 ________ tanti anni di lavoro finalmente vado in pensione!

14. VERBI E AUSILIARI PARTICOLARI

14.1 IL PARTICIPIO PASSATO IRREGOLARE

I verbi in **-ere** con participio passato irregolare sono numerosi. Qui sotto alcuni molto frequenti, oltre a quelli già visti nel capitolo 11.

accendere - ho **acceso**	esistere - sono **esistita/o**	rimanere - sono **rimasta/o**
conoscere - ho **conosciuto**	perdere - ho **perso**	scendere - sono **scesa/o**
correre - ho **corso**	piacere - sono **piaciuta/o**	spegnere - ho **spento**
cuocere - ho **cotto**	ridere - ho **riso**	

14.2 VERBI CHE USANO INDIFFERENTEMENTE L'AUSILIARE *ESSERE* O *AVERE*

Usano indifferentemente **essere** o **avere** i verbi **meteorologici** come *piovere*, *nevicare*, *grandinare*, *diluviare*, ecc. (Per tradizione grammaticale la forma "corretta" è considerata però quella con il verbo **essere**).	Ieri ***è piovuto / ha piovuto*** tutta la mattina. Quest'inverno in città non ***è / ha*** mai ***nevicato***.
Usano indifferentemente **essere** o **avere** anche *atterrare*, *campare* (= vivere), *decollare*, *scivolare*, *vivere*.	***Sono atterrata / Ho atterrato*** all'aeroporto Leonardo da Vinci.

14.3 VERBI CHE USANO L'AUSILIARE *ESSERE* O *AVERE* A SECONDA DEI CASI

Alcuni verbi (come *finire* o *cominciare*, ma anche *bruciare*, *cambiare*, *esplodere*, *passare*) possono avere l'ausiliare *essere* o *avere*, **ma non indifferentemente**.

Usano **avere** quando sono transitivi (qualcuno compie l'azione di finire o di cominciare qualcosa).	Io ***ho*** cominciato ***la lezione*** alle otto. Io ***ho*** passato molto ***tempo*** a casa.
Usano **essere** quando sono intransitivi (l'azione non è compiuta da qualcuno in particolare).	La lezione ***è*** cominciata alle otto. Il tempo ***è*** passato.

e inoltre...

14.4 IL PRESENTE INDICATIVO IRREGOLARE: VERBI IN *-CARE / -GARE* E VERBI IN *-IARE*

I verbi in **-care** o **-gare** (*cercare*, *dimenticare*, *giocare*, *pregare*, ecc.) si scrivono con una **h** nella seconda persona singolare e nella prima plurale del presente indicativo.	cerco cer***chi*** cerca cer***chi***amo cercate cercano	prego pre***ghi*** prega pre***ghiamo*** pregate pregano
I verbi con infinito in **-iare** (*baciare*, *cambiare*, *cominciare*, ecc.) di solito non hanno **"doppia i"** nella seconda persona singolare e nella prima plurale del presente indicativo. I verbi *sciare*, *spiare* e alcuni verbi in **-*viare*** (*avviare*, *inviare*, ecc.) hanno la **"doppia i"** nella seconda persona singolare del presente indicativo.	***Cominci*** tu? Se non ***sbagli***, non impari. ***Ringraziamo*** i presenti! Io amo scia***re***. E tu... ***scii***? Quando ***avvii*** il computer spesso si blocca.	

1 Inserisci l'ausiliare giusto nei versi di alcune famose canzoni italiane.

La gatta - Gino Paoli

1 Ora non abito più qua, tutto ____________ cambiato non abito più qua.

L'anno che verrà - Lucio Dalla

2 Da quando (tu) ____________ partito c'è una grossa novità.

Quattro amici - Gino Paoli

3 ____________ rimasto io da solo al bar, gli altri sono tutti quanti a casa.

Vita Tranquilla - Francesco Tricarico

4 Perché è da quando ____________ nato che sono spericolato.

La compagnia - Lucio Battisti

5 Mi ____________ alzato, mi ____________ vestito e ____________ uscito solo solo per la strada, ____________ camminato a lungo senza meta, finché ____________ sentito cantare in un bar.

Un raggio di sole - Jovanotti

6 Mi ____________ lanciato una scarpa col tacco e poi (noi) ____________ fatto pace.

Gianna - Rino Gaetano

7 Ma la notte, la festa ____________ finita, evviva la vita.

2 Guarda i verbi al passato prossimo nei titoli dei giornali dei primi anni '80 e prova a scrivere una frase con ogni verbo, cambiando l'ausiliare.

1

Il terrorismo è finito
ma il pericolo resta

2

Proclama letto in tribunale
I duri delle Br
'Non è finita...'

3

Gravi incidenti e traffico difficile
E' esploso l'inverno
Ovunque gelo e neve
A Milano una coltre di 15 centimetri

4

I Br: «Non siamo finiti»

5

Danni a Reggio Emilia per trenta miliardi
Addio Lambrusco, la gelata
ha «bruciato» il raccolto

6

SARDEGNA
Centomila
sono sbarcati
in 7 giorni

1 ________________________________

2 ________________________________

3 ________________________________

4 ________________________________

5 ________________________________

6 ________________________________

3 **Inserisci nelle frasi i verbi della lista al passato prossimo. Attenzione: alcuni verbi si ripetono.**

bruciare	cambiare	decollare	esplodere	finire	passare	piovere	vivere

1 Mio nonno ___________ per cinque anni a Roma prima di partire per l'Australia.
2 Il 12 dicembre 1969 alle ore 16:37 ___________ una bomba in piazza Fontana a Milano.
3 Anna e Luigi ___________ una vacanza bellissima.
4 La scuola ___________.
5 Emma ___________ l'arrosto.
6 Ieri è stata una brutta giornata: ___________ tutto il giorno.
7 Luigi ___________ lavoro: ora è impiegato in banca.
8 Io e Roberto ___________ di lavorare, finalmente!
9 L'aereo ___________ da Palermo alle 8:30.
10 Con l'imperatore Nerone, molte case di Roma antica ___________.

e inoltre...

4 **Completa le coniugazioni del presente irregolare.**

	giocare	navigare	cambiare	iniziare	avviare	spiare
io			cambio			
tu		navighi				
lui / lei					avvia	
noi	giochiamo					
voi				iniziate		
loro						spiano

In quale posizione devo mettere l'avverbio di tempo quando c'è un passato prossimo?
Alcuni **avverbi** possono essere inseriti nei tempi composti tra ausiliare e participio passato. In particolare: **ancora, già, mai, più, quasi, sempre** (**Es.** *Non hai **ancora** capito?, Ho **già** mangiato, Non ho **mai** visto una cosa così bella, Ho **quasi** finito il mio lavoro*).

5 **Trasforma le frasi usando il passato prossimo e inserendo gli avverbi NON...ANCORA, GIÀ, MAI, PIÙ, come nell'esempio.**

Es: Mangiare la cassata siciliana
Non ho mai mangiato la cassata siciliana. / Non ho ancora mangiato la cassata siciliana. / Ho già mangiato la cassata siciliana. / Non ho più mangiato la cassata siciliana.

1 Leggere il giornale italiano ___________
2 Visitare la Toscana ___________
3 Bere un vero caffè ___________
4 Mangiare un vero gelato ___________
5 Vedere *La Traviata* ___________
6 Comprare un vestito di Giorgio Armani ___________
7 Cucinare la pasta alla carbonara al dente ___________
8 Inviare una mail in italiano ___________
9 Parlare tutta la notte in italiano ___________

6 Completa il dialogo con i verbi al presente.

Al bar, dopo una partita di tennis...

Maria (Tu - *Giocare*) ____________ spesso a tennis?
Mario Quando (io - *potere*) ____________, ma purtroppo ho i reumatismi e devo stare attento. E tu?
Maria No, no, io non (*giocare*) ____________ mai, o quasi mai.
Mario Ah, di solito tu non (*fare*) ____________ sport?
Maria Mah... Io e mia sorella (*andare*) ____________ spesso in montagna. Abbiamo iniziato dieci anni fa e (noi - *cercare*) ____________ di stare in montagna almeno una settimana ogni anno. Ma è meglio che (noi - *rinunciare*) ____________ a fare sport e che stiamo in albergo.
Mario E perché?
Maria Eh, quando fa freddo prendiamo subito l'influenza... Sulle piste da sci (noi - *rischiare*) ____________ sempre il raffreddore, capisci...
Mario Ah... certo.... Ma comunque (tu - *sciare*) ____________ bene?
Maria Io? Sì... in passato ho fatto anche delle belle discese!
Cameriere Buonasera signori, cosa (voi - *prendere*) ____________ da bere?
Mario Che dici, (noi - *iniziare*) ____________ con un bel bicchiere di vino, Maria?
Maria Veramente io non bevo alcolici perché in questo periodo sono allergica all'alcool e se bevo mi viene l'orticaria. (Noi - *Rinviare*) ____________ il vino a un'altra volta? Stasera magari solo un po' d'acqua! Ma naturale eh, che quella frizzante fa male allo stomaco. Va bene per te?
Cameriere Hmmm... allora (io - *portare*) ____________ una bottiglia di acqua minerale naturale...?
Mario Ma certo! Volentieri! Anche io devo stare un po' attento all'alimentazione!
Maria Ah, che bello! Anche tu non (*bere*) ____________ alcolici?
Mario Pochissimi. E il dottore (*dire*) ____________ che devo anche smettere di mangiare carne... sai, ho la pressione un po' alta.
Maria Ma è bellissimo! Anche io sono vegetariana! E tu quando (tu - *cominciare*) ____________?
Mario Mah... penso dopo le feste di Natale... A gennaio smetto di mangiare carne. Sì!
Maria Ecco, come tutti gli uomini: (tu - *rinviare*) ____________ sempre tutto! Così non (tu - *cominciare*) ____________ mai! Ma (tu - *dimenticare*) ____________ forse che senza carne e senza alcool (tu - *risparmiare*) ____________ anche tantissimo? O forse (io - *sbagliare*) ____________?
Marco No, no... non (tu - *sbagliare*) ____________, (tu - *avere*) ____________ ragione come al solito! (Tu - *Consigliare*) ____________ sempre la cosa giusta!
Maria Bravo! Ecco: tu da stasera non (tu - *mangiare*) ____________ più carne, d'accordo? E (noi - *lasciare*) ____________ vivere in pace questi poveri animali...
Mario Sì! Sono d'accordo! E allora voglio festeggiare due cose stasera! La prima è che io da oggi (*cambiare*) ____________ vita: mai più alcool e mai più carne!
Maria Sono proprio contenta! Ma... la seconda?
Mario Beh... (io - *rischiare*) ____________ forse di perdere la tua amicizia, ma (io - *dovere*) ____________ dire che... sono innamorato di te, Maria!
Maria Perdere l'amicizia? Ma io sono contentissima di quello che (tu-*dire*) ____________ Mario!
Mario Allora davvero posso sperare di avere un futuro con te?
Maria Mah... non so... a dire la verità (*essere*) ____________ molto difficile parlare del futuro con te, in questo momento.
Mario E perché? C'è un altro uomo?
Maria Ma no! Il problema è che in questo capitolo (noi - *potere*) ____________ usare solo presente e passato prossimo...
Mario Hai ragione, come sempre, Maria. Questa grammatica non è il posto migliore per incontrarci.
Maria Non fa niente... cin cin tesoro!

lettura 4. UN GENIO PERMALOSO[1]

Michelangelo è nato a Caprese, un piccolo paese vicino ad Arezzo, il 6 marzo del 1475 ed è morto, nella sua casa romana vicino al Foro di Traiano, qualche giorno prima del suo novantesimo compleanno.

Ha dipinto il suo famosissimo *Giudizio Universale* nella Cappella Sistina, in Vaticano, fra il 1536 e il 1541.

Un pomeriggio del 1540, durante il suo lavoro, sono entrati nella Cappella Sistina il Papa Paolo III Farnese e alcuni importanti vescovi e cardinali: fra questi, Biagio da Cesena. Il gruppo è rimasto lì per un po' a guardare l'opera dell'artista.

"Bravo Michelangelo, – ha gridato poi il Papa al pittore – vedo che hai quasi finito, finalmente!"

"Quasi finito, Santità. Quasi finito!" ha detto Michelangelo come sempre.

Intanto Biagio da Cesena ha cominciato piano piano a girare per la Cappella e a guardare con attenzione le figure dipinte.

Improvvisamente è diventato tutto rosso e ha gridato:

"Ma… ma... Sono tutti nudi! Tutti mostrano... tutto!!! Quest'affresco è veramente disgustoso! Non può stare in una Cappella Papale! Deve stare in un bagno o in un'osteria!".

Subito dopo Biagio è corso via ed è uscito dalla Cappella senza salutare.

Il Papa ha detto allora a Michelangelo: "Non devi essere arrabbiato, Michelangelo: Biagio è un po' tradizionalista, ma non è cattivo, è una brava persona. L'affresco va bene, va benissimo! L'importante è finire presto!"

"Non c'è problema... io non sono permaloso, Santità", ha risposto l'artista.

Subito dopo è andato via anche il Papa.

Michelangelo allora ha preso in mano il pennello[2] e, velocissimo, ha dipinto Minosse (il demone che sta all'entrata dell'Inferno) con un grande serpente che morde i suoi testicoli (*nell'immagine qui a fianco*). E ha fatto la faccia di Minosse uguale uguale a quella di Biagio da Cesena.

1 permaloso → persona che non accetta facilmente le critiche degli altri, che si offende facilmente.
2 pennello → 

1 Scegli una o più risposte giuste per ogni domanda.

1 Il Foro di Traiano è
- ☐ a Caprese.
- ☐ a Roma.
- ☐ in Vaticano.
- ☐ ad Arezzo.
- ☐ vicino ad Arezzo.
- ☐ nel Lazio.

2 Michelangelo è morto a Roma
- ☐ il giorno del suo novantesimo compleanno.
- ☐ a Caprese, qualche giorno prima del suo compleanno.
- ☐ prima di compiere nove anni.
- ☐ nel Foro di Traiano a quasi novant'anni.
- ☐ nel 1565, a pochi chilometri dal Vaticano.

3 Ha dipinto il Giudizio Universale
- ☐ in meno di quattro anni.
- ☐ in quattro anni.
- ☐ in più di quattro anni.
- ☐ nel 1540.

4 Papa Paolo III chiede a Michelangelo
- ☐ di finire presto.
- ☐ di non essere scandaloso.
- ☐ di non essere arrabbiato.
- ☐ di dipingere solo figure nude.

5 Biagio da Cesena pensa che quell'opera deve stare
- ☐ in un'altra chiesa.
- ☐ in Vaticano.
- ☐ nella Cappella Sistina.
- ☐ in un bagno.
- ☐ a Caprese.
- ☐ a Roma.

6 Minosse è
- ☐ un Papa.
- ☐ un vescovo.
- ☐ un cardinale.
- ☐ un artista.
- ☐ un demone.
- ☐ un serpente.

7 Il serpente morde
- ☐ il naso di Biagio da Cesena.
- ☐ i testicoli di Biagio da Cesena.
- ☐ i testicoli di un vescovo.
- ☐ il naso del Papa.
- ☐ il naso di Minosse.
- ☐ i testicoli di Minosse.

2 Trova le immagini che corrispondono a queste parole contenute nel testo.

1. bagno pubblico | 2. cardinale | 3. chiesa | 4. compleanno | 5. nudi | 6. pennello | 7. pittore | 8. gridare

a. ____________________

b. ____________________

c. ____________________

d. ____________________

e. ____________________

f. ____________________

g. ____________________

h. ____________________

3 Scegli la forma con l'ausiliare corretto.

1 Michelangelo	☐ è nato	☐ ha nato	a Caprese.
2 Michelangelo	☐ è morto	☐ ha morto	a Roma.
3 Michelangelo	☐ è dipinto	☐ ha dipinto	il Giudizio Universale.
4 Il Papa	☐ è entrato	☐ ha entrato	nella Cappella.
5 Il Papa	☐ è rimasto	☐ ha rimasto	nella Cappella.
6 Il gruppo	☐ è osservato	☐ ha osservato	le figure dipinte.
7 Il Papa	☐ è gridato	☐ ha gridato	"Bravo" a Michelangelo.
8 Michelangelo	☐ è finito	☐ ha finito	l'opera in cinque anni.
9 Biagio da Cesena	☐ è cominciato	☐ ha cominciato	a girare per la Cappella.
10 Biagio da Cesena	☐ è guardato	☐ ha guardato	i dipinti.
11 Biagio da Cesena	☐ è detto	☐ ha detto	"Disgustoso!"
12 Biagio da Cesena	☐ è diventato	☐ ha diventato	rosso.
13 Michelangelo	☐ è risposto	☐ ha risposto	"Non sono permaloso".
14 Il Papa	☐ è andato	☐ ha andato	via.
15 Michelangelo	☐ è preso	☐ ha preso	il pennello.
16 Michelangelo	☐ è fatto	☐ ha fatto	uno scherzo a Biagio.

4 Volgi al passato prossimo, come nell'esempio.

Es. Michelangelo nasce a Caprese. *Michelangelo è nato a Caprese.*

1 Maria e Sofia nascono a Roma. ______
2 Michelangelo e Raffaello muoiono in Italia. ______
3 Michelangelo e Raffaello dipingono in Vaticano. ______
4 Una donna entra nella Cappella Sistina. ______
5 Noi rimaniamo in Italia un mese. ______
6 Noi diciamo molte cose. ______
7 Biagio e il Papa guardano i dipinti. ______
8 Biagio diventa tutto rosso. ______
9 Io non vedo qualcosa di scandaloso. ______
10 Le suore escono dalla Cappella Sistina scandalizzate. ______
11 Il Papa e i vescovi vanno via. ______
12 Due suore vanno via. ______
13 Michelangelo fa Minosse con la faccia di Biagio. ______

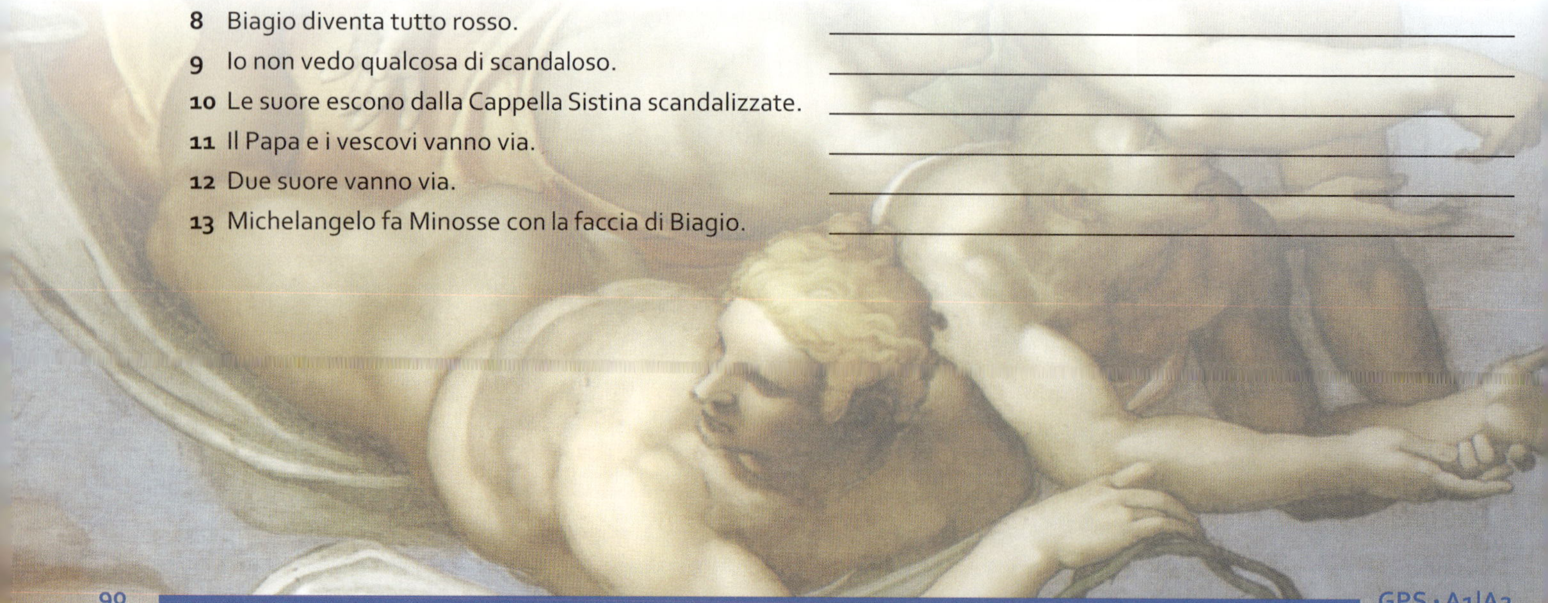

5 Anche i geni hanno un segno zodiacale: costruisci le frasi, come nell'esempio.

Es. Francesco Petrarca, Firenze, 20.07.1304 - Petrarca è nato a Firenze il 20 luglio del 1304. È del Cancro.

1 Umberto Eco, Alessandria, 05.01.1932 - ____________ Capricorno.
2 Giuseppe Ungaretti, Alessandria d'Egitto, 10.02.1888 - ____________ Acquario.
3 Anna Magnani, Roma, 07.03.1908 - ____________ Pesci.
4 Dario Fo, Sangiano, 24.03.1926 - ____________ Ariete.
5 Rita Levi Montalcini, Torino, 22.04.1909 - ____________ Toro.
6 Franco Modigliani, Roma, 18.06.1918 - ____________ Gemelli.
7 Luigi Pirandello, Agrigento, 26.06.1867 - ____________ Cancro.
8 Salvatore Quasimodo, Modica, 20.08.1901 - ____________ Leone.
9 Maria Montessori, Chiaravalle, 31.08.1870 - ____________ Vergine.
10 Enrico Fermi, Roma, 29.09.1901 - ____________ Bilancia.
11 Ennio Morricone, Roma, 10.11.1928 - ____________ Scorpione.
12 Italo Svevo, Trieste, 19.12.1861 - ____________ Sagittario.

6 Scegli la preposizione corretta.

1 Michelangelo è nato ***in / di / a*** Caprese.
2 Caprese è vicino ***di / a / in*** Arezzo.
3 È morto ***nella sua casa / nella casa sua / alla sua casa***.
4 È morto prima ***di / del / della*** suo novantesimo compleanno.
5 Il Giudizio Universale è ***in / nella / nel*** Cappella Sistina.
6 Il gruppo è rimasto lì per un po' ***di / in / a*** osservare l'opera dell'artista.
7 "Bravo Michelangelo" ha gridato il Papa ***nel / allo / al*** pittore .
8 Biagio da Cesena ha cominciato ***a / di / da*** girare per la Cappella.
9 Quest'opera non può stare ***nella / a / in*** una Cappella Papale!
10 Biagio è corso via ed è uscito ***di / dalla / nella*** Cappella.
11 Minosse è il demone che sta ***in / nell' / all'***entrata dell'Inferno.

7 Trasforma le frasi usando QUALCHE, come nell'esempio.

Es. Molti giorni sono passati. Qualche giorno è passato.
1 Molti dipinti sono scandalosi. ____________
2 Molti Papi sono famosi. ____________
3 Molti pittori hanno lavorato a Roma. ____________
4 Molti artisti hanno vissuto a Roma. ____________
5 Molte figure sono dipinte nude. ____________
6 Molti cardinali sono scandalizzati. ____________
7 Molti affreschi sono restaurati. ____________
8 Molti artisti sono toscani. ____________

8 Completa con È / C'È o SONO / CI SONO.

1 Questi affreschi ________ disgustosi!
2 Non ________ problema, Santità.
3 Nella Cappella Sistina ________ i famosi affreschi di Michelangelo.
4 Biagio si scandalizza perché nell'opera di Michelangelo ________ figure nude.
5 Il Papa dice che Biagio ________ un po' tradizionalista.
6 La Cappella Sistina ________ in Vaticano.
7 Biagio, quando ha visto i dipinti nella Cappella, ________ diventato tutto rosso!

15. L'IMPERFETTO

15.1 GENERALITÀ E FORME

Le forme dell'imperfetto sono quasi sempre regolari. Qualche irregolarità "importante" si trova solo nella coniugazione del verbo **essere** e dei verbi **dire**, **bere** e **fare.**

L'imperfetto regolare		
PARLARE	**AVERE**	**DORMIRE**
parl-**avo**	av-**evo**	dorm-**ivo**
parl-**avi**	av-**evi**	dorm-**ivi**
parl-**ava**	av-**eva**	dorm-**iva**
parl-**avamo**	av-**evamo**	dorm-**ivamo**
parl-**avate**	av-**evate**	dorm-**ivate**
parl-**avano**	av-**evano**	dorm-**ivano**

L'imperfetto irregolare			
ESSERE	**FARE**	**BERE**	**DIRE**
ero	facevo	bevevo	dicevo
eri	facevi	bevevi	dicevi
era	faceva	beveva	diceva
eravamo	facevamo	bevevamo	dicevamo
eravate	facevate	bevevate	dicevate
erano	facevano	bevevano	dicevano

15.2 QUANDO SI USA L'IMPERFETTO

L'imperfetto esprime **abitudine, normalità, ripetizione** nel passato; non un'azione accaduta una volta in un determinato momento, ma un'azione che di solito **non ha dei termini di tempo precisi o importanti**.

Quando ***ero*** in vacanza, ***dormivo*** fino a tardi.
Da bambino ***giocavo*** nel giardino sotto casa.
Mio nonno ***beveva*** cinque caffè al giorno.
Einstein ***suonava*** il violino.

Descrive **caratteristiche di persone o cose, sentimenti o sensazioni** senza precisi termini di inizio e di fine.

Roma, negli anni Sessanta, ***era*** una città bellissima.
Marylin Monroe ***aveva*** i capelli biondi.
Michelangelo ***aveva*** un brutto carattere.

Si usa spesso nel **discorso indiretto** introdotto da un verbo al passato: **discorso diretto → presente indicativo; discorso indiretto → imperfetto indicativo**.

Discorso diretto – Lui ha detto "***Vivo*** in Italia".
Discorso indiretto – Lui ha detto che ***viveva*** in Italia.
Discorso diretto – Lui ha detto "***Sto*** bene".
Discorso indiretto – Lui ha detto che ***stava*** bene.

L'imperfetto di **volere** suona come "forma cortese". Si può usare in un bar, in un negozio, in un ristorante, per indicare quello che si desidera.

Buongiorno, ***volevo*** un caffè (al bar).
Volevo "Il Corriere dello Sport" (dal giornalaio).
Volevo chiedere una cosa (all'ufficio informazioni).

e inoltre...

15.3 L'IMPERFETTO E IL PASSATO PROSSIMO

Generalmente il passato prossimo esprime un'azione mentre l'imperfetto descrive la **situazione** in cui si svolge quell'azione. In particolare si usa dopo **mentre**.

Quando ***avevo*** venti anni ho conosciuto mia moglie.
Ieri ***pioveva*** e sono rimasto a casa.
Mentre stavo a casa malato ho letto molti libri.

15.4 DIFFERENZE FRA PASSATO PROSSIMO E IMPERFETTO

Si dice (molto approssimativamente e solo come "trucco" didattico) che il passato prossimo ha in sé un'idea di "orologio": dopo un passato prossimo la domanda "A che ora? Quando esattamente?" può avere un senso (vedi il riquadro a pag. **67**)
L'imperfetto non dà importanza a questo "orologio". Per le azioni che esprime, anche se sono naturalmente collocabili nel tempo, i termini di inizio e fine non sono significativi e la domanda "A che ora? Quando esattamente?" può non avere senso.

passato prossimo	imperfetto
Mi sono svegliato alle undici. (ieri, un giorno, una volta, per un periodo preciso).	*Mi svegliavo alle undici.* (quando ero in vacanza, per un periodo più o meno lungo, spesso, quasi sempre, di solito)
Einstein ha suonato il violino. (una volta, in una determinata occasione, un numero preciso di volte, ha suonato il violino per tre ore, a una festa)	*Einstein suonava il violino.* (era capace di suonare, lo faceva ogni tanto o anche spesso, era un suo hobby: non importa "quando")
Roma negli anni Sessanta è stata una città bellissima. (per un periodo preciso. Ma ora forse non lo è più. Il passato prossimo indica la "conclusione" di "essere bella")	*Roma negli anni Sessanta era una città bellissima.* (Questa era una sua caratteristica. Forse ancora oggi è bella, forse non più, ma io descrivo come era in un certo periodo senza dare importanza alla fine)
Marylin Monroe ha avuto i capelli biondi. (per un periodo, per un film, per tre anni: non parlo di una caratteristica di Marylin Monroe, ma di un fatto della sua vita)	*Marylin Monroe aveva i capelli biondi.* (era bionda, questa era la sua caratteristica "normale", un modo di essere e non importa se poi forse ha cambiato il colore dei suoi capelli)
Ho amato molto mia nonna. (Sento che questo tipo di amore non c'è più, probabilmente perché la nonna è morta o forse perché è successo qualcosa di drammatico che ha cambiato la situazione)	*Amavo molto mia nonna.* (descrivo la mia situazione di persona che ama; non importa quando e perché: dichiaro solo che quella era una mia "condizione normale")
Lui ha parlato francese. (ieri, per la prima volta nella sua vita, anche se è timidissimo, in una certa situazione, ha parlato!)	*Lui parlava francese.* (conosceva questa lingua, sapeva parlare il francese, di solito, in generale, non in una situazione specifica)
Lui ha bevuto molto. (ieri sera, una volta, cento volte, in un certo periodo della sua vita, ma comunque in un tempo preciso e delimitato: oggi probabilmente non beve più)	*Lui beveva molto.* (di solito, abitualmente, forse era un alcolista. Non so se oggi beve ancora, forse ha smesso. Voglio solo dire che lui in passato era certamente un grande bevitore)

Esercizi

1 Coniuga i verbi all'imperfetto e prova a capire in quale canzone si racconta questa storia.

Una notte ho sognato di dipingermi le mani e la faccia di blu. All'improvviso (*venire*) ___________ portato via dal vento e (*incominciare*) ___________ a volare.
(Io - *Volare*) ___________ molto in alto in cielo, (*essere*) ___________ felice di essere in aria e di vedere il mondo che (*allontanarsi*) ___________ lentamente. Mentre (io - *volare*) ___________, (*sentire*) ___________ una musica dolce che (*suonare*) ___________ solo per me.

Qual è il titolo della famosissima canzone riassunta nel testo?

Nel _______ dipinto _____ _________

2 Scegli la forma verbale.

I Greci ***faceva / facevano / facevamo*** un gioco che ***ti chiamavi / si chiamava / mi chiamavo*** "Sferomachia".

In passato ***si giocavamo / si giocavano / si giocava*** in molti quartieri di Firenze e ***duravi / duravano / durava*** due ore. ***Ero / Era / Erano*** un gioco a squadre violento, simile al rugby.

Oggi le tre partite (due eliminatorie e la finale) si svolgono nel mese di giugno sulla Piazza Santa Croce. Ci sono ventisette uomini per ogni squadra e tutti i partecipanti portano un costume storico.
Sai come si chiama questo gioco?

e inoltre...

3 Scegli fra passato prossimo e imperfetto.

1 Il famoso pittore Tintoretto, in realtà, ***si è chiamato / si chiamava*** Jacopo Robusti.
2 Quando Francesca è nata ***ha avuto / aveva*** gli occhi azzurri.
3 Marco e Maria ***si sono sposati / si sposavano*** due anni fa.
4 In vacanza, di solito, la mattina ***mi sono svegliato / mi svegliavo*** alle dieci.
5 I miei nonni vivevano in un piccolo paese e ***hanno parlato / parlavano*** solo dialetto.
6 Caravaggio ***ha ucciso / uccideva*** un uomo nel 1606.
7 Cristoforo Colombo ***è stato / era*** di Genova.
8 Lui ha detto che ***ha voluto / voleva*** mangiare qualcosa.
9 Al bar stamattina ***ho fatto / facevo*** colazione e ho bevuto un cappuccino.
10 Non devi ripetere quello che hai detto: ***ho capito / capivo***!
11 Quando hai telefonato io non ***sono stato / ero*** in casa.

4 Elimina le frasi sbagliate. Le lettere corrispondenti alle frasi corrette danno la soluzione dell'esercizio 2.

1	Era una camera grande con una terrazza in centro e non lontano dall'università.	C
2	È stata una camera grande con una terrazza in centro e non lontano dall'università.	O
3	Mia figlia ieri è diventata maggiorenne.	A
4	Mia figlia ieri diventava maggiorenne.	D
5	Ieri sono uscita alle 7:30 e ho preso l'autobus alle 8:00.	L
6	Ieri uscivo alle 7:30 e prendevo l'autobus alle 8:00.	S
7	Non era bello, ma molto simpatico.	C
8	Non è stato bello, ma molto simpatico.	E
9	Mentre ho parlato ha telefonato Marco.	T
10	Mentre parlavo ha telefonato Marco.	I
11	Ho vissuto a Milano per 10 anni.	O
12	Vivevo a Milano per 10 anni.	F
13	Da bambina andavo al circo solo una volta.	O
14	Da bambina sono andata al circo solo una volta.	S
15	Mia nonna ha avuto i capelli rossi.	E
16	Mia nonna aveva i capelli rossi.	T
17	Finalmente è arrivato l'ultimo giorno di scuola!	O
18	Finalmente arrivava l'ultimo giorno di scuola!	A
19	Questa mattina facevo colazione alle 10:00.	G
20	Questa mattina ho fatto colazione alle 10:00.	R
21	Questa notte ho sognato che ero ricca bella e famosa.	I
22	Questa notte ho sognato che sono stata ricca bella e famosa.	B
23	Faceva caldo e quindi ieri siamo andati al mare.	C
24	Faceva caldo e quindi ieri andavamo al mare.	A
25	Abitavo a Roma quando compravo la macchina.	E
26	Abitavo a Roma quando ho comprato la macchina.	O

Il gioco si chiama ______________________________

5 Completa il testo con i verbi della lista e indovina il personaggio.

avevo	c'è	dicevo	ero	ho abbandonato
sono entrato	ho salvato	si chiamava	sono diventato	sono stato

Io sono un personaggio letterario molto famoso. A Collodi, un paese vicino Pistoia, in Toscana, ______________ la mia statua alta 5 metri. Anche il mio autore si chiama Collodi. Da piccolo io ______________ pigro e ______________ molte bugie. ______________ il naso lungo. Il mio migliore amico ______________ Lucignolo. ______________ la scuola per andare nel Paese dei Balocchi. Poi ______________ in una balena e ______________ la vita a mio padre. ______________ un bambino vero grazie alla fata Turchina e ______________ più volte sul grande schermo. Chi sono?

6 Leggi la lettera e coniuga i verbi al passato prossimo o all'imperfetto.

Un sogno

Buongiorno dottoressa, questa notte (*sognare*) ____________ che (*essere*) ____________ in una macchina molto spaziosa. (*Esserci*) ____________ della gente con me in macchina, che non (*conoscere*) ____________. Ad un certo punto la principessa Kate con un'amica (*entrare*) ____________ e (*sedersi*) ____________ vicino a me, poi l'autista (*fermarsi*) ____________ ancora e (*salire*) ____________ il principe Andrea, lo zio del principe William. A questo punto (*essere*) ____________ otto in macchina e io (*sentirsi*) ____________ molto stretta e scomoda. Che vuol dire?

da Vanity Fair

7 Leggi questa storia, poi svolgi il compito.

Caravaggio è famoso come artista, ma è famoso anche per il suo carattere: era permaloso, litigioso e violento.
Ha perfino ucciso un uomo (Ranuccio Tomassoni), nel 1606, per un motivo molto banale: un fallo durante una partita a palla. Noi conosciamo tutti i particolari di una delle liti più famose di Caravaggio, quella con un garzone dell'Osteria del Moro, a Roma, avvenuta nel 1604.
Questa è la storia.

Caravaggio un giorno entra nell'osteria. Come al solito porta uno spadone e ha l'aria spavalda.
Si siede e ordina un piatto di carciofi.
Il garzone porta al pittore i carciofi: alcuni sono cotti all'olio, altri invece al burro. Ma quali sono gli uni, e quali gli altri?
Caravaggio chiede chiarimenti, ma il garzone come risposta suggerisce al pittore: "Basta odorare per riconoscere quali sono al burro e quali sono all'olio!".
Mamma mia!
L'artista, irritato per il "suggerimento", tira piatto e carciofi in faccia al garzone, e poi lo insegue con la spada sguainata per tutta l'osteria.
Chissà se il garzone, dopo, ha cambiato mestiere!

7a Riscrivi la storia utilizzando passato prossimo e imperfetto.

Caravaggio un giorno (*entra*) ________________ nell'osteria. Come al solito (*portare*) ________________ uno spadone e (*avere*) ________________ l'aria spavalda. (*Sedersi*) ________________ e (*ordinare*) ________________ un piatto di carciofi.
Il garzone (*porta*) ________________ al pittore i carciofi: alcuni (*essere*) ________________ cotti all'olio, altri invece al burro. Ma quali erano gli uni, e quali gli altri?
Caravaggio (*chiedere*) ________________ chiarimenti, ma il garzone come risposta (*suggerire*) ________________ al pittore: "Basta odorare per riconoscere quali sono al burro e quali sono all'olio!"
Mamma mia!
L'artista, offeso per il "suggerimento", (*tirare*) ________________ piatto e carciofi in faccia al garzone, e poi lo (*inseguire*) ________________ con la spada sguainata per tutta l'osteria.
Chissà se il garzone, dopo, ha cambiato mestiere!

vai su www.alma.tv

L'imperfetto rovina-famiglie CERCA

nella rubrica **GRAMMATICA CAFFÈ**

8 Collega il romanzo con il suo inizio.

1

*Natalia Ginzburg ha scritto **Lessico famigliare** nel 1963. È un romanzo autobiografico che descrive la vita quotidiana della famiglia Levi. Il libro è la cronaca ironico-affettuosa di una famiglia dagli anni '20 ai primi anni '50.*

2

*Italo Calvino ha scritto **Il cavaliere inesistente** nel 1959. È un romanzo fantastico: i protagonisti sono Agilulfo, un cavaliere inesistente, Rambaldo, un giovane inesperto e appassionato, e un cavaliere misterioso, che in realtà è una donna, Bradamante, innamorata di Agilulfo.*

3

*Niccolò Ammaniti ha scritto il suo settimo romanzo **Io e te** nel 2010. Il libro racconta la storia di Lorenzo, un ragazzo di 14 anni, che da bambino aveva problemi a socializzare con altri bambini.*

4

*Alessandro Baricco ha scritto **Novecento**, un monologo teatrale, nel 1994. È la storia di un pianista di nome Danny Boodman T.D. Lemon Novecento, pianista sul transatlantico Virginian. Tutta la sua vita sono il transatlantico, il mare e la musica. Ha sempre vissuto sulla nave e non è mai sceso a terra.*

5

*Alberto Moravia ha scritto **La romana** tra il 1943 e il 1946. Il romanzo è ambientato a Roma durante la guerra di Etiopia: racconta la storia di una giovane donna bellissima e moderna.*

A ____ La sera del diciotto febbraio duemila sono andato a letto presto e mi sono addormentato subito, ma durante la notte mi sono svegliato e non sono più riuscito a riprendere sonno. Alle sei e dieci, con il piumone tirato fino al mento, respiravo a bocca aperta. La casa era silenziosa. Gli unici rumori che si sentivano erano la pioggia che batteva contro la finestra, mia madre che camminava al piano di sopra tra la stanza da letto e il bagno e l'aria che entrava e usciva dalla mia trachea.

B ____ Succedeva sempre che a un certo punto uno alzava la testa... e la vedeva. È una cosa difficile da capire. Voglio dire... Ci stavamo in più di mille, su quella nave, tra ricconi in viaggio, e emigranti, e gente strana, e noi.

C ____ A sedici anni ero una vera bellezza. Avevo il viso di un ovale perfetto, stretto alle tempie e un po' largo in basso, gli occhi lunghi, grandi e dolci, il naso dritto in una sola linea con la fronte, la bocca grande, con labbra belle, rosse e carnose, e, se ridevo, mostravo denti regolari e molto bianchi.

D ____ Sotto le rosse mura di Parigi era schierato l'esercito di Francia. Carlomagno doveva passare in rivista i paladini. Già da più di tre ore erano lì; faceva caldo; era un pomeriggio di prima estate, un po' coperto, nuvoloso.

E ____ Nella mia casa paterna, quand'ero ragazzina, a tavola, se io o i miei fratelli rovesciavamo il bicchiere sulla tovaglia, o lasciavamo cadere un coltello, la voce di mio padre tuonava.

vai su www.alma.tv

Facciamo che ero **CERCA**

nella rubrica **GRAMMATICA CAFFÈ**

lettura 5. SCIUSCIÀ E VUCUMPRÀ

Sciuscià

Dopo la Seconda guerra mondiale, a Napoli, molti bambini per vivere dovevano girare per la città con una spazzola[1] e con il lucido da scarpe[2]. Quando incontravano i "ricchi" soldati americani dicevano: "Shoe shine? Shoe shine?" (pulire le scarpe?).
Se i soldati dicevano di sì, loro pulivano le scarpe e potevano prendere un po' di soldi.
I bambini napoletani però pronunciavano l'inglese a modo loro e perciò, nella loro bocca, "shoe shine" diventava "sciuscià".
Così è nata (e oggi è anche nel vocabolario d'italiano) la parola "sciuscià", cioè la persona che pulisce le scarpe.
Esiste anche un film molto famoso di Vittorio De Sica che si chiama *Sciuscià* e che parla proprio di questi bambini.

Vucumprà

Oggi in Italia sono arrivati molti immigrati che vengono qui perché vogliono lavorare. Fino a qualche anno fa, per vivere, parecchi di loro vendevano per strada fazzoletti[3], accendini[4] e borse. Facevano alla gente sempre la stessa domanda: "Vuoi comprare? Vuoi comprare?", ma qualche volta non sapevano bene l'italiano e la loro pronuncia non era perfetta: dicevano "Vu-cumprà?".
Così è nata la parola "vucumprà", cioè la persona che vende qualcosa per strada (il "venditore ambulante").
Quando è nata la parola "Vucumprà" in Italia non c'era ancora molto razzismo e per questo era una parola che suonava simpatica. Oggi che i razzisti purtroppo sono più numerosi, è meglio non usare questi vocaboli.
Comunque per fortuna gli stranieri che lavorano in Italia sono sempre meno "vucumprà" e sempre più spesso operai, commercianti e anche lavoratori autonomi.

[1] spazzola →  [2] lucido da scarpe →  [3] fazzoletti →  [4] accendini → 

1 Vero o falso?

		V	F
1	Lo "sciuscià" è una persona che per lavoro pulisce le scarpe.	☐	☐
2	Molti bambini italiani, dopo la guerra, per vivere facevano i "vucumprà".	☐	☐
3	Gli "sciuscià" vendevano spazzole e lucido da scarpe.	☐	☐
4	La parola "sciuscià" deriva da un'espressione straniera.	☐	☐
5	Il regista Vittorio De Sica ha fatto un film sugli immigrati.	☐	☐
6	La parola "vucumprà" deriva da una frase inglese.	☐	☐
7	In passato in Italia c'era molto razzismo, mentre oggi i razzisti sono meno numerosi.	☐	☐
8	I bambini napoletani che facevano gli "sciuscià" oggi sono ragazzi con un lavoro.	☐	☐
9	I "vucumprà" vendevano per strada fazzoletti, accendini o borse.	☐	☐
10	Il "vucumprà" era un venditore ambulante.	☐	☐
11	Lo "sciuscià" era un venditore ambulante.	☐	☐
12	Un film di Vittorio De Sica si chiama *Sciuscià*.	☐	☐

2 Scegli la forma corretta dell'imperfetto indicativo.

1 Molti bambini per vivere **(a) dovevano (b) devevano (c) dovavano** girare per la città.
2 Per strada loro **(a) incontravano (b) incontrevano (c) incontraviano** i soldati.
3 I bambini **(a) divano (b) dicevano (c) dicavano**: "Shoe shine?".
4 Per vivere loro **(a) pulisciavano (b) pulevano (c) pulivano** le scarpe.
5 Così loro **(a) possevano (b) potavano (c) potevano** prendere un po' di soldi.
6 I bambini **(a) pronunciavano (b) pronuncavano (c) pronuncivano** l'inglese a modo loro.
7 Qualche immigrato **(a) vendava (b) vendeva (c) vendiva** per strada fazzoletti.
8 Gli immigrati **(a) favano (b) faciavano (c) facevano** sempre una domanda.
9 La loro pronuncia non **(a) era (b) erava (c) esseva** perfetta.
10 Un film molto famoso di De Sica **(a) si chiamava (b) si chiameva (c) si chiamiva** *Sciuscià*.
11 Una volta la parola "vucumprà" **(a) suoneva (b) suoniva (c) suonava** simpatica.
12 I bambini del film di De Sica **(a) vivavano (b) vivano (c) vivevano** a Napoli.
13 I "vucumprà" **(a) volavano (b) volevano (c) vogliavano** vendere oggetti per strada.

vai su www.alma.tv

Politicamente scorretto CERCA

nella rubrica GRAMMATICA CAFFÈ

3 Scegli fra imperfetto e passato prossimo.

1 Durante la seconda guerra mondiale mio nonno ***era / è stato*** giovane.
2 Mio nonno ***era / è stato*** napoletano.
3 Mio nonno ***viveva / ha vissuto*** a Napoli soltanto cinque anni.
4 Da bambino io ***ero / sono stato*** sempre contento quando incontravo mio nonno.
5 Questa mattina io non mi ***pulivo / sono pulito*** le scarpe.
6 Quando ero bambino mia madre mi ***puliva / ha pulito*** le scarpe tutte le mattine.
7 I bambini napoletani non ***sapevano / hanno saputo*** l'inglese.
8 Io ***nascevo / sono nato*** a Roma.
9 Vittorio De Sica ***era / è stato*** napoletano.
10 Molti anni fa De Sica ***vinceva / ha vinto*** il premio Oscar.
11 La Seconda guerra mondiale ***finiva / è finita*** nel 1945.
12 Quando c'era la guerra mio nonno ***aveva / ha avuto*** circa vent'anni.

4 Leggi le informazioni, poi completa le risposte alle domande.

TITOLO DEL FILM: Sciuscià (b/n)
ANNO: 1946
REGIA: Vittorio De Sica
SOGGETTO E SCENEGGIATURA: Cesare Zavattini, Sergio Amidei, Adolfo Franci, Vittorio De Sica, Cesare Giulio Viola
MUSICHE: Alessandro Cicognini
INTERPRETI: Rinaldo Smordoni (Giuseppe), Franco Interlenghi (Pasquale), Aniello Mele (Raffaele)
DURATA: 95'

1 In che anno De Sica ha girato *Sciuscià*?
De Sica ha girato *Sciuscià* ____ 1946.
2 *Sciuscià* è un film a colori?
No, *Sciuscià* è un film ____ bianco e nero.
3 Quanto dura il film?
Il film dura circa ____ ora e mezza.
4 Cesare Zavattini è un attore?
No, Zavattini è ____ sceneggiatore.
5 Chi era Vittorio De Sica?
De Sica era ____ famoso regista.
6 Che ruolo ha interpretato Franco Interlenghi nel film?
Franco Interlenghi ____________ Pasquale.
7 Chi è Rinaldo Smordoni?
Lui è ____ attore.
8 Il film ha avuto solo uno sceneggiatore?
No, ____ sceneggiatori erano molti.
9 Aniello Mele è un compositore?
No, Aniello Mele ____ un attore.
10 Come si chiama il compositore della colonna sonora?
Lui ____________ Alessandro Cicognini.

5 Segui lo schema dell'esercizio 4 e completa le risposte sui due film.

TITOLO DEL FILM: La meglio Gioventù (colore)
ANNO: 2003
REGIA: Marco Tullio Giordana
SOGGETTO E SCENEGGIATURA: Sandro Petraglia, Stefano Rulli
INTERPRETI: Luigi Lo Cascio (Nicola), Alessio Boni (Matteo), Jasmine Trinca (Giorgia)
DURATA: 370'

1. *La meglio Gioventù* è un film in bianco e nero?
   No, è un film ___ colori.
2. Come si chiama di cognome il regista del film?
   Di cognome si chiama ______________.
3. Il film dura un'ora?
   No, il film dura ______________.
4. In che anno è uscito il film?
   Il fim è uscito ______ 2003.
5. Stefano Rulli è un attore?
   No, lui ha scritto ____ soggetto del film.
6. Come si chiamava Alessio Boni nel film?
   Nel film ______________ Matteo.

TITOLO DEL FILM: C'era una volta in America (colore)
ANNO: 1984
REGIA: Sergio Leone
SOGGETTO E SCENEGGIATURA: Leonardo Benvenuti, Sergio Leone
MUSICHE: Ennio Morricone
INTERPRETI: Robert De Niro (David), James Wood (Maximilian), Elizabet McGovern (Deborah)
DURATA: 218'

7. Di che anno è *C'era una volta in America*?
   È un film ______ 1984.
8. Come si chiama di nome il regista del film?
   Di nome si chiama ______________.
9. Il film dura poco?
   No, è un film lungo: dura __________.
10. Gli interpreti sono italiani?
    No, gli interpreti sono ______________.
11. Robert de Niro e James Wood sono dei registi?
    No, loro sono ______ attori.
12. Che lavoro fa Ennio Morricone?
    Lui fa ____ compositore.

TEST 1

1 Completa con gli articoli determinativi.

Ogni articolo corretto 2 punti

1 Berlino è _____ città più moderna della Germania. _____
2 _____ tue sorelle sono molto simpatiche. _____
3 Tutti _____ studenti di questa università sono stranieri. _____
4 I francesi bevono champagne, mentre gli italiani bevono _____ spumante. _____
5 _____ Africa è un continente molto povero. _____
6 Paolo è _____ fratello di Francesco. _____
7 Questo è _____ ultimo film di Federico Fellini. _____

TOTALE _____ / 14

2 Completa con una vocale.

Ogni vocale corretta 2 punti

1 Con il pesce non si beve sempre vino bianc__. _____
2 Torino è una bell__ città. _____
3 Luigi Einaudi è stato il primo presidente italian__. _____
4 Questa è una notte molto cald__. _____
5 L'italiano non è una lingua difficil__. _____
6 Madrid e Barcellona sono due città spagnol__. _____
7 Anna e Maria sono due ragazze intelligent__. _____

TOTALE _____ / 14

3 Scegli la forma corretta.

Ogni forma corretta 2 punti

1 Ho visto ***tuo fidanzato / il tuo fidanzato***. _____
2 ***Quelli / Quei*** tavoli sono antichi. _____
3 Ho letto qualche ***libro / libri*** di Umberto Eco. _____
4 ***La casa mia / Casa mia*** è molto piccola. _____
5 Buongiorno dottore. ***Tu conosci / Lei conosce*** mio marito? _____
6 Ho parlato con ***tuo fratello / il tuo fratello***. _____
7 Sono nato ***l'11 maggio / il 11 maggio***. _____

TOTALE _____ / 14

4 Completa con le preposizioni.

Ogni preposizione corretta 2 punti

1 Napoli non è lontana ____ Roma. _____
2 A che ora cominci ____ lavorare? _____
3 ____ Roma ci sono molti turisti. _____
4 Io sono italiano. E tu ____ dove sei? _____
5 Lui è norvegese ma vive ____ Islanda. _____
6 Vicino ____ casa mia c'è un bel parco. _____
7 Lei è nata ____ 1995. _____

TOTALE _____ / 14

5 Completa con i verbi al presente indicativo.

1 Voi (*prendere*) ______________ qualcosa da bere?
2 Paolo (*scrivere*) ______________ una e-mail alla sua ragazza.
3 Francesca la mattina (*dormire*) ______________ fino alle 11.
4 Noi (*essere*) ______________ un po' stanchi.
5 Tu (*volere*) ______________ stare a casa o vieni con noi?
6 Sei adulto e (*potere*) ______________ fare quello che preferisci.
7 Le lezioni (*finire*) ______________ alle 12.45.

Ogni verbo corretto 2 punti

TOTALE _____ / 14

6 Completa con i verbi al passato prossimo indicativo.

1 Ieri mio fratello (*andare*) ______________ al cinema.
2 Il film (*cominciare*) ______________ dieci minuti fa.
3 Per andare a Venezia io (*prendere*) ______________ l'aereo.
4 Le mie sorelle (*arrivare*) ______________ stamattina.
5 Sta male perché ieri sera (*bere*) ______________ troppo.
6 Io non (*dire*) ______________ quello che penso veramente.
7 Maria (*tornare*) ______________ in Olanda alcuni mesi fa.

Ogni verbo corretto 2 punti

TOTALE _____ / 14

7 Scegli la forma verbale opportuna.

1 Mio nonno ***era / è stato*** un uomo autoritario.
2 Mi hai telefonato proprio mentre ***stavo / sono stato*** facendo la doccia
3 ***Leggevo / Ho letto*** quel libro molte volte perché mi piace moltissimo.
4 Quando ho visto quel film ***capivo / ho capito*** perché tu non sei voluto venire al cinema!
5 Quando ero in vacanza, la mattina ***mi svegliavo / mi sono svegliato*** alle 11:00.
6 Quando ero in vacanza in montagna ***ho imparato / imparavo*** a sciare.
7 ***Conoscevo / Ho conosciuto*** Paolo due o tre anni fa.
8 Mia madre ***aveva / ha avuto*** un carattere allegro.

Ogni verbo corretto 2 punti

TOTALE _____ / 16

TOTALE TEST _____ / 100

16. COMPARATIVO E SUPERLATIVO

16.1 IL COMPARATIVO E IL SUPERLATIVO RELATIVO

Il **comparativo** può essere: **di maggioranza** *più... di / che...* **di minoranza** *meno... di / che...* **di uguaglianza** *(tanto)... quanto / come*	È ***più bello*** andare a teatro ***che*** al cinema. Il tennis è ***meno appassionante del*** calcio. Roma è ***(tanto) grande quanto*** Milano. Io sono alto ***come*** te.
Nel **comparativo di maggioranza o minoranza** la differenza fra **che** e **di** è collegata a molti elementi. In generale: si usa **che** quando: → il secondo termine della comparazione ha una preposizione; → due qualità sono riferite a uno stesso elemento; → la comparazione è fra due verbi o due avverbi.	Preferisco parlare con il muro ***che con te***. Antonio è ***più intelligente che simpatico***. Meglio ***studiare che lavorare***. Meglio ***oggi che domani***.
Si preferisce usare **di** (in alcuni casi in alternanza con *che*) quando il secondo termine della comparazione è: → un nome; → un pronome senza preposizione; → un avverbio.	Antonio è più stanco ***di Maria***. Antonio è più stanco ***di lei***. Antonio è più stanco ***di ieri***.
Quando si fa un confronto con una intera categoria di elementi si parla di **superlativo relativo**. Si costruisce in due modi: **articolo** + **nome** + **più** + **aggettivo** + **di** + **categoria;** **articolo** + **più** + **aggettivo** + **nome** + **di** + **categoria.**	***La città più grande d'Italia*** è Roma. ***La più grande città d'Italia*** è Roma

16.2 IL SUPERLATIVO ASSOLUTO

Il **superlativo assoluto** è il massimo grado espressivo di un aggettivo. Per esprimerlo può usare: → il suffisso **-issimo**; → un rafforzativo come **molto**, **tanto**, **proprio**, **davvero**, **assolutamente**, **sul serio**; → l'aggettivo **tutto**; → ripetere **due volte** l'aggettivo (nella lingua parlata); → aggiungere all'aggettivo un prefisso come **stra-**, **arci-**, **iper-**, **super-**, **extra-**, ecc.	Loredana è bell***issima***! Piazza Venezia è ***davvero grande***. Sono ***tanto*** stanco! Oggi sono ***tutto sudato***! Un amore ***grande grande***. Quello è un lavoro ***strapagato***.

16.3 COMPARATIVI E SUPERLATIVI SPECIALI

Alcuni comparativi, che di solito finiscono con **-iore**, e alcuni superlativi, hanno "attenuato" (o dimenticato) la relazione con il "grado zero" dell'aggettivo; si usano in alcuni contesti "cristallizzati", come normali aggettivi con un loro significato autonomo.

GRADO ZERO	COMPARATIVO	SUPERLATIVO	
buono	**migliore** **più buono**	**ottimo** **buonissimo**	Lottiamo per un mondo ***migliore***!
cattivo	**peggiore** **più cattivo**	**pessimo** **cattivissimo**	Questo è il mio difetto ***peggiore***.
piccolo	**minore**	**minimo** **piccolissimo**	Ottenere il massimo risultato con il ***minimo*** sforzo.
grande	**maggiore** **più grande**	**massimo** **grandissimo**	Ho un fratello ***maggiore*** e una sorella minore.

16.4 COMPARATIVI E SUPERLATIVI IN ESPRESSIONI STANDARDIZZATE

GRADO ZERO	COMPARATIVO	SUPERLATIVO	
(sopra)	**superiore**	**supremo** **sommo**	La scuola ***superiore***, i piani ***superiori***, qualità ***superiore***, ecc. Il capo ***supremo*** del partito. Il ***Sommo*** Pontefice.
(sotto)	**inferiore**	**infimo**	Il labbro ***inferiore***, gli arti ***inferiori***.
(davanti)	**anteriore**	--------	Macchina a trazione ***anteriore***.
(dietro)	**posteriore**	--------	Le ruote ***posteriori***.
(dentro)	**interiore**	**intimo**	La pace ***interiore.*** La biancheria ***intima***.
(fuori)	**esteriore**	**estremo**	La bellezza ***esteriore***. L'***estremo*** Oriente, uno sport ***estremo***, ecc.

e inoltre...

16.5 I GRADI DELL'AVVERBIO

Anche gli **avverbi** possono avere un grado comparativo o superlativo. E come per l'aggettivo ci sono alcune forme "speciali".	Fortemente, più fortemente, fortissimamente. Presto, più presto, prestissimo.

GRADO ZERO	COMPARATIVO	SUPERLATIVO	
bene	meglio	ottimamente benissimo	Lui parla francese ***meglio*** di me. In quel ristorante si mangia ***benissimo*** / ***ottimamente***.
male	peggio	pessimamente malissimo	In albergho dormo ***peggio*** che a casa mia. Ieri sono stato ***malissimo***!

Meglio e **peggio** sono avverbi e **migliore / peggiore** sono aggettivi.	Parlo ***meglio***, scrivo ***peggio***. Un mondo ***migliore***, l'idea ***peggiore***.

Migliore **e** ***peggiore*** **sono aggettivi,** ***meglio*** **e** ***peggio*** **sono avverbi. Allora il titolo dei film "La meglio gioventù" e "Lui è peggio di me" sono errori di grammatica?**

No. Qualche volta, nel parlato regionale, si usano *meglio* e *peggio* in forma di aggettivi. E anche alcuni poeti e scrittori lo hanno fatto (Pasolini, Pirandello). Ma quando queste forme sono usate da grandi scrittori sono corrette, se le usano gli studenti di italiano... sono errori.

1 **Cos'è la struttura usata nel titolo di giornale del 17 aprile 1912, giorno del naufragio del Titanic?**

a comparativo di maggioranza
b comparativo di minoranza
c comparativo di uguaglianza
d superlativo relativo

Mercoledì 17 Aprile 1912 Anno XLVII - N. 16524 EDIZIONE DELLA SERA

IL SECOLO

LE INSERZIONI A PAGAMENTO

AMILCARE CIPRIANI Una vita di avventure eroiche | E' stato messo in vendita in tutta Italia al prezzo di L. 1.25 | AMILCARE CIPRIANI Una vita di avventure eroiche

Il più disastroso naufragio della storia

1325 morti - Miliardari e notabilità fra le vittime - Dammatici particolari

(Servizio telefonico e telegrafico dei corrispondenti del "Secolo,,)

Dove avvenne la catastrofe

Il "Titanic,,

Il tragico racconto fatto dagli agenti di Parigi della "White Star Line,,

2 **Per ogni frase trova l'aggettivo giusto.**

1 Il nostro capo si arrabbia per ogni ***minimo / pessimo / estremo / massimo*** sbaglio.
2 Non ha amici: ha un ***bruttissimo / bellissimo / ottimo / infimo*** carattere.
3 In quel ristorante si mangia ***pessimo / massimo / benissimo / migliore***.
4 Questa pizza è ***estrema / massima / ottima / minima***.
5 Si sa che lo stipendio per un primo lavoretto è ***altissimo / estremo / inferiore / minimo***.
6 Il paracadutismo è uno sport ***massimo / estremo / superiore / benissimo***.
7 Frequenta la scuola ***alta / massima / superiore / estrema***.

3 **Rispondi alle domande del test: quanto conosci l'Italia?**

1 **Qual è il fiume più lungo d'Italia?**
A Adige
B Tevere
C Po

2 **Qual è la città più inquinata d'Italia?**
A Milano
B Roma
C Torino

3 **Qual è la regione più grande d'Italia?**
A Sicilia
B Piemonte
C Sardegna

4 **Qual è il lago più grande d'Italia?**
A Lago Maggiore
B Lago di Como
C Lago di Garda

5 **Qual è la regione più popolosa d'Italia?**
A Campania
B Lazio
C Lombardia

6 **Quali sono le cascate più alte d'Italia?**
A Le cascate delle Marmore
B Le cascate del Serio
C Le cascate dell'Aniene

7 **Qual è il monte più alto d'Italia?**
A Monte Rosa
B Monte Bianco
C Monte Cervino

8 **Qual è la città nel mondo con più italiani?**
A San Paolo
B Buenos Aires
C New York

9 **Qual è la città italiana con più crimini?**
A Napoli
B Palermo
C Milano

RISULTATO
0-3 PUNTI - Ahi ahi, sei più interessato alla lingua italiana che all'Italia: devi proprio visitarla!
4-6 PUNTI - Ti piace studiare l'italiano come conoscere la cultura italiana... ma puoi fare di meglio!
7-9 PUNTI - Bravissimo! Sei un geniaccio!

4 Collega le immagini con il prodotto e con lo slogan corrispondente.

a		1 BMW M 6	A Per un look ultraresistente.
b		2 *Panettone Maina*	B Lava così bianco che più bianco non si può.
c		3 Dash	C Versione grintosa e super potente della Serie 6. Motore biturbo da 560 CV.
d		4 Quinny Yezz	D Un moderno supereroe.
e		5 Mr Muscolo	E *Piano piano, buono buono.*
f		6 Garnier Fructis Style	F Il passeggino ultraleggero migliore per la tua soluzione ultracompatta.

a. 2 E • b.__ __ • c.__ __ • d.__ __ • e.__ __ • f.__ __

5 Giochiamo con gli stereotipi? Leggi le due tabelle, poi svolgi il compito.

I nomi degli abitanti di molte nazioni del modo

americani	arabi	brasiliani	cinesi
finlandesi	francesi	giapponesi	greci
inglesi	italiani	norvegesi	polacchi
rumeni	russi	serbi	spagnoli
svedesi	svizzeri	tedeschi	turchi

I nomi delle regioni italiane e dei loro abitanti

Abruzzo ***abruzzesi***	Basilicata ***basilischi / lucani***	Calabria ***calabresi***	Campania ***campani***	Emilia Romagna ***emiliani / romagnoli***
Friuli Venezia Giulia ***friulani***	Lazio ***laziali***	Liguria ***liguri***	Lombardia ***lombardi***	Marche ***marchigiani***
Molise ***molisani***	Piemonte ***piemontesi***	Puglia ***pugliesi***	Sardegna ***sardi***	Sicilia ***siciliani***
Toscana ***toscani***	Trentino Alto Adige ***trentini / altoatesini***	Umbria ***umbri***	Val d'Aosta ***valdostani***	Veneto ***veneti***

5.a Scegli un elemento da ogni colonna e costruisci su un quaderno degli stereotipi secondo i due esempi.

Es. Gli italiani sono meno organizzati dei tedeschi.
Es. Gli abruzzesi sono più cocciuti che cordiali.

Gli americani I francesi Gli italiani Gli spagnoli I tedeschi I greci Gli abruzzesi I campani I liguri I romagnoli I siciliani	sono più sono meno	allegri appassionati avari belli cocciuti cordiali fantasiosi gelosi organizzati rumorosi sexy simpatici snob volgari	di che	gli arabi i cinesi gli inglesi i rumeni gli svizzeri i turchi gli altoatesini i calabresi i lombardi i sardi i toscani	allegri appassionati avari belli cocciuti cordiali fantasiosi gelosi organizzati rumorosi sexy simpatici snob volgari

e inoltre...

6 Forma su un quaderno delle frasi utilizzando i comparativi di minoranza, maggioranza e uguaglianza, come nell'esempio.

Es. In Italia - in Inghilterra *In Italia si mangia meglio che in Inghilterra.*

1 con lui - con te
2 essere sportivi - essere pigri
3 fare l'amore - fare la guerra
4 i bucatini - gli spaghetti
5 i cani - i gatti
6 i ragazzi - le ragazze
7 il panettone - lo strudel
8 il tiramisù - la torta di mele
9 il treno - l'aereo
10 in vacanza - in città
11 convivere - sposarsi
12 l'Italia - la Svizzera
13 la lingua italiana - la lingua cinese
14 la montagna - il mare
15 Milano - Roma
16 Monica Bellucci - Carla Bruni
17 ora - più tardi
18 un bicchiere di vino - un bicchiere d'acqua

Sono appena tornato da una vacanza al mare. Un amico mi ha detto: "Sei bello abbronzato!". Ma che significa?
Per fare il superlativo assoluto (colloquialmente) si usa qualche volta il rafforzativo **bello / bella / belli / belle (ha solo quattro terminazioni e non si declina come l'articolo).**
Es. *Una minestra* ***bella calda***, MA: *spaghetti* ***belli caldi*** (non bei), *un liquore* ***bello ghiacciato*** (non bel).

17. LE ALTERAZIONI

17.1 LE ALTERAZIONI DEL NOME

Il **diminutivo** aggiunge al nome il significato di piccolo e si ottiene generalmente con i suffissi: -ino, -etto, -ello, -otto, -uccio.	piede → pied***ino***; giacca → giacch***ina*** borsa → bors***etta***; gioco → gioch***etto*** albero → alber***ello***; povero → pover***ello***
Il **diminutivo** può avere anche un senso di **affetto** o indicare **bassa qualità**.	Ti ho comprato un ***orsacchiotto***. (affettuoso) Non mi fido di quel ***dottorino***! (non bravo)
L'**accrescitivo** aggiunge al nome il significato di grande e si ottiene generalmente con i suffissi: -one e -ona.	macchina → macchin***ona*** gatto → gatt***one*** libro → libr***one***
Qualche volta l'idea di grandi dimensioni ha relazione con **alta qualità**.	L'ultimo film di Spielberg è un vero kolossal, un ***filmone***!
Lo **spregiativo** aggiunge al nome un significato **negativo** e si ottiene generalmente con il suffisso -accio (ma anche -astro e -icchio).	tavolo → tavol***accio***; storia → stori***accia***; giornata → giornat***accia***; poeta → poet***astro*** avvocato → avvocat***icchio***
Lo **spregiativo** può anche indicare apprezzamento **simpatico e affettuoso**.	Quel ragazzo è un ***geniaccio*** in informatica. Lui è un ***vecchiaccio*** molto simpatico.
Nel linguaggio parlato, ironico, scherzoso o pubblicitario, anche i nomi possono avere come gli aggettivi il suffisso (positivo) -issimo o essere ripetuti due volte per indicare alta qualità.	Ho prenotato una ***poltronissima*** a teatro. Voglio un caffè... ma un ***caffè caffè***!

17.2 LA DOPPIA ALTERAZIONE

Alcuni sostantivi possono essere alterati con due suffissi contemporaneamente.

scarpe → ***scarponi*** (da montagna) → ***scarponcini*** (scarponi da montagna per bambini)

porta → ***portone*** (di ingresso per una casa o palazzo) → ***portoncino*** (piccolo portone)

maglia → ***maglione*** (maglia pesante di lana) → ***maglioncino*** (piccolo maglione o non pesante)

sala → ***salone*** (sala grande, salotto) → ***saloncino*** (piccolo salotto)

foglio → ***foglietto*** (piccolo foglio) → ***fogliettino*** (foglietto particolarmente piccolo)

sacco → ***sacchetto*** (piccolo sacco per la spesa) → ***sacchettone*** (un sacchetto abbastanza grande)

17.3 LE ALTERAZIONI DELL'AGGETTIVO E DELL'AVVERBIO

Come i nomi, anche molti **aggettivi** e alcuni **avverbi** possono essere alterati.

bello → ***bellino*** (carino); ***belloccio*** (abbastanza bello, detto in modo un po' ironico)

bravo → ***bravino*** (abbastanza bravo)

brutto → ***bruttino*** (abbastanza brutto)

lungo → ***lunghetto / lunghino*** (abbastanza lungo)

piccolo → ***piccolino*** (molto piccolo, in modo affettuoso)

poco → ***pochino*** (se dico che sono "un pochino" stanco significa che sono abbastanza stanco)

presto → ***prestino*** (abbastanza presto o anche molto presto)

solo → ***solo soletto*** (un po' solo, isolato)

tanto → ***tantino*** (più del necessario, quasi "tantissimo")

tardi → ***tardino*** (abbastanza tardi, ma anche molto tardi)

vecchio → ***vecchietto*** (decisamente vecchio, con affetto)

bianco → ***biancastro*** (quasi bianco, bianco sporco)

giallo → ***giallino*** (giallo leggero); ***giallastro*** (circa giallo, ma un brutto giallo)

rosso → ***rossastro*** (circa rosso)

verde → ***verdognolo / verdastro*** (circa verde, ma un brutto verde)

Gli **avverbi** che finiscono con **-mente** possono essere alterati con il suffisso **-issimamente**, spesso con valore scherzoso e di esagerazione.

fortemente → ***fortissimamente***
velocemente → ***velocissimamente***
recentemente → ***recentissimamente***

e inoltre...

17.4 I FALSI ALTERATI

Alcune volte il suffisso alterativo cambia radicalmente il significato del sostantivo.

telefono → ***telefonino***	palla → ***pallino***	ballo → ***balletto***
porta → ***portone***	spago → ***spaghetto***	campana → ***campanello***
coltello → ***coltellaccio***	scarpa → ***scarpone***	canna → ***cannone***
campana → ***campanaccio***	cannolo → ***cannolicchio***, ecc.	

Attenzione poi alle parole che per la terminazione sembrano alterate, ma che in realtà sono normali sostantivi. In questo caso si parla di **falsi alterati**.

il bottone (nessuna relazione con "botte")

il torrone (nessuna relazione con "torre")

il limone (nessuna relazione con "lima")

il pulcino (nessuna relazione con "pulce")

17.5 LE ALTERAZIONI DEL VERBO

Anche i verbi possono essere "alterati".
In particolare il prefisso **ri-** indica la ripetizione di un'azione. Se il verbo comincia con la vocale **i-** il prefisso è **re-**.

scrivere → ***riscrivere***, provare → ***riprovare***
dire → ***ridire***; fare → ***rifare***
*i*nserire → ***re***inserire

1 Trasforma in una sola parola.

1 una borsa piccola ____________
2 un piede piccolo ____________
3 una storia brutta ____________
4 una strada grande ____________
5 una donna piccola ____________
6 una casa piccola ____________
7 un tempo brutto ____________
8 un professore bravissimo ____________
9 un furgone piccolo ____________
10 un albero piccolo ____________
11 un tavolo piccolo ____________
12 un ragazzo grosso ____________
13 una dolce mamma ____________
14 un bicchiere grande ____________
15 un gatto brutto ____________
16 una piccola passeggiata ____________
17 un dottore incompetente ____________
18 un po' verde ____________

2 Scrivi la definizione per ogni parola, come nell'esempio.

Es. un bicchierino un bicchiere piccolo.
1 un periodaccio ____________
2 una parolaccia ____________
3 un piattone di pasta ____________
4 un pentolone ____________
5 un leoncino ____________
6 un poetastro ____________
7 una famigliola ____________
8 un pesciolino ____________
9 un donnone ____________
10 marroncino ____________
11 giallognolo ____________
12 un lavoraccio ____________
13 una vitaccia ____________
14 un ladruncolo ____________
15 una rispostaccia ____________
16 un cucchiaino ____________
17 un fattaccio ____________

3 Per ogni parola utilizza (quando possibile) le terminazioni della lista per formare nuove parole alterate, come nell'esempio.

-ino | -one | -etto | -accio | -ello | -otto | -uccio

CASA	casina	casetta	casona	casaccia
LETTO				
LIBRO				
TAVOLO				
BICCHIERE				
BACIO				
PALAZZO				
COSA				
FILM				
GIORNATA				

4 **Conosci queste favole molto famose? Prova a scrivere il riassunto delle favole al presente, come nell'esempio, e usa le alterazioni.**

1 IL LUPO E I SETTE CAPRETTINI

*In una **casetta** vive una capra con i suoi **figlioletti**. Un giorno la mamma esce di casa e il lupo decide di mangiare i cuccioli, ma per fortuna il settimo **figlioletto** riesce a salvarsi.*

2 CAPPUCCETTO ROSSO

3 IL PRINCIPE RANOCCHIO

4 POLLICINO

5 I TRE PORCELLINI

e inoltre...

5 **Cancella i falsi alterati.**

1	BOTTE	→	bottino	bottone	botticella
2	VISO	→	visino	visetto	visone
3	MULO	→	mulinello	mulino	muletto
4	ROSSO	→	rossetto	rossastro	rossiccio
5	PORTA	→	portone	porticciolo	portoncino

vai su www.alma.tv

L'italiano alterato **CERCA**

nella rubrica **GRAMMATICA CAFFÈ**

Ma quanti suffissi esistono in italiano?

Tanti! I suffissi ***-acchiare***, ***-azzare***, ***-ellare***, ***-ettare***, ***-icchiare***, ***-ucchiare***, attenuano la forza del verbo (*cantare* è cosa quasi professionale, *canticchiare* va bene sotto la doccia. *Giocare* ha qualche cosa di "sistematico", *giocherellare* con la penna in mano è solo un movimento irregolare).

Verbi di questo tipo sono ***canticchiare***, ***fischiettare***, ***giocherellare***, ***leggiucchiare***, ***piagnucolare***, ***ridacchiare***, ***saltellare***, ***sbaciucchiare***, ***sbevazzare***, ***scorrazzare***, ***scribacchiare***, ***svolazzare***, ***vivacchiare*** e anche ***piovigginare*** e ***tagliuzzare***.

6 Completa le frasi trasformando i verbi con prefissi o suffissi alterativi, come nell'esempio.

Es. Ho scritto e (*scrivere*)___riscritto___ questo testo mille volte!

1 Mentre il professore parlava, lui (*scrivere*) ______________ qualche nota su un foglio di carta.

2 Quando Maria mi ha chiesto: "Mi vuoi sposare?" io ho cominciato a (*fischiare*) ______________.

3 Non mi piace (*vivere*) ______________. Voglio una vita piena di soddisfazioni, io!

4 Quando ero studente non ero il primo della classe: (*studiare*) ______________ per superare gli esami.

5 Dimagrire è facile: basta smettere di (*mangiare*) ______________ fuori dei pasti.

6 Ho fatto e (*fare*) ______________ i conti mille volte. Non ho i soldi per comprare una Porsche.

7 Per fare il pesto si deve (*tagliare*) ______________ bene il basilico.

8 Nel parco due ragazzini innamorati (*baciarsi*) ______________ su una panchina.

9 Non sono intonato, ma quando guido la macchina (*cantare*) ______________ volentieri.

10 Il tempo è così così: non piove forte, ma (*piovere*) ______________ spesso.

11 Per guadagnare qualche euro quello studente (*lavorare*) ______________ in un ristorante come cameriere.

12 Ero così contento che (*saltare*) ______________ per la felicità.

7 Completa il cruciverba con i falsi alterati.

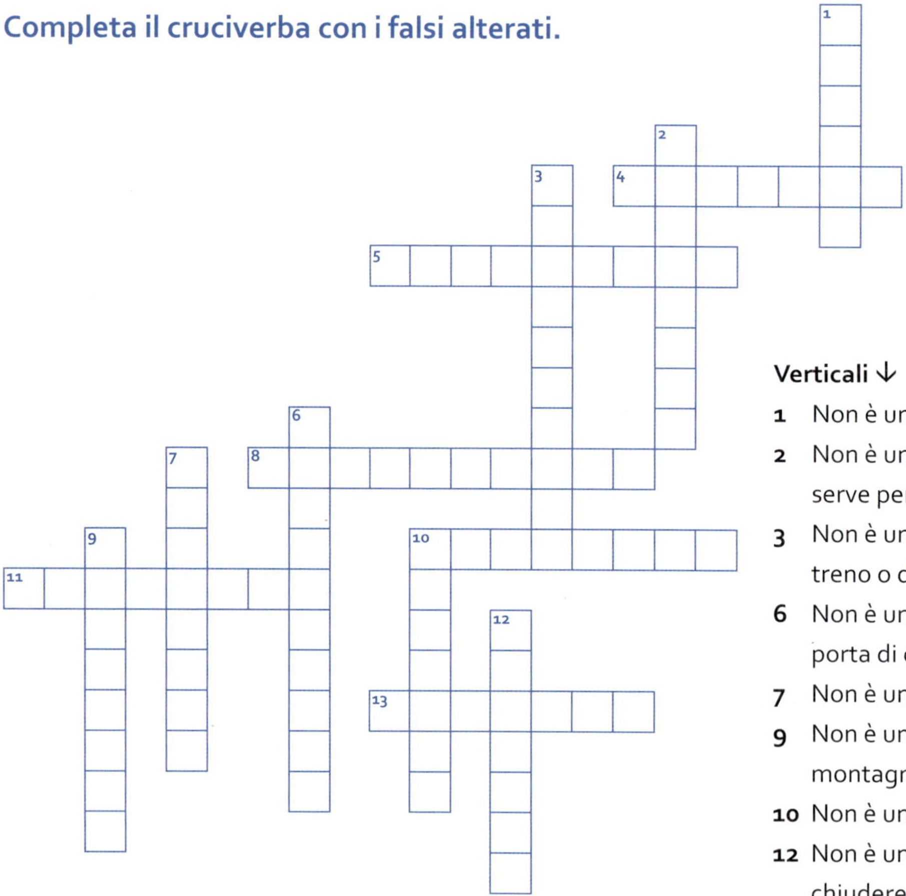

Verticali ↓

1 Non è una grande lima, ma un agrume.

2 Non è un piccolo forno, ma si trova in cucina e serve per cucinare.

3 Non è una piccola finestra, ma la finestra di un treno o di una macchina.

6 Non è una campana carina, e sta vicino alla porta di casa.

7 Non è un piccolo tacco, ma un animale.

9 Non è una grande scarpa, ma una scarpa da montagna.

10 Non è un grande matto, e il muro ne ha tanti.

12 Non è una grande botte, ma serve per chiudere una giacca o una camicia.

Orizzontali →

4 Non è una piccola colla, ma una montagna più bassa.

5 Non è una piccola lavanda, ma si trova in cucina e in bagno e serve per lavare o per lavarsi.

8 Non è un piccolo cancello, ma serve per cancellare la lavagna.

10 Non è un piccolo motore, ma uno scooter.

11 Non è una brutta foca, ma una specie di pizza bianca.

13 Non è una piccola porta, ma l'entrata di un palazzo.

18. LA PARTICELLA *CI*

18.1 USI DI *CI*

La particella **ci** si usa con il verbo **essere** nelle forme **c'è / ci sono** (vedi cap. **4.2**) e con i **verbi riflessivi**, alla prima persona plurale.	A Roma ***ci sono*** molti monumenti. La mattina ***ci laviamo*** i denti, poi ***ci pettiniamo*** e ***ci vestiamo***.
Frequentemente **ci** è **pronome locativo**: sostituisce i nomi di **luoghi** o di **spazi**, con la preposizione **in**, **a**, ma anche **da** (da Antonio = a casa da Antonio).	Vai ***in Toscana***? Sì, ci vado domani. Abiti ***a Napoli***? Sì, ci abito da tre anni. Vai a cena ***da Antonio***? No, ci sono andato ieri.
Il pronome locativo **ci** può formare **una sola parola con infinito e gerundio**.	■ Torni a casa? ● Sì, ***voglio tornarci*** / ci voglio tornare.
La particella **ci** può significare anche **a questo**, **a (con) qualcuno**, **a qualcosa** (si usa in paricolare con *credere*, *pensare*, *parlare*, *riuscire*, *provare a fare qualcosa*, ecc.).	Sai che Maria si sposa? No, non ***ci credo***! Domani hai l'esame? Sì, ma non ***voglio pensarci***. Hai parlato con il tuo dottore? Sì, ***ci ho parlato***. Fare questa traduzione? ***Ci provo***, ma non ***ci riesco***.

18.2 USI SPECIALI DI *CI*

Alcuni verbi, collegati a **ci**, cambiano senso.

Volerci = è necessario / sono necessari. Si usa solo alla terza persona, singolare e plurale.	Per cambiare le cose ***ci vuole*** una rivoluzione! Per comprare quella casa ***ci vogliono*** molti soldi.
Metterci = impiegare una certa quantità di tempo.	Per finire questo lavoro ***ci metto*** due o tre giorni.
Vederci e **sentirci** = avere la possibilità o la capacità di vedere e sentire (diverso da *vedere* e *sentire* che invece di solito hanno un oggetto).	Senza occhiali non ***ci vedo***. Ma ***ci senti*** bene o no?
Contarci = fare affidamento su qualcuno o qualcosa.	Allora andiamo al cinema domani, ***ci conto***!

e inoltre...

18.3 USO RIDONDANTE DEL *CI*

Soprattutto nella lingua parlata, **ci** ha un uso "ridondante". Si usa cioè anche **insieme** al nome che vuole sostituire.	***A Firenze*** non ***ci*** vado mai. ***Con Maria ci*** parli tu? ***A casa ci*** resto sempre volentieri.

1 **Leggi il dialogo e spiega nella tabella i significati del pronome CI, come nell'esempio.**

Luca Ciao Giuseppe! Come stai?

Giuseppe Ciao Luca, bene grazie e tu?

Luca Io così così… sai che mi trasferisco ancora?

Giuseppe **Non ci credo**! E dove vai stavolta?

Luca Questa volta vado a vivere e lavorare in Liguria, a La Spezia.

Giuseppe **Ci siamo stati** per un paio di anni io e mia moglie. Una città piccola e tranquilla. **Ci puoi vivere bene**!

Luca Eh lo so! Il problema è dire a mia moglie che dobbiamo di nuovo cambiare casa. **Ci parli tu**?

Giuseppe Vuoi dire che tua moglie non sa ancora che cambiate casa?

Luca Ancora no! Devo trovare le parole giuste. Sai, non è facile.

Giuseppe Non c'è problema. Se vuoi **ci penso io**: dico a mia moglie Francesca di passare da lei e di parlarci. A la Spezia **c'è il mare**, vicino **ci sono le Cinque terre**, Porto Venere, Lerici… non è difficile raccontare come è bello vivere in quella città!

Luca Grazie Giuseppe sei un amico. Ma scherzavo, non c'è bisogno che ci parli tu. A proposito! Tu sei sempre a Napoli?

Giuseppe Sì, ma anche noi partiamo presto. **Ci trasferiamo** a Brindisi fra sei mesi.

Luca **Ci sono stato** tante volte! Non è male!

Giuseppe Certo certo… Il problema è dire a mia moglie che dobbiamo di nuovo cambiare casa. Ci parli tu?

Luca Ah ah, **non ci credo**! Anche tu non hai ancora detto niente? **Ci penso io** allora! Domani sera **ci incontriamo** tutti e quattro e voi parlate bene di La Spezia e noi di Brindisi.

Giuseppe Questa è una buona idea!

Luca Certo è difficile essere la moglie di marinai, sempre in giro per tutte le città di mare. A volte mi domando perché **ci hanno sposato**.

Giuseppe Come perché? Perché **ci trovano bellissimi**, perchè **ci amano** e perché conosciamo i migliori ristoranti di pesce del mondo!

Luca Giusto! E allora domani sera **ci vediamo** alle otto al ristorante *Il Pirata*. Va bene?

Giuseppe D'accordo!

1	Non ci credo	Non credo a quello che mi dici	9	Ci sono stato	______
2	Ci siamo stati	______	10	non ci credo	______
3	Ci puoi vivere bene	______	11	Ci penso io	______
4	Ci parli tu	______	12	ci incontriamo	______
5	Ci penso io	______	13	ci hanno sposato	______
6	c'è il mare	______	14	ci trovano bellissimi	______
7	ci sono le Cinque Terre	______	15	ci amano	______
8	Ci trasferiamo	______	16	ci vediamo	______

2 Indica se nelle frasi l'uso del **CI** è giusto o sbagliato.

				giusto	sbagliato
1	Vado in Francia	=	ci vado	☐	☐
2	Finisco in un minuto	=	ci finisco	☐	☐
3	Sto a casa	=	ci sto	☐	☐
4	Mangio a mezzogiorno	=	ci mangio	☐	☐
5	Abito da mia madre	=	ci abito	☐	☐
6	Vengo da Roma	=	ci vengo	☐	☐
7	Parlo con Maria	=	ci parlo	☐	☐
8	Parlo con ottimismo	=	ci parlo	☐	☐
9	Metto lo zucchero nel caffè	=	ci metto lo zucchero	☐	☐
10	Parto per Torino	=	ci parto	☐	☐

3 Scegli la forma corretta.

1. Per imparare bene una lingua ***ci vuole / ci vogliono*** tempo.
2. Finisco di vestirmi e arrivo: ***ci metto / ci mettono*** cinque minuti.
3. Per andare a Milano normalmente ci vogliono cinque ore. Ma io, con la mia Ferrari ***ho messo / ci ho messo*** solo quattro ore.
4. Ho una fame che non ***vedo / ci vedo***!
5. Se parli così piano non ***sento / ci sento*** una parola di quello che dici.
6. Per fare quel lavoro ***c'è voluto / ci sono volute*** più di dieci persone.
7. Per costruire la metropolitana, il Comune di Roma ***ha messo / ci ha messo*** venti anni.
8. Tu ***ci hai visto / hai visto*** quel film?
9. Per andare sulla neve ***vogliono / ci vogliono*** gli scarponi.
10. Se non ***ci mettete / mettete*** troppo tempo, vi aspettiamo sotto casa.

e inoltre...

4 In alcune frasi il **CI** è ridondante, cioè si può eliminare. In altre invece è necessario. Seleziona il **CI** ridondante.

1. Posso incontrare tua moglie e parlar**ci** un po'.
2. Con il fax oggi non **ci** lavora più nessuno.
3. Quello che è successo è incredibile! Non **ci** posso pensare!
4. Vado spesso in Francia, ma a Lione non **ci** sono stato mai.
5. Vivo a Bologna da molti anni e devo dire che **ci** sto bene.
6. Alla mia ex moglie non **ci** penso più: è una storia finita.
7. Ti piace la minestra? **Ci** ho messo un po' di peperoncino.
8. Quando siamo arrivati a casa **ci** siamo riposati un'oretta.
9. A cucinare **ci** penso io!
10. A Roma **ci** sono circa tre milioni di abitanti.

vai su www.alma.tv

Chi ce l'ha **CERCA**

nella rubrica **GRAMMATICA CAFFÈ**

Nella lingua scritta è corretta la forma "ce l'ho" o è preferibile "l'ho"?
È correttissima!

19. IL DISCORSO INDIRETTO

19.1 IL DISCORSO INDIRETTO. GENERALITÀ

Il **discorso diretto** (**DD**) riferisce le parole di qualcuno letteralmente. Il **discorso indiretto** (**DI**) (*ha detto che...*) è una reinterpretazione delle stesse parole.	**DD** → Maria: «Io leggo molto». **DI** → Maria ***dice*** che ***legge*** molto.
Se nel discorso diretto si usa un **presente**, nell'indiretto (introdotto da verbo passato. **Es.** *ha detto che...*) si usa **di solito l'imperfetto**.	**DD** → Maria (un anno fa):«Io ***leggo*** molto». **DI** → Maria ***ha detto*** che ***leggeva*** molto.
Si può usare l'**imperfetto** anche quando ripeto le parole di una persona che ha usato il futuro (o il presente con valore di futuro) **se il suo futuro per me è passato.**	**DD** → Maria, un anno fa, ha detto:«Forse domani ***sto*** a casa». **DI** → Maria ***ha detto*** che forse il ***giorno dopo stava*** a casa.
Nel discorso indiretto introdotto da verbo passato cambiano di solito tutte le **determinazioni di spazio e di tempo**. In particolare: **fa** → **prima** **fra / tra** → **dopo** **qui** → **lì, là** **questo** → **quello** **ieri** → **il giorno prima** **oggi** → **quel giorno** **domani** → **il giorno dopo**	**DD** → Maria un anno fa ha detto:«Parto fra due giorni». **DI** → Maria ha detto che partiva ***due giorni dopo***. **DD** → Maria: «Questa storia è interessante». **DI** → Maria ha detto che ***quella*** storia ***era*** interessante. **DD** → Maria: «Oggi fa caldo». **DI** → Maria ha detto che ***quel giorno faceva*** caldo.
Queste regole sono solo **indicazioni**. I cambiamenti delle parole di tempo e di spazio dipendono sempre dalla **mia** posizione nel tempo e nello spazio (dalla posizione cioè di chi formula il discorso indiretto).	**DD** → Maria: «***Lavoro qui a Roma***». **DI** → (se IO sono a Roma) Maria ha detto che ***lavorava QUI a Roma***. **DI** → (se IO NON sono a Roma) Maria ha detto che ***lavorava LÌ a Roma***.
Se il discorso indiretto introdotto da *ha detto che* riporta un'informazione **ancora valida nel presente**, i tempi verbali restano uguali.	**DD** → Maria: «***Sono*** dottoressa e ***lavoro*** a Berlino!». **DI** → Maria ha detto che ***è*** dottoressa e ***lavora*** a Berlino.

1 Trasforma in discorso diretto le parole che Antonio ha detto a Paolo e Francesca.

Antonio ha detto a Paolo e Francesca che quella mattina non si sentiva bene e non aveva voglia di andare a lavorare. Ma doveva andarci assolutamente perché dopo due giorni cominciavano le vacanze di Natale e lui doveva finire un lavoro importante. Per questo ha detto che prendeva un'aspirina, faceva colazione e usciva subito di casa. Per andare in ufficio ci volevano almeno trenta minuti a piedi. Ma con la macchina ci metteva solo dieci minuti. Il giorno prima era già arrivato in ritardo e non voleva certo fare tardi anche quel giorno.

Antonio ha detto a Paolo e Francesca:

«Questa mattina non mi sento bene e ____________________

____

____

2 Trasforma le frasi al discorso indiretto, come nell'esempio.

Dieci anni fa Antonio ha detto a Paolo e Francesca:	Antonio ha detto a Paolo e Francesca che..
Es. «Faccio colazione alle otto»	*faceva colazione alle otto.*
1 «Io e mia sorella beviamo il caffè senza zucchero»	____________
2 «Lui dice sempre la verità»	____________
3 «Oggi è una bella giornata»	____________
4 «Qui a Reykjavik abbiamo un ottimo salmone»	____________
5 «Ieri ero davvero molto stanco»	____________
6 «Domani esco con mia moglie»	____________
7 «Vostro fratello mangia poco»	____________
8 «Noi ci svegliamo sempre alle sette»	____________
9 «Amo l'Italia e ci abito volentieri»	____________
10 «Quel film è veramente brutto!»	____________
11 «Carlo deve lavorare oggi e anche domani»	____________
12 «Se voi volete posso restare ancora dieci minuti»	____________
13 «Non potete usare sempre la mia macchina»	____________
14 «Conosco bene vostro figlio!»	____________
15 «Io so come si fa un vero caffè»	____________
16 «Questa mattina sto qui a casa e mi riposo»	____________
17 «Per andare a casa ci vogliono venti minuti»	____________
18 «Da un po' di giorni non ci sento bene»	____________
19 «Da un po' di giorni non mi sento bene»	____________
20 «Con Maria ci parlo io»	____________
21 «Fra una settimana è Natale»	____________
22 «Una settimana fa era ancora estate e oggi fa freddo»	____________
23 «Io e Marco siamo amici e ci diamo del tu»	____________
24 «Qui a Milano piove sempre»	____________
25 «Sto leggendo un bel libro»	____________
26 «Sto per partire per le vacanze»	____________
27 «Non c'è problema!»	____________
28 «Per andare a casa ci vogliono due ore»	____________

lettura 6. CAMERA IN AFFITTO

Una studentessa universitaria cerca una camera in affitto a Roma. Legge gli annunci sul giornale e fa qualche telefonata.

Telefonata 1

Uomo	Pronto?
Ragazza	Buongiorno. Volevo delle informazioni a proposito di quella camera in affitto.
Uomo	Buongiorno signorina... perché lei è signorina, vero?
Ragazza	Sì, sono una studentessa universitaria.
Uomo	Be', allora è certamente molto giovane.
Ragazza	Ho ventidue anni.
Uomo	Ventidue anni, eh? Bene bene, vediamo. Si tratta di una camera grande, con una terrazza, in un appartamento a Rione Monti, in centro e non lontano dall'università.
Ragazza	E quante persone vivono in questo appartamento?
Uomo	Ci vivo io... e basta.
Ragazza	Ho capito. E il prezzo?
Uomo	Mah... non so... Veramente non ci ho pensato. Lei quanto vuole spendere?
Ragazza	Io?
Uomo	Va bene, ho capito. Facciamo così. Io stasera sono libero. Se vuole può venire qui, ci conosciamo, lei guarda l'appartamento, beviamo qualcosa e parliamo un po' del prezzo. D'accordo?
Ragazza	No... veramente stasera non posso.
Uomo	Perfetto. Domani sera, allora.
Ragazza	No, casomai[1] ritelefono. Grazie per l'informazione eh.
Uomo	Va bene, aspetto una sua telefonata allora, signorina... e il suo nome?
Ragazza	Silvana, mi chiamo Silvana. Arrivederci eh?
Uomo	Sì, ciao Silvana, a presto.

Telefonata 2

Donna	(*Ad alta voce, quasi strillando*) Pronto?
Ragazza	Pronto?
Donna	Pronto, chi parla?
Ragazza	(*Alza un po' la voce*) Chiamo per la camera!
Donna	(*Parla a dei bambini in casa*) Shhhh! Non sento niente! (*Poi alla ragazza*) Vuole affittare la camera?
Ragazza	Volevo delle informazioni.
Donna	L'appartamento è sulla via Prenestina, a quaranta minuti dal centro.
Ragazza	Ci sono altri studenti nell'appartamento?
Donna	No, no. Ci viviamo solo io, mio marito e i miei quattro bambini. (*Poi parla di nuovo ai bambini*) E state un po' zitti!!! Mi fate morire voi!
Ragazza	Grazie per l'informazione. E quanto costa?
Donna	... La posta? Sì sì, è vicino a casa.
Ragazza	Va bene... ho capito. Grazie per l'informazione.
Donna	No... non c'è la stazione! Che fa? Viene a vedere l'appartamento?
Ragazza	Non so, casomai richiamo. Arrivederci.
Donna	Va bene, arrivederci! (*Ai bambini*) Visto? Per colpa vostra non capisco mai niente!!!

[1] casomai → sinonimo di "forse", "eventualmente", "magari". Si usa in contesti informali.

Telefonata 3

Ragazza — Pronto, buongiorno. Chiamo per la camera in affitto.

Uomo — La camera? Ah, ho capito. Ma veramente in questo momento mia moglie non c'è... comunque può dire a me... lei è una studentessa?

Ragazza — Sì, studio medicina qui all'università e...

Uomo — Va bene. Se vuole può venire oggi pomeriggio a vedere l'appartamento. Magari[2] se ci viene dopo le cinque c'è anche mia moglie; è meglio.

Ragazza — Sì, però io volevo qualche informazione: quante persone abitano nell'appartamento... la zona... quanto costa...

Uomo — Allora: l'appartamento ha tre stanze. La zona è il quartiere di San Lorenzo, a due passi[3] dell'università. Il prezzo... Ma se parla con mia moglie è meglio. Io non so con esattezza...

Ragazza — Bene. Posso venire oggi pomeriggio allora?

Uomo — Sì. Se telefona alle tre c'è mia moglie: ci parla e si mette d'accordo con lei, va bene?

Ragazza — Va bene. Grazie e arrivederla.

Telefonata 4

Ragazza — Buongiorno. Chiamo per la camera in affitto.

Donna — (*Con "erre moscia[4]"*) Pronto? Il suo nome, per cortesia?

Ragazza — Sì, mi chiamo Silvana, Silvana Puddu.

Donna — Ah, è sarda. È maggiorenne[5]?

Ragazza — Ho... ventitré anni e studio medicina all'università.

Donna — La sua famiglia dove vive?

Ragazza — I miei[6] vivono a Sassari.

Donna — Bene signorina Puddu. Voglio essere chiara subito. Questa è una famiglia seria: ci abitiamo mia figlia Ludmilla ed io. Abbiamo una camera libera disponibile, ma le condizioni sono queste: non deve fare nessun tipo di rumore, musica, radio, televisione o altro. La sera alle undici qui si va a dormire. Se lei è venuta a Roma per studiare questo è il posto ideale e si troverà bene. Se c'è venuta per altri motivi ha sbagliato indirizzo. Il prezzo è di settecento euro euro al mese, tutto compreso. Ah, dimenticavo: la camera è grande, luminosa e ha un suo bagnetto privato.

Ragazza — Grazie per le informazioni, signora. Ci penso e eventualmente[7] ritelefono.

Telefonata 5

Ragazza — Pronto, buongiorno. Chiamo per quell'annuncio a proposito di una camera in affitto...

Ragazzo — (*Mastica un chewingum*) Sì, puoi parlare con me. Io sono Luca.

Ragazza — Ciao Luca. Volevo sapere qualcosa sull'appartamento.

Ragazzo — Guarda, è un appartamento grande con cinque camere. Una camera è doppia e ci sono due studentesse straniere. In una singola ci sono io che studio architettura all'università. Poi in una camera c'è un mio amico studente e nell'altra un ragazzo che lavora qui a Roma. L'ultima stanza è libera. Oltre all'affitto ci sono le spese di telefono, luce, gas, eccetera. È in via Nomentana; l'università è vicina. La zona è buona, davvero.

Ragazza — Sì, ci credo. Posso venire a vedere la casa oggi pomeriggio? Diciamo alle quattro?

Ragazzo — Come no? Ci puoi venire quando vuoi. In casa c'è sempre qualcuno.

Ragazza — Va bene, vengo sicuramente più tardi allora. Ciao.

---

[2] magari → sinonimo di "forse", "eventualmente", "casomai".
[3] a due passi → molto vicino.
[4] erre moscia → è un difetto di pronuncia: la lettera "r" viene pronunciata "alla francese".
[5] maggiorenne → chi ha più di 18 anni. Chi ha meno di 18 anni si chiama minorenne.
[6] i miei → i miei genitori.
[7] eventualmente → modo più formale per dire "forse", "magari", "casomai".

Esercizi

1 **Per ogni telefonata prova a immaginare la persona che parla al telefono con la ragazza e a descriverla. Usa la fantasia e prova a dare delle risposte alle domande della tabella.**

Quanti anni ha?	Come è vestita/o?	Che lavoro fa?
Qual è la sua condizione culturale?	Qual è la sua condizione sociale ed economica?	Qual è la sua situazione familiare?
Com'è fisicamente?	Com'è di carattere?	Altro

2 **Completa le frasi con le preposizioni semplici o articolate.**

1 Volevo _____ informazioni a proposito di quella camera.
2 Si tratta di un appartamento molto vicino _____ università.
3 L'appartamento è a quaranta minuti _____ centro.
4 La posta è vicino _____ casa.
5 Che fa? Viene _____ vedere l'appartamento?
6 _____ colpa vostra non capisco mai niente!
7 Veramente _____ questo momento mia moglie non c'è.
8 Quante persone abitano _____ appartamento?
9 L'appartamento è _____ via Nomentana.
10 Se telefona _____ tre, troverà mia moglie.
11 I miei genitori abitano _____ Sassari.
12 La sera _____ undici qui si va a dormire.
13 Chiamo perché ho letto quell'inserzione _____ giornale.
14 Volevo sapere qualcosa _____ appartamento.
15 Posso venire a vedere la casa oggi pomeriggio _____ quattro?
16 Io vivo _____ Sardegna.
17 L'appartamento non è lontano _____ centro.
18 Vado a dormire _____ un amico (*a casa sua*).

3 **Completa le risposte con CI + verbo.**

1 ▼ Parli con mia moglie? ● _____________________ ieri.
2 ▼ Hai pensato al prezzo? ● _____________________ domani.
3 ▼ Sei stato in Italia? ● _____________________ l'anno scorso.
4 ▼ Quante persone ci sono nell'appartamento? ● _____________________ tre persone.
5 ▼ Vai all'università? ● _____________________ l'anno prossimo.
6 ▼ Vieni a vedere l'appartamento? ● _____________________ oggi.

4 Trasforma le battute al discorso indiretto, come nell'esempio.

Es. Ragazza - Volevo delle informazioni a proposito di quella camera in affitto.
La ragazza ha detto che voleva delle informazioni a proposito di quella camera in affitto.

Uomo - Buongiorno signorina... perché lei è signorina, vero?
L'uomo ha salutato e ha chiesto subito se era davvero "signorina".

1 **Ragazza** - Sono una studentessa universitaria.

2 **Uomo** - Be', allora è certamente molto giovane...

3 **Ragazza** - Ho ventidue anni.

4 **Uomo** - Ventidue anni, eh? Bene bene, vediamo. Si tratta di una camera grande.

5 **Ragazza** - E quante persone vivono in questo appartamento?

6 **Uomo** - Ci vivo io... e basta.

7 **Ragazza** - Ho capito. E il prezzo?

8 **Uomo** - Mah... non so... Veramente non ci ho pensato. Lei quanto vuole spendere?

9 **Ragazza** - Io?

10 **Uomo** - Va bene, ho capito. Possiamo fare così. Io stasera sono libero. Se vuole lei può venire qui, ci conosciamo, lei guarda l'appartamento, beviamo qualcosa e parliamo un po' del prezzo. D'accordo?

11 **Ragazza** - No... veramente stasera sono già impegnata. Non posso.

12 **Uomo** - Perfetto. Domani sera, allora.

13 **Ragazza** - No, casomai ritelefono. Grazie per l'informazione eh.

14 **Uomo** - Va bene, aspetto una sua telefonata allora, signorina... e il suo nome?

15 **Ragazza** - Silvana, mi chiamo Silvana. Arrivederci eh?

16 **Uomo** - Sì, ciao Silvana... a presto.

20. I PRONOMI DIRETTI

20.1 I PRONOMI DIRETTI

Moltissimi verbi possono avere un **oggetto diretto**, cioè un nome collegato "direttamente" al verbo, senza preposizione.	Io leggo ***un libro***. Tu senti ***una musica***. Lui mangia ***gli spaghetti***. Noi compriamo ***le paste***.
L'oggetto diretto si può sostituire con un **pronome diretto**. I pronomi diretti di terza persona sono: → lo (lui, maschile singolare) → la (lei, femminile singolare) → li (loro, maschile plurale) → le (loro, femminile plurale)	■ Mangi ***il pollo***? ● Sì, ***lo*** mangio volentieri! ■ Senti ***la musica***? ● Sì, ***la*** sento spesso! ■ Mangi ***gli spaghetti***? ● No, non ***li*** mangio mai. ■ Compri ***le paste***? ● ***Le*** compro solo la domenica!
Altri pronomi diretti sono mi, ti, ci, vi.	■ ***Mi*** senti quando parlo? ● Certo, ***ti*** sento benissimo.

20.2 LA POSIZIONE DEI PRONOMI DIRETTI

I pronomi diretti sono normalmente prima del verbo coniugato.	***Lo vedo***; ***la sento***; ***ti incontro***; ***le guardo***; ecc.
Se il verbo è all'**infinito** o al **gerundio** i pronomi diretti possono (ma non devono necessariamente) formare una sola parola con l'infinito o con il gerundio.	■ Devi leggere ***quel libro***? ● Sì, ***lo devo leggere / devo leggerlo***. ■ Stai aspettando ***le tue amiche***? ● Sì, ***le sto aspettando / sto aspettandole***.
Quando i pronomi diretti lo / la / li / le sono prima di un tempo composto, il participio passato del verbo **si accorda con il pronome**.	■ Hai letto ***quel libro***? ● Sì, ***lo*** ho ***letto***. ■ Hai sentito ***questa musica***? ● Sì, ***la*** ho ***sentita***. ■ Hai mangiato ***i dolci***? ● Sì, ***li*** ho ***mangiati***. ■ Hai comprato ***le caramelle***? ● Sì, ***le*** ho ***comprate***.

e inoltre...

20.3 IL PRONOME DIRETTO *LO* PER LE FORME *ESSERE / DIVENTARE* + AGGETTIVO

Il pronome diretto che si riferisce all'aggettivo che fa parte della forma essere / diventare + **aggettivo** è sempre lo e non si accorda con il participio passato.	■ ***È bella*** la vita eh? ● Sì sì, ***lo*** è! ■ Siete ***diventati pazzi***? ● Sì, ***lo*** siamo diventati davvero!

1 Si può usare un pronome diretto al posto delle parole scritte in neretto?

		si	no
1	abitare **in Italia**	☐	☐
2	accendere **la tv**	☐	☐
3	amare **una persona**	☐	☐
4	arrivare **tardi**	☐	☐
5	aspettare **l'autobus**	☐	☐
6	camminare **per strada**	☐	☐
7	cantare **una canzone**	☐	☐
8	chiedere **a qualcuno**	☐	☐
9	chiudere **la porta**	☐	☐
10	domandare **una informazione**	☐	☐
11	dormire **troppo**	☐	☐
12	entrare **in un appartamento**	☐	☐
13	lavorare **tre ore**	☐	☐
14	partire **per le vacanze**	☐	☐
15	pensare **a qualcosa**	☐	☐
16	perdere **la chiave di casa**	☐	☐
17	portare **un libro**	☐	☐
18	prendere **un caffè**	☐	☐
19	rispondere **al professore**	☐	☐
20	tornare **a casa**	☐	☐
21	scrivere **a un amico**	☐	☐
22	sentire **la radio**	☐	☐
23	vedere **un film**	☐	☐
24	vivere **in America**	☐	☐

2 Abbina le domande alle risposte giuste, come nell'esempio.

1	*Apri le finestre?*	A	Lo apro.
2	Apri la porta?	B	La apro.
3	Apri il libro?	C	*Le apro.*
4	Prendi la valigia?	D	Lo prendo.
5	Prendi l'autobus?	E	La prendo.
6	Prendi le borse?	F	Le prendo.
7	Lavi la macchina?	G	Lo lavo.
8	Lavi il vestito?	H	La lavo.
9	Lavi i piatti?	I	Li lavo.

1. C • 2. ___ • 3. ___ • 4. ___ • 5. ___ • 6. ___ • 7. ___ • 8. ___ • 9. ___

3 Rispondi alle domande e usa i pronomi diretti, come nell'esempio.

Es. Hai bevuto la birra? *Sì, l'ho bevuta.*

1 Voi avete scritto un'email? ___
2 Hai vinto la partita a tennis? ___
3 Hai mangiato gli spaghetti? ___
4 Hai comprato le fragole? ___
5 Hai invitato Luca alla festa? ___
6 Hai preparato le lasagne? ___
7 Hai visto il film al cinema? ___
8 Hai pagato il conto al ristorante? ___
9 Hai conosciuto questo artista? ___
10 Hai sentito la radio? ___
11 Hai fatto colazione? ___
12 Hai perso le chiavi di casa? ___
13 Hai chiuso la porta? ___
14 Hai acceso la candela? ___

4 **Guarda i titoli dei due film e spiega la posizione dei due pronomi LO.**

1 **Lo** chiamavano Trinità:

2 Continuavano a chiamar**lo** Trinità:

5 Completa i testi con i pronomi diretti e scegli le risposte.

Passione e tradimenti al cinema

1 Marcello Mastroianni e Stefania Sandrelli sono gli attori di questo film diretto da Pietro Germi nel 1961. Tutti gli italiani _____ conoscono! Il film parla di un'Italia senza legge sul divorzio (legge arrivata nel 1970) e ancora con il "delitto d'onore" (cancellato nel 1981). Qual è il titolo del film?

A Sedotta e abbandonata | B Divorzio all'italiana | C C'eravamo tanto amati

2 *La ragazza con la pistola* è un film del 1968 diretto da Mario Monicelli. L'attrice protagonista è una tra le più importanti del cinema italiano. _____ possiamo vedere anche in ruoli drammatici nei film di Michelangelo Antonioni e in ruoli brillanti vicino ad Alberto Sordi. Come si chiama questa famosa attrice italiana?

A Claudia Cardinale | B Monica Vitti | C Sofia Loren

3 *Travolti da un insolito destino nell'azzurro mare di agosto* è un film del 1974 diretto da Lina Wertmüller. L'attore protagonista è Giancarlo Giannini. _____ vediamo nel ruolo di un marinaio meridionale e comunista. L'attrice protagonista è Mariangela Melato. _____ vediamo nel ruolo di una ricca signora milanese. I due personaggi si trovano soli, su un'isola deserta del Mediterraneo. Nasce tra loro una fortissima passione. Il *remake* americano del 2002 ha vinto molti premi come peggior film dell'anno. Chi è l'attrice protagonista nel remake americano?

A Cameron Diaz | B Gwineth Paltrow | C Madonna

6 Scrivi il pronome diretto e decidi se le frasi sono vere o false.

	vero	falso
1 Gli italiani quando entrano in casa normalmente si tolgono le scarpe e ____ mettono vicino alla porta dell'ingresso.	☐	☐
2 Le vacanze scolastiche estive in Italia durano più di 5 mesi, dal 20 maggio ai primi di novembre. I ragazzi ____ passano di solito al mare.	☐	☐
3 In Italia gli "spaghetti alla bolognese" si trovano facilmente sul menù di qualunque ristorante.	☐	☐
4 La mimosa è un fiore giallo. Le donne ____ ricevono come regalo in particolare l'8 marzo, giorno della festa della donna.	☐	☐
5 Gli attori italiani non mettono vestiti viola in tv e non ____ mettono durante uno spettacolo teatrale perché porta sfortuna.	☐	☐
6 Il cappuccino è una bevanda famosa in tutto il mondo, ma gli italiani di solito non ____ bevono dopo pranzo.	☐	☐
7 Il Campari si beve in tutto il mondo, ma per tradizione gli italiani ____ bevono soltanto dopo cena.	☐	☐
8 Gli italiani hanno normalmente i capelli castani, ma molti siciliani ____ hanno biondi perché in Sicilia, molti secoli fa ci sono stati i Normanni, un popolo del nord Europa.	☐	☐
9 Le sigarette in Italia si vendono dal tabaccaio e dal giornalaio ma da pochi mesi gli italiani ____ possono comprare anche al supermercato.	☐	☐

7 Leggi la lista e rispondi alle domande completando il participio passato. Segui l'esempio.

Agosto: Marco sta per partire per il mare. Secondo te cosa ha messo in valigia?

Es. Marco ha preso… i pantaloni? - Sì… li ha presi.

Marco ha preso…	1 l'accappatoio?	Sì… / No, non…	li ha pres__
	2 I calzettoni?		li ha pres__
	3 I calzini?		li ha pres__
	4 la sciarpa?		l'ha pres__
	5 le camicie?		l'ha pres__
	6 il costume da bagno?		l'ha pres__
	7 la giacca a vento?		l'ha pres__
	8 gli scarponi?		le ha pres__
	9 i guanti?		li ha pres__
	10 le infradito?		le ha pres__
	11 le mutande?		le ha pres__
	12 I pantaloncini?		li ha pres__
	13 il pigiama?		l'ha pres__
	14 i sandali?		li ha pres__

8 Scegli la risposta giusta.

1 Hai abitato in Italia? a Sì, l'ho abitata. b Sì, ci ho abitato.
2 Sei arrivato tardi? a Sì, lo sono arrivato. b Sì, sono arrivato tardi.
3 Hai comprato i biglietti? a Sì, li ho comprati. b Sì, ci ho comprato.
4 Sei tornato a casa? a Sì, la sono tornata. b Sì, ci sono tornato.
5 Hai vissuto a Roma? a Sì, l'ho vissuta. b Sì, ci ho vissuto.
6 Hai letto il giornale? a Sì, l'ho letto. b Sì, ci ho letto.
7 Hai preso il pane? a Sì, l'ho preso. b Sì, ci ho preso.
8 Hai parlato con Maria? a Sì, l'ho parlata. b Sì, ci ho parlato.
9 Hai affittato un appartamento? a Sì, l'ho affittato. b Sì, ci ho affittato.
10 Hai pensato tu a cucinare? a Sì, l'ho pensato io. b Sì, ci ho pensato io.

e inoltre...

9 Inserisci il pronome opportuno. Attenzione: alcune frasi hanno il pronome LO con valore neutro.

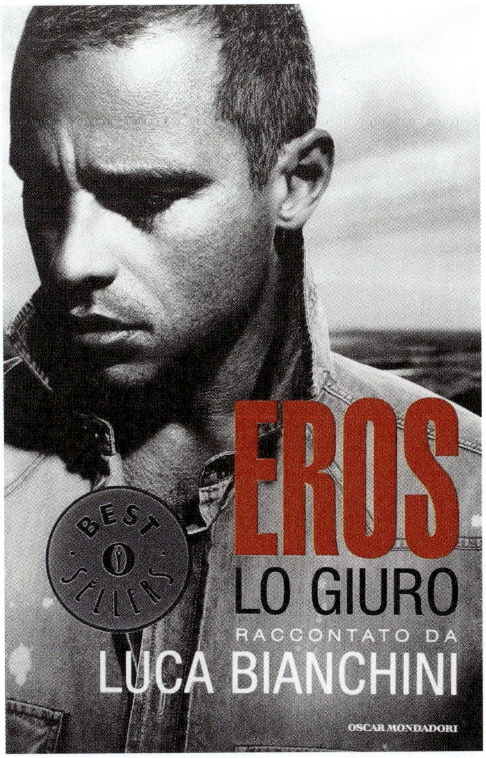

1 ■ Sei diventata grande!
● Sì, ______ sono diventata.

2 ■ Sai che Paola si è sposata?
● Sì, ______ so!

3 ■ Hai visto Giulia ieri sera?
● Sì, ______ ho vista.

4 ■ Avete visitato Firenze e Lucca?
● No, non ______ abbiamo visitate.

5 ■ La torta di Maria è buona?
● No, non ______ è.

6 ■ Hai finito il libro?
● Sì, ______ ho quasi finito.

7 ■ Carla e Lavinia sono diventate maggiorenni?
● Sì, ______ sono diventate.

8 ■ Conosci il Signor Farfagliuso?
● No, non ______ conosco.

9 Carlo e Giuseppe si credono intelligenti, ma non ______ sono.

10 ■ Hanno visto la televisione?
● Sì, ______ hanno vista.

Se la frase comincia con l'oggetto, devo assolutamente usare un pronome ridondante o posso evitarlo?

Bisogna usarlo assolutamente.

Es. *Il libro **l'**ho letto io* è giusto. **Il libro ho letto io* è sbagliato.

21. I PRONOMI INDIRETTI

21.1 I PRONOMI INDIRETTI

Alcuni verbi usano frequentemente la costruzione con la preposizione **a**. Fra questi ci sono quasi tutti i verbi che indicano "comunicazione" (*dire, domandare, rispondere*, ecc.).	Domando (qualcosa) ***a*** un'amica. Rispondo ***a*** una persona. Dico (qualcosa) ***a*** un uomo. Telefono ***al*** dottore. Scrivo ***a*** una donna.
Altri verbi che usano la costruzione con **a** sono: *bastare, piacere, dispiacere, servire, interessare*.	La cioccolata piace ***a*** questo bambino. Il computer serve ***a*** mio fratello. ***A*** lui i soldi non bastano mai.
Al posto del nome introdotto da **a**, si può usare un **pronome indiretto**. I pronomi indiretti di terza persona sono: → **gli** (a lui) → **le** (a lei) → **gli** (a loro) Altri pronomi indiretti sono: → **mi** (a me) → **ti** (a te) → **ci** (a noi) → **vi** (a voi)	■ Rispondi ***al professore***? ● Sì, ***gli*** rispondo. ■ Telefoni ***a Lucia***? ● Sì ***le*** telefono. ■ La cioccolata piace ***ai tuoi figli***? ● Sì, ***gli*** piace molto! ***Mi*** puoi restituire il libro che ti ho prestato? ***Ti*** serve questa penna? Questa notizia ***ci*** interessa molto. Se ***vi*** interessa, il buffet è aperto.
Attenzione: quando la preposizione **a** indica un **luogo** non si usa il pronome indiretto ma la particella pronominale **ci** (vedi capitolo **18.1**)	■ Vai ***a Roma***? ● Sì, ***ci*** vado.

21.2 LA POSIZIONE DEI PRONOMI INDIRETTI

I pronomi indiretti sono normalmente **prima** del verbo coniugato.	***Gli mando*** una email; ***le scrivo*** una lettera; ***gli ho parlato*** ieri, ecc.
Se il verbo è all'**infinito** o al **gerundio** il pronome indiretto può (ma non deve necessariamente) formare una sola parola con l'infinito o con il gerundio.	■ Vi interessa questa notizia? ● Sì, ***ci può interessare*** / Sì, ***può interessarci***. ■ Stai telefonando a tuo padre? ● Sì, ***gli sto telefonando*** / Sì, ***sto telefonandogli***.
Quando i pronomi indiretti sono prima di un **tempo composto**, il participio passato del verbo **non** si concorda con il genere del pronome (così come succede con i pronomi diretti). Bisogna quindi fare attenzione al pronome ***le*** che può essere pronome diretto o indiretto.	■ Hai dato il libro a Rosa? ● Sì, ***le*** è piaciuto molto. ■ Hai telefonato a Maria? ● Sì, ***le*** ho telefonato. ■ Hai mangiato le lasagne? ● Sì, ***le*** (pronome diretto) ho mangiat***e***.

e inoltre...

21.3 VERBI CHE USANO FREQUENTEMENTE I PRONOMI INDIRETTI

Oltre ai verbi elencati in **21.1**, ci sono molti altri verbi, spesso fraseologici, che hanno un "rapporto fisso" con i pronomi indiretti. Fra questi:

andare - **mi va** (= ho voglia); **sapere** - **mi sa** (= credo, penso); **venire in mente** - qualcosa **viene in mente** a qualcuno; **stare bene** - qualcosa **sta bene** a qualcuno **dovere** - **dovere** qualcosa a qualcuno (= essere debitore); **costare** - qualcosa **costa** a qualcuno; **mettere paura** - qualcosa **mette paura** a qualcuno; **vietare** - **vietare** qualcosa a qualcuno; **volere bene** - **volere bene** a qualcuno (= amare).	Oggi ***non mi va*** il caffè, grazie. ***Mi sa*** che oggi resto a casa... Ho conosciuto Raffaella ma ora ***non mi viene in mente*** il suo viso. Mi dispiace ma la tua proposta ***non mi sta bene***. Allora... pane, prosciutto, mozzarella... ***mi deve*** sette euro e venti. Bello quell'anello! Quanto ***ti è costato***? Quel film ***ti ha messo paura***? Mia madre ***mi vietava*** di fumare in casa. Lui è innamorato: ***le vuole*** davvero ***bene***.

21.4 IL VERBO *PENSARE* E I PRONOMI

Il verbo **pensare** può avere due costruzioni:

Costruzione con un "oggetto diretto" (meno frequente).	Queste cose... molte persone ***le pensano*** e nessuno le dice!
Costruzione con preposizione **a** (più frequente). Attenzione: in questo caso il verbo pensare **non** può essere collegato ai pronomi indiretti di terza persona **gli** e **le**. Si deve usare la particella pronominale **ci**.	Penso ***a Maria*** → ***ci penso***; penso ***a te*** → ***ti penso***; pensi ***a me***? → ***mi*** pensi?; Pensi ancora ***a lei***? → ***Ci*** pensi ancora? Non pensare ***a loro***! → Non ***ci*** pensare! Penso ***ai miei problemi*** → ***Ci*** penso.

NON E' VERO MA CI CREDO

La polizia ha liberato la ragazza
Lega la figlia sul balcone perché le ha rubato soldi

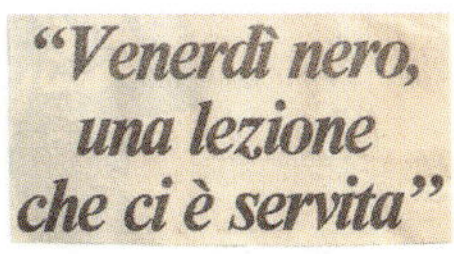
"Venerdì nero, una lezione che ci è servita"

«La Rai non mi piace e non pago il canone»

'Gli ho sparato ma è stato un tragico sbaglio'

Pronipote di Salgari uccide una donna: «Mi era antipatica»

Per la terza persona plurale è più giusto usare il pronome indiretto *gli*, o è meglio usare *loro*?

Fino a qualche decennio fa, per tradizione scolastica, si doveva dire *ho dato* ***loro*** e l'altra forma (***gli*** *ho dato*) era considerata scorretta. In realtà sono correttissime tutte e due, ma, per una sopravvivenza di quella tradizione scolastica, la forma *ho dato* ***loro*** è percepita come più alta e formale.

Esercizi

1 Trova, nei titoli dei giornali della pagina precedente, i pronomi indiretti, e prova a indicare a cosa si riferiscono.

2 Si può usare un pronome indiretto al posto delle parole scritte in neretto?

		sì	no
1	abitare **a Roma**	☐	☐
2	accendere **la tv**	☐	☐
3	andare **al cinema**	☐	☐
4	arrivare **a mezzogiorno**	☐	☐
5	aspettare **il tram**	☐	☐
6	camminare **per strada**	☐	☐
7	canticchiare **una canzone**	☐	☐
8	chiedere cento euro **a qualcuno**	☐	☐
9	dispiacere **a mia sorella**	☐	☐
10	domandare **una informazione**	☐	☐
11	scrivere **una lettera**	☐	☐
12	scrivere **a un amico**	☐	☐
13	lavorare **tre ore**	☐	☐
14	partire **per le vacanze**	☐	☐
15	entrare **in un appartamento**	☐	☐
16	perdere **la chiave di casa**	☐	☐
17	piacere **a una donna**	☐	☐
18	fare un regalo **al fidanzato**	☐	☐
19	rispondere **al professore**	☐	☐
20	tornare **a casa**	☐	☐
21	telefonare **alla mamma**	☐	☐
22	viaggiare **a piedi**	☐	☐
23	leggere **un libro**	☐	☐
24	prestare **la macchina**	☐	☐

3 Completa la tabella, come nell'esempio.

Ieri Roberto	1 ___mi___ (a me)	ha dato un ottimo consiglio.
	2 ______ (a te)	
	3 ______ (a lui)	
	4 ______ (a lei)	
	5 ______ (a noi)	
	6 ______ (a voi)	
	7 ______ (a loro)	

4 Completa con i pronomi indiretti.

Ho incontrato Lorenzo e Francesca l'altro giorno: quando _____ ho parlato erano tutti e due molto preoccupati. La loro figlia infatti è in vacanza in India e non _____ telefonava da una settimana: sicuramente non _____ era successo niente di male, ma di solito chiamava ogni tre giorni. Francesca voleva telefonare all'ambasciata, ma io _____ ho detto che forse era ancora troppo presto per fare cose di questo tipo. _____ è dispiaciuto vederli così perché _____ voglio molto bene.
Per fortuna ieri mattina Marco mi ha detto che la figlia, finalmente, _____ ha telefonato. Come immaginavo non _____ era successo niente di grave: semplicemente _____ si era rotto il telefonino.

5 Rispondi alle domande e usa un pronome indiretto.

1 Hai scritto **a Maria**? ______
2 **Vi** è piaciuto lo spettacolo? ______
3 Hanno regalato una cravatta **ad Alessandro**? ______
4 **A Paolo e Giuseppe** basta un etto di pasta? ______
5 **Ci** avete portato i biglietti per il concerto? ______
6 **Mi** dai le chiavi per favore? ______
7 **Ti** ho raccontato la favola di Cenerentola? ______
8 Hai risposto **a Franca e Luisa**? ______

6 Indica, per ogni frase, qual è il significato giusto tra le due possibilità, come nell'esempio.

Es. Vittoria gli risponde domani.
✗**A** Vittoria risponde a Marco domani.
B Vittoria risponde ad Arianna domani.

1 **Emma l'ha comprata stamattina.**
A Emma ha comprato un libro stamattina.
B Emma ha comprato una penna stamattina.

2 **Ci chiami domani?**
A Chiami noi domani.
B Chiami loro domani.

3 **Ti posso accompagnare all'aeroporto.**
A Posso accompagnare te all'aeroporto.
B Puoi accompagnare me all'aeroporto.

4 **L'hai preso?**
A Hai preso l'ascensore?
B Hai preso la moto?

5 **Gli hai detto la verità.**
A Hai detto la verità a Marco.
B Hai detto la verità a Maria.

6 **Gli ho scritto una lettera.**
A Ho scritto una lettera ai nonni.
B Ho scritto una lettera a Claudia.

7 **Ci è piaciuta la giornata passata insieme.**
A A noi è piaciuta la giornata passata insieme.
B A voi è piaciuta la giornata passata insieme.

8 **Vi ho telefonato alle quattro.**
A Ho telefonato a te e a Marco alle quattro.
B Loro hanno telefonato a noi alle quattro.

9 **Li hai visti?**
A Hai visto il mio attore preferito.
B Hai visto i miei attori preferiti.

7 In questo testo ci sono molte ripetizioni. Utilizza i pronomi (pronomi soggetto, diretti, indiretti o particella CI) opportuni e riscrivi le parti evidenziate, come nell'esempio.

Conosco Roberto da molti anni. È veramente una persona meravigliosa. Ogni giorno **penso a Roberto** (ci penso) e **telefono a Roberto** (______). Qualche volta **chiamo Roberto** (______) su *skype*. Quando abbiamo tempo andiamo al ristorante insieme perché non sappiamo cucinare. Parliamo di tutto, ma soprattutto di grammatica italiana, la nostra passione. Io **do molti consigli a Roberto** (______) e **spiego a Roberto** (______) molte regole di grammatica. Spesso **telefono a Roberto** (______) e **invito Roberto** (______) a teatro. Ma **a Roberto non piace** (______) il teatro. **Roberto ha** (______) un solo difetto: non sa scegliere le cravatte. Per il compleanno **compro a Roberto** (______) una bella cravatta così quando usciamo **può mettere la cravatta** (______) e non devo vergognarmi di lui.

8 Trasforma le frasi dall'informale (tu) al formale (Lei), come nell'esempio.

Es. Ti piace la musica? — Le piace la musica?

1 Ti posso invitare a cena? ____________
2 Maria ti ha visto al museo di Arte Contemporanea ieri pomeriggio. ____________
3 Ti consiglio di andare al concerto. La pianista è bravissima! ____________
4 Ho pensato di invitarti a cena questa sera se hai tempo. ____________
5 Ho dimenticato di darti il mio numero di telefono! ____________
6 Se vuoi, posso aiutarti. ____________
7 Ti ringrazio molto. ____________
8 Ti telefono appena posso! ____________
9 Ti va di bere qualcosa? ____________

9 Rispondi alle domande con un pronome diretto, indiretto o la particella CI, come negli esempi.

MAMMA	FIGLIO
Es. Hai messo il cappello di lana?	Sì, l'ho messo.
Es. Sei andato dal dottore?	Sì, ci sono andato.
1 Hai preso la medicina?	No, ____________
2 Hai mangiato tutta la pasta?	____________
3 Hai bevuto tutto il latte?	____________
4 Hai spento la tv?	____________
5 Sei andata a scuola?	____________
6 Hai fatto il bagno?	____________
7 Hai messo in ordine la camera?	____________
8 Hai risposto al professore?	____________
9 Sei andata al cinema?	____________
10 Hai finito gli esercizi?	____________
11 Ti è piaciuta la torta?	____________
12 Ti sono mancata oggi?	____________
13 Hai telefonato ai nonni?	____________

Il verbo *piacere* si costruisce di solito con i pronomi indiretti. Ma ho sentito spesso dire "a me mi piace". Si tratta di un errore?

Nella lingua scritta e "sorvegliata" sì, decisamente è un errore. Nel parlato quotidiano, per motivi di "forte espressività" può essere tollerato, specialmente quando *a me mi piace* è usato con enfasi, in contrapposizione con altri elementi (**Es.** *Non so a voi, ma a me... mi piace!*). Meglio però non usarlo in presenza di puristi!

e inoltre...

10 Scegli il pronome giusto.

■ Ciao Michele come stai?

● Mah così così, ***mi / ti*** sa che oggi rientro a casa presto.

■ Ma come? Non ***mi / ti*** va di prendere qualcosa al bar? Dai! ***Mi / Ti*** offro qualcosa da bere!

● No, no veramente, grazie, ma la mamma ***mi / ti*** ha vietato di bere alcolici durante la settimana... sai, l'ultima volta che ho bevuto ho detto a Matilde che ***gli / le*** volevo molto bene e ***gli / le*** ho regalato un anello, ma ora sono rimasto senza soldi.

■ E quanto ***ti / le*** è costato l'anello?

● La bellezza di 3000 euro! E mia madre ***mi / le*** ha prestato i soldi e ancora ***la / le*** devo 2000 euro...

■ Ma Matilde è contenta del regalo?

● Mah, in realtà non ***l' / gli*** ha accettato, forse ***le / l'*** ho messo paura, crede che ***le / la*** voglio chiedere di sposar***la / le*** subito.

■ E tua madre che dice?

● È felicissima! Sono di nuovo a casa con lei e può continuare a lavar***si / mi*** e stirar***si / mi*** le camicie.

■ Ancora? E ***gli / le*** sta bene?

● Penso proprio di sì. L'unico problema è Matilde... ***la / ci*** penso giorno e notte! Sai che ***mi / ti*** dico? Andiamo al bar!

11 Completa il testo con i pronomi indiretti, come nell'esempio.

Michele vuole rientrare presto a casa. Non ___gli___ va di andare a bere qualcosa con il suo amico. La mamma ________ ha vietato di bere alcolici durante la settimana perché l'ultima volta che ha bevuto ha detto a Matilde che _______ voleva molto bene e _______ ha regalato un anello che ______ è costato 3000 euro. La mamma _______ ha prestato i soldi e Michele ancora ______ deve 2000 euro. Tra l'altro Matilde non ha accettato il regalo e ora Michele pensa a lei giorno e notte, mentre la mamma continua a lavar_______ e stirar_______ le camicie.

lettura 7. ORA ET LABORA

In un antico convento[1] su una collina, due monaci passeggiano nel giardino e leggono il Vangelo.
A un certo punto uno dei due si mette in bocca un grosso sigaro[2], lo accende, e comincia a fumarlo di gusto.
L'altro monaco lo vede e sgrana gli occhi:
«Ma… ma tu stai fumando!», gli dice sorpreso.
«Sì, sto fumando. Perché? », gli risponde il primo, più sorpreso ancora.
«Non sai che è vietato fumare quando si legge il Vangelo?»
«Vietato? Ma che mi dici? Sei sicuro? »
«Sicurissimo! Lo sai, anche a me piace fumare e proprio per questo pochi giorni fa sono andato dall'abate[3] per chiedergli il permesso: e lui mi ha detto che assolutamente non si può!»
«È molto strano: anch'io pochi giorni fa sono andato dall'abate per chiedergli la stessa cosa… e lui mi ha dato tranquillamente il permesso!»
«Ti ha dato il permesso? Come è possibile? E come mai[4] a me no?»
«Non lo so… ma un momento: tu, precisamente, cosa gli hai chiesto?»
«Gli ho chiesto: *Padre, mentre leggo il Vangelo posso fumare?*, e lui si è quasi scandalizzato. *Assolutamente no!* mi ha risposto.
«Ah, ho capito… Vedi, tu gli hai fatto la domanda sbagliata…»
«Perché, tu invece cosa gli hai chiesto?»
«Io gli ho chiesto: *Padre, mentre fumo, posso leggere il Vangelo?*, e lui tutto contento mi ha risposto: *Certo figlio mio, ogni momento è buono per pregare!*»

[1] convento → abitazione, residenza dei monaci. Sinonimo di "monastero".

[2] sigaro →

[3] abate → il monaco più importante di un convento o monastero.

[4] come mai → sinonimo più colloquiale di "perché" interrogativo.

1 Completa con i pronomi diretti e indiretti.

1 Un monaco si è messo in bocca un grosso sigaro e ____ ha acceso.
2 Un monaco si è messo in bocca un sigaro e ha cominciato a fumar____.
3 Fumare è vietato, ma il monaco non ____ sa.
4 Un altro monaco ____ ha visto.
5 Il secondo monaco ____ ha detto: "Che fai, fumi?".
6 Il primo monaco ____ ha risposto che era normale.
7 "Sono andato dall'abate per chieder____ il permesso di fumare".
8 Il primo monaco non ha avuto il permesso; il secondo monaco ____ ha avuto.

2 Completa con i verbi al presente indicativo.

1 Forse tu non (*sapere*) ____________ che è vietato fumare.
2 Certamente è vietato fumare quando si (*leggere*) ____________ il Vangelo.
3 Vietato? Ma che mi (*dire*) ____________?
4 Ma tu (*essere*) ____________ sicuro?
5 Sicurissimo! Lo sai, anche a me (*piacere*) ____________ fumare.
6 L'abate mi ha detto che assolutamente non si (*potere*) ____________!
7 Padre, mentre io leggo il Vangelo (*potere*) ____________ fumare?
8 Ah, ho capito... (tu - *vedere*) ____________, tu gli hai fatto la domanda sbagliata...
9 Io gli ho chiesto: "Padre, mentre (*fumare*) ____________, posso leggere il Vangelo?
10 Ogni momento (*essere*) ____________ buono per pregare.

3 Completa con i verbi al passato prossimo o all'imperfetto.

In un antico convento su una collina, due monaci (*passeggiare*) __________ nel giardino e (*leggere*) __________ il Vangelo. A un certo punto uno dei due (*mettersi*) __________ in bocca un grosso sigaro, lo (*accendere*) __________, e (*cominciare*) __________ a fumarlo di gusto. L'altro monaco lo (*vedere*) __________, (*sgranare*) __________ gli occhi e gli (*dire*) __________ che (*essere*) __________ vietato fumare quando si legge il Vangelo.

4 Completa il testo *Sciuscià e Vucumprà* (lettura 5) con i pronomi diretti e indiretti.

Dopo la Seconda guerra mondiale, a Napoli c'erano i soldati americani.
Quando i bambini napoletani ___ incontravano, ___ dicevano: "Shoe shine? Shoe shine?" (pulire le scarpe?). Se i soldati ___ rispondevano di sì, loro ___ pulivano le scarpe e potevano guadagnare qualcosa.
I bambini napoletani però non parlavano l'inglese e ___ pronunciavano a modo loro. Nella loro bocca, "shoe shine" diventava "sciuscià".
Così è nata la parola "lo sciuscià" e oggi ___ potete trovare anche nei vocabolari d'italiano. Sciuscià è anche un famoso film di Vittorio De Sica. Il regista ___ ha girato nel 1946.

5 Completa il testo *Un genio permaloso* (lettura 4) con i pronomi diretti e indiretti.

Mentre Michelangelo dipingeva il suo *Giudizio Universale*, sono entrati nella Cappella Sistina il Papa Paolo III Farnese e alcuni importanti vescovi e cardinali: lui ___ ha visti e ha continuato a lavorare.
Molte figure dipinte da Michelangelo erano nude. Biagio da Cesena ha cominciato piano piano a guardar___ con attenzione e poi è esploso:
"Cosa posso dire di quest'affresco? Ora che ___ ho visto bene posso dire solo che è veramente disgustoso!"
Michelangelo ha continuato a lavorare e il Papa ___ ha detto di non offendersi.
L'artista ___ ha risposto con un sorriso a denti stretti: "Io non sono permaloso, Santità".
Subito dopo però Michelangelo ha dipinto Minosse (il demone che sta all'entrata dell'Inferno): e ___ ha dipinto con la faccia di Biagio da Cesena e con un grande serpente che ___ morde i testicoli.

6 **Rileggi la storia *Ora et labora* cambiando i protagonisti: non due monaci ma due monache: una delle due fuma non un sigaro ma una sigaretta. Non c'è l'abate ma c'è una madre badessa. Prova a completare il testo con le parti mancanti.**

In un antico convento su una collina, due monache (*passeggiare*) ____________ nel giardino e (*leggere*) ______________ il Vangelo. A un certo punto un___ de___ due si (*mettere*) _________ in bocca un___ piccol____ sigarett____, ____ (*accendere*) ______________, e (*cominciare*) _____________ a fumar____ di gusto. L'altr___ monac___ _____ (*vedere*) ___________, (*sgranare*) ______________ gli occhi e ____ (*dire*) _____________ che (*essere*) ______________ vietato fumare quando si legge il Vangelo.
La prim___ monac___ (*raccontare*) ____________________ che poco prima era andata dalla madre badessa per chieder_____ il permesso e lo aveva avuto. Ma anche la second___ monac____ era andata dalla madre badessa per lo stesso motivo e non aveva avuto il permesso.
Il problema (*essere*) __________________ che la prim___ monac___ non aveva fatto la domanda giusta. La second___ invece aveva chiesto se mentre (*fumare*) _____________, (*potere*) _______________ leggere il Vangelo. Per questo la madre badessa ____ aveva dato il permesso senza problemi.

7 **Fai il discorso indiretto delle frasi.**

1 «*È vietato fumare quando si **legge** il Vangelo!*»
Un monaco ha detto all'altro che ____________ vietato fumare quando si ____________ il Vangelo.

2 «***Sei** sicuro?*»
L'altro gli ha chiesto se ____________ sicuro.

3 «*Padre, mentre **leggo** il Vangelo **posso** fumare?*»
Il monaco ha chiesto all'abate se mentre ____________ il Vangelo ____________ fumare.

4 «***Questa è** una domanda sbagliata!*»
Il monaco fumatore allora ha detto che ____________ ____________ una domanda sbagliata».

5 «*Ogni momento **è** buono per pregare!*»
L'abate ha detto che ogni momento ____________ buono per pregare.

22. IL TRAPASSATO PROSSIMO

22.1 LE FORME DEL TRAPASSATO PROSSIMO

Il trapassato prossimo si forma come il passato prossimo: l'ausiliare **essere** o **avere**, invece che al presente, però, si coniuga all'**imperfetto**.

	ANDARE	CAPIRE	RICORDARSI
io	**ero** andata/o	**avevo** capito	mi **ero** ricordata/o
tu	**eri** andata/o	**avevi** capito	ti **eri** ricordata/o
lui / lei	**era** andata/o	**aveva** capito	si **era** ricordata/o
noi	**eravamo** andate/i	**avevamo** capito	ci **eravamo** ricordate/i
voi	**eravate** andate/i	**avevate** capito	vi **eravate** ricordate/i
loro	**erano** andate/i	**avevano** capito	si **erano** ricordate/i

22.2 USI DEL TRAPASSATO PROSSIMO

Il trapassato prossimo indica un'azione avvenuta prima di un'altra già passata.

Il trapassato prossimo richiede quindi un **riferimento a un verbo che esprime un tempo passato**: un passato prossimo, un presente storico, un imperfetto.	Non ***ho comprato*** la giacca perché ***avevo speso*** tutti i soldi. ***Uscivo*** sempre la sera dopo che ***avevo finito*** di studiare.
Il trapassato prossimo è spesso accompagnato da avverbi di tempo che funzionano da "zeppe verbali" (cioè inseriti fra ausiliare e participio passato, vedi capitolo **14**): **già**, **ancora**, **mai**, ecc.	Nel 2010 non avevo ***ancora*** finito l'università. Quando avevo 25 anni mi ero ***già*** sposato. Prima di conoscere te non avevo ***mai*** conosciuto una persona così stupida!

e inoltre...

22.3 ALTRI USI DEL TRAPASSATO PROSSIMO

Iniziare un racconto con il trapassato prossimo significa **incuriosire** la persona che ascolta: infatti chi ascolta aspetta un tempo passato che indica l'azione (mentre il trapassato indica il "prima").	***Ero uscito... avevo preso*** la macchina... come sempre ***ero arrivato*** nella banca dove lavoro... ***avevo cominciato*** a lavorare... ***e?*** Improvvisamente ***sono entrati*** quattro banditi con la pistola!
Il trapassato prossimo si usa nel **discorso indiretto** per ripetere parole di una persona che ha parlato nel passato e nel discorso diretto ha usato il passato prossimo.	**DD** → Antonio dieci anni fa ha detto: «***Ho fatto*** il bagno al mare il 25 dicenmbre». **DI** → Ha detto che ***aveva fatto*** il bagno al mare il 25 dicembre.
Il trapassato prossimo si può anche usare in frasi in cui il tempo passato è **sottinteso** (ma si può facilmente immaginare).	Lui mi ***aveva avvertito***! (Potevo immaginarlo perché lui, prima, mi aveva avvertito)

1 Inserisci gli avverbi di tempo della lista come "zeppe verbali" all'interno dei verbi al trapassato prossimo.

ancora	appena	già	mai	più	sempre

1 Quando ho letto *Il Gattopardo* non avevo __________ visto il film.
2 Sono arrivato tardi all'appuntamento e Anna era __________ andata via.
3 Prima di oggi lui non aveva __________ parlato così!
4 Non avevo __________ sentito questa canzone da almeno trent'anni!
5 Quando ho conosciuto mio marito ero __________ arrivata a Milano.
6 È strano vederti triste: fino a oggi ti avevo __________ visto allegro.

2 Completa le frasi con i verbi al trapassato prossimo.

1 Non ho fatto il bagno al mare perché (*mangiare*) ______________ da poco tempo.
2 Ti chiedo scusa se non ti ho salutato. Non ti (*vedere*) ____________________.
3 Io ti (*dire*) ____________________ che non dovevi fidarti di lui!
4 Quando ho cominciato a lavorare non (*finire*) ____________________ ancora l'università.
5 Sei francese? Lo (*capire*) ____________________ dalla tua pronuncia.
6 Mamma mia, dovevo telefonare a Paolo entro le cinque! Lo (*dimenticato*) ____________________!
7 Sono stato male perché forse (*mangiare*) ____________________ troppo.
8 È andato a vivere all'estero perché in Italia non (*riuscire*) ____________________ a trovare lavoro.
9 È diventato un bravo giornalista, anche se all'università (*studiare*) ____________________ informatica.
10 Mi ha detto che da giovane lui (*vivere*) ____________________ per un lungo periodo in America.

3 Scegli fra imperfetto, passato prossimo o trapassato prossimo.

1 Nel 1990 io ***avevo / ho avuto / avevo avuto*** 20 anni.
2 Quando mi hai telefonato ***tornavo appena / sono appena tornato / ero appena tornato*** a casa.
3 Ieri ***bevevo / ho bevuto / avevo bevuto*** un'ottima birra tedesca.
4 Mentre ***parlava / ha parlato / aveva parlato*** con me, si vedeva benissimo che pensava ad altro.
5 Ieri mattina alle undici non mi ***svegliavo ancora / sono ancora svegliato / ero ancora svegliato***.
6 Appena è finito il film ***tornavo / sono tornato / ero tornato*** subito a casa.
7 Quando era giovane lui ***era / è stato / era stato*** un ragazzo molto bello.
8 Dopo che mi avevi parlato così bene di quel libro ***lo leggevo / l'ho letto / l'avevo letto***.
9 Fino a ieri non ***vedevo mai / ho mai visto / avevo mai visto*** un film di Fellini.

Quale altra funzione comunicativa può avere il trapassato prossimo?

Il trapassato prossimo, in particolare con alcuni verbi di movimento (*venire, passare, entrare*, ecc.) può avere un **valore "attenuativo"** rispetto al passato prossimo.

Es. *Ero venuto per chiederti qualcosa* (sottintende: ma se non hai tempo non fa niente).
Ero passato da te per vedere come stai (sottintende: ma se hai da fare torno un'altra volta).
Ero venuto a trovarti perché ho bisogno di un favore (sottintende: ma non voglio disturbarti).

4 Leggi la biografia e indica se le affermazioni sono vere o false.

Leonardo Da Vinci, un po' di cronologia

Leonardo nasce il 15 aprile 1452 nel borgo di Vinci, in Toscana, tra Empoli e Pistoia.
Il padre naturale, Ser Piero D'Antonio, è notaio; la madre di Leonardo gli lascia il bambino e si sposa con un contadino. Ser Piero accoglie nella sua casa il figlio illegittimo e lo educa con affetto.
Quando Leonardo ha sedici anni la famiglia si trasferisce a Firenze. Il padre lo manda nella bottega di Andrea Verrocchio, pittore, scultore ed orafo. Leonardo, in quegli anni, dipinge il ritratto della nobildonna Ginevra de' Benci, la *Madonna del garofano* e l'*Annunciazione* degli Uffizi.
Nel 1480 comincia il disegno di una *Adorazione dei Magi* per la chiesa di San Giovanni Scopeto, fuori Firenze. Quando scopre che il suo nome non è tra i quattro pittori scelti per dipingere la *Cappella Sistina* a Roma, decide di partire; e l'*Adorazione dei Magi* rimane incompiuta.
Nel 1482 si presenta a Ludovico Sforza, duca di Milano, e lavora per lui come uomo di scienza, ingegnere e ideatore di macchine da guerra, organizzatore di feste e scenografo. Fra il 1483 e il 1486 realizza uno dei suoi numerosi capolavori: la *Vergine delle Rocce*, oggi a Parigi (Louvre); una seconda versione della stessa opera si trova nella National Gallery di Londra. Nel 1491 inizia a dipingere l'*Ultima Cena* nel Refettorio della Chiesa di Santa Maria delle Grazie. A Milano scrive anche la maggior parte dei suoi testi scientifici.
Nel 1499 le truppe di Luigi XII, Re di Francia invadono la città: Leonardo fugge e trova asilo prima a Mantova e poi a Venezia. Torna a Firenze, la sua città, nei primi anni del Cinquecento: lui e Michelangelo sono incaricati di dipingere il *Salone del Maggior Consiglio* nel Palazzo della Signoria. Qui realizza la famosa *Battaglia di Anghiari* (1503), che però lascia a metà e che oggi non esiste più. Sempre a Firenze dipinge la celebre *Gioconda* o *Monna Lisa*.
Sempre insoddisfatto e irrequieto, continua a viaggiare (nel 1506 è di nuovo a Milano e poi a Roma).
Quando nel 1513 Francesco I di Francia lo invita a corte, si trasferisce ad Amboise. Qui vive gli ultimi anni della sua vita circondato da grande rispetto e ammirazione, e qui muore il 2 maggio 1519.

		VERO	FALSO
1	La madre di Leonardo aveva lasciato suo figlio prima di sposarsi con un contadino.	☐	☐
2	Quando Leonardo aveva 15 anni la famiglia dove era cresciuto si era già trasferita a Firenze.	☐	☐
3	Quando Leonardo ha dipinto la *Madonna del Garofano* era già entrato nella bottega del Verrocchio.	☐	☐
4	Prima di realizzare la *Vergine delle Rocce* non aveva ancora dipinto la *Gioconda*.	☐	☐
5	Aveva deciso di partire dopo aver scoperto che non poteva partecipare alla realizzazione della *Cappella Sistina*.	☐	☐
6	Era fuggito a Mantova dopo essere stato a Venezia.	☐	☐
7	Quando lavorava per gli Sforza a Milano aveva già realizzato l'*Annunciazione*.	☐	☐
8	Prima di morire era vissuto in Francia.	☐	☐

5 Riscrivi il testo dell'esercizio 4 al passato, utilizzando il passato prossimo, l'imperfetto e il trapassato prossimo. Utilizza dove possibile gli avverbi di tempo **GIÀ**, **ANCORA**, **MAI**.

vai su www.alma.tv

Il trapassato prossimo CERCA

nella rubrica **GRAMMATICA CAFFÈ**

6 Completa il testo con i verbi al passato prossimo, all'imperfetto o al trapassato prossimo.

Bronzi di Riace in tanga e velo da sposa: è polemica.

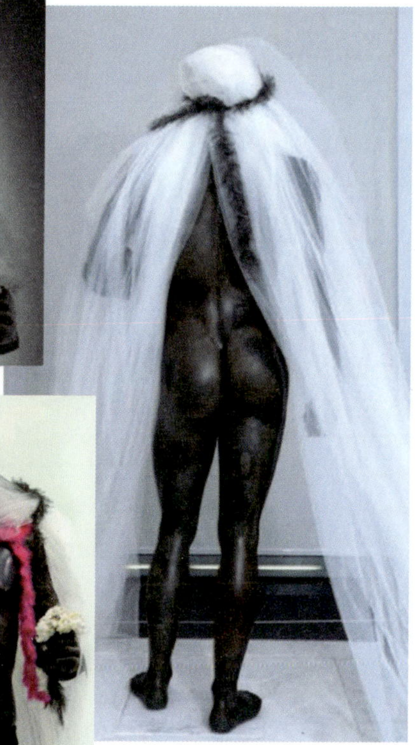

Con il velo da sposa, in tanga leopardato e con un boa fucsia: così il fotografo Gerald Bruneau, allievo di Andy Warhol, (*interpretare*) ______________ i *Bronzi di Riace*, durante una visita che (*compiere*) ______________ nell'inverno scorso nel Museo Archeologico Nazionale di Reggio Calabria.
Nelle foto si vedono i due guerrieri rivestiti con capi di abbigliamento molto, molto kitsch.
Bruneau, reporter per importanti testate italiane e straniere, non è nuovo a simili "imprese".
In passato (*vestire*) ______________ in un tulle rosso la *Paolina Borghese* di Canova, all'interno della Galleria Borghese a Roma.
In realtà la Soprintendenza dei Beni Archeologici della Calabria non (*autorizzare*) ______________ queste foto.
La Soprintendente infatti (*dichiarare*) ______________: "Il fatto risale ai primi dello scorso mese di febbraio, quando la Regione (*organizzare*) ______________ una kermesse di fotografi internazionali per promuovere i *Bronzi* all'estero.
In quella occasione (*esserci*) ______________ tanti fotografi, tra i quali Bruneau. Mi (*mostrare*) ______________ la foto di Paolina Borghese in tulle rosso, poi mi (*chiedere*) ______________ di fare uno scatto ad una statua con alle spalle un tulle bianco. La foto con il tulle bianco (*essere*) ______________ molto bella. Poi, a mia insaputa, (*scattare*) ______________ le altre immagini, che sono terribili! Quando i custodi lo (*bloccare*) ______________ però, (*riuscire*) ______________ già a fare alcune foto".

da repubblica.it

7 Trasforma le frasi al discorso indiretto, come nell'esempio.

Maria ha detto:	**Maria ha detto che**
Es. «La lezione è finita alle sei»	*la lezione era finita alle sei.*
1 «Sono tornata a casa due giorni fa»	______________
2 «Ho vissuto in questa città molti anni»	______________
3 «Stamattina non ho fatto colazione»	______________
4 «Ieri alla festa mi sono annoiata un po'»	______________
5 «Ho cambiato casa l'anno scorso»	______________
6 «Non ho capito quello che hai detto»	______________
7 «Non voglio dirti che cosa ho fatto stanotte!»	______________
8 «Sono uscita da casa mia circa dieci minuti fa»	______________
9 «Non sono stata mai così arrabbiata in vita mia!»	______________

lettura 8. IL TAMPONAMENTO[1]

In macchina al telefono - adattamento da una registrazione autentica.

Lei Pronto?
Lui Betta?
Lei Ciao.
Lui Ciao. Non posso stare molto al telefono.
Lei Sì.
Lui Ho tamponato uno.
Lei Come hai tamponato uno?
Lui Eh, con la macchina.
Lei Ma... tanto?
Lui Nooo. Un po'. La nostra macchina non s'è fatta niente. Però mi son dovuto fermare, lasciare i documenti, targa... La macchina, la nostra macchina, niente.
Lei Meglio.
Lui Sai cosa stavo facendo? Telefonando! Stavo facendo un numero di telefono, un dieci minuti fa, per chiamarti...
Lei Sì.
Lui Guardavo il telefono ed eravamo... Andavo piano, sai, piano. Andavo al semaforo, no? Era semaforo rosso. Guardavo il telefono, non ho visto questo davanti a me... pooooh! Una botta! Io non mi sono fatto niente.
Lei Va be'.
Lui Niente... lo dico perché... sono stato fino adesso... una rabbia![2]
Lei Va bene Gianni, stai tranquillo Gigio.
Lui Una rabbia... Ho sentito una botta, mi sono spaventato. Porc... non ho mica frenato![3]
Lei Sì, sì.
Lui Mamma mia!
Lei Sì, sì, sì, sì.
Lui Va be', ciao.
Lei Stai tranquillo.
Lui Se chiama Arturo non ci sono.
Lei Va bene, stai tranquillo, ciao tesoro.
Lui Ciao.
Lei Ciao.

[1] tamponamento → 

[2] rabbia → chi dice questa esclamazione indica che è arrabbiato, il contrario di "tranquillo".

[3] frenato → il verbo frenare indica l'azione di diminuire la velocità per fermarsi.

Esercizi

1 Rispondi alle domande sul testo… con un po' di fantasia.

1 Come si chiama lui?

____

2 Come si chiama lei?

____

3 Da dove chiama lui?

____

4 Che rapporto c'è fra i due?

____

5 Quanti anni può avere lui?

____

6 Che cosa è successo?

____

7 Dove è successo?

____

8 Che cosa si è fatta la sua macchina?

____

9 Che cosa si è fatta l'altra macchina?

____

10 Che cosa stava facendo lui?

____

11 A chi stava telefonando?

____

12 Che cosa dice lei?

____

13 Che cosa pensa lei?

____

14 Chi può essere Arturo?

____

15 Che cosa deve dire Betta a Arturo?

____

2 Trasforma al discorso indiretto.

1 ***"Ho tamponato una macchina!"***

L'uomo ha detto alla donna che _______________

2 ***"La nostra macchina non s'è fatta niente, ma io mi sono spaventato, mi sono dovuto fermare, ho dovuto lasciare i documenti e il numero di targa".***

L'uomo ha detto alla donna che _______________

3 ***"Non ho visto l'altra macchina perché in quel momento stavo telefonando e quindi stavo guardando il telefono. Stavo facendo proprio il tuo numero!"***

L'uomo ha detto alla donna che _______________

4 ***"L'altra macchina ha frenato e io ho dato una botta".***

L'uomo ha detto alla donna che _______________

5 ***"Non ho frenato… Sono pieno di rabbia!"***

L'uomo ha detto alla donna che _______________

6 ***"Se telefona Arturo non ci sono!"***

L'uomo ha detto alla donna che _______________

7 ***"Ho tamponato uno dieci minuti fa".***

L'uomo ha detto alla donna che _______________

8 ***"Torno a casa fra un'ora".***

L'uomo ha detto alla donna che _______________

9 ***"Come hai tamponato uno?"***

La donna ha chiesto all'uomo _______________

3 Completa con FRA, FA e con PRIMA, DOPO.

1 Lui ha detto: "Ho tamponato uno circa dieci minuti ________".
2 Lui ha detto che aveva tamponato uno circa dieci minuti ________.
3 Lui ha detto: "________ dieci minuti arrivo a casa".
4 Lui ha detto che dieci minuti ________ a casa.
5 Due giornalisti hanno ascoltato questa telefonata parecchi anni ________, nel 1990.
6 Nel 1991 sono stato in Germania perché l'anno ________ avevo studiato tedesco a scuola.
7 Napoleone è andato a Sant'Elena e ________ poco tempo è morto.
8 Anche io ho tamponato uno tre giorni ________.
9 Sono sceso dalla macchina e due minuti ________ è arrivata la polizia.
10 La fotografia sul passaporto è vecchia: l'ho fatta circa dieci anni ________!

4 Rispondi con la forma progressiva del verbo, come nell'esempio.

Es. Che stai facendo?	(*telefono a Betta*)	Sto telefonando a Betta.
1 Dove vai?	(*vado a casa*)	________
2 Che cosa guardavi?	(*guardavo il telefono*)	________
3 Che cosa bevi?	(*bevo un caffè*)	________
4 Non hai risposto al telefono?	(*no, facevo la doccia*)	________
5 Non mi hai sentito?	(*no, dormivo*)	________
6 Hai letto questo libro?	(*lo leggo in questi giorni*)	________
7 Capisci il latino?	(*lo studio a scuola*)	________
8 Che facevi ieri alle due?	(*mangiavo*)	________
9 Che stai facendo?	(*sento la radio*)	________
10 A chi telefonano loro?	(*telefonano ai genitori*)	________
11 Con chi parlate?	(*parliamo con il dottore*)	________
12 Che fa Maria?	(*aspetta l'autobus*)	________
13 Che fate?	(*finiamo il lavoro*)	________
14 Quando vengono i tuoi amici?	(*arrivano proprio ora*)	________
15 Perché sei così concentrato?	(*scusa, scrivo una e-mail*)	________
16 Non farmi aspettare troppo!	(*mi pettino e arrivo*)	________

5 **Senza leggere la telefonata originale, cerca di ricordare (o immaginare) quello che dice Betta al telefono.**

Lei ______________________________

Lui Betta?

Lei ______________________________

Lui Ciao. Non posso stare molto al telefono.

Lei ______________________________

Lui Ho tamponato uno.

Lei ______________________________

Lui Eh, con la macchina.

Lei ______________________________

Lui Nooo. Un po'. La nostra macchina non s'è fatta niente. Però mi son dovuto fermare, lasciare i documenti, targa... La macchina, la nostra macchina niente.

Lei ______________________________

Lui Sai cosa stavo facendo? Telefonando! Stavo facendo un numero di telefono, un dieci minuti fa, per chiamarti...

Lei ______________________________

Lui Guardavo il telefono ed eravamo... Andavo piano, sai, piano. Andavo al semaforo, no? Era semaforo rosso. Guardavo il telefono, non ho visto questo davanti a me... pooooh! Una botta! io non mi sono fatto niente.

Lei ______________________________

Lui Niente... lo dico perché... sono stato fino adesso... una rabbia...!

Lei ______________________________

Lui Una rabbia... Ho sentito una botta, mi sono spaventato. Porc... non ho mica frenato!

Lei ______________________________

Lui Mamma mia!

Lei ______________________________

Lui Va be', ciao.

Lei ______________________________

Lui Se chiama Arturo non ci sono.

Lei ______________________________

Lui Ciao.

Lei ______________________________

23. IL PRONOME *NE* E RIEPILOGO DEI PRONOMI

23.1 USO DEL PRONOME *NE*

La particella pronominale **ne** ha almeno due funzioni:

1. Sostituisce una parola preceduta dalla preposizione **di**. → Con **valore partitivo**: "una parte del tutto", spesso in relazione con dei numeri. In questo caso i pronomi diretti **lo**, **la**, **li**, **le** indicano una cosa o un insieme di cose. **Ne** invece indica una parte di queste cose. Il **ne** partitivo vuole la concordanza della vocale con il participio passato.	■ Hai viso qualche film di Sergio Leone? ● Non ***li*** ho visti tutti, ma ***ne ho visti*** tre. ■ Quanti anni hai? ● ***Ne ho*** venticinque. ■ Hai preso le uova? ● Sì, ***ne*** ho pres***e*** 6.
→ Con **funzione argomentativa**: sostituisce una espressione introdotta da **di**, in particolare con senso di argomento.	■ Parli ***di*** sport? ● No, non ***ne*** parlo mai. ■ Sai qualcosa ***di*** Maria? ● Non ***ne*** so niente. Tu cosa ***ne*** pensi?
2. Sostituisce a volte una parola preceduta da preposizione **da** con valore di **provenienza** (*da questo*).	Una macchina si ferma al semaforo. Un attimo e ***ne scende*** una ragazza alta, bella...

23.2 RIEPILOGO DEI PRONOMI RIFLESSIVI

In alcuni casi i pronomi riflessivi hanno un **vero valore pronominale**: *io mi lavo* significa *io lavo me*.	Maria ***si*** veste; Maria ***si*** è vestita; ecc. (MA: *Maria ha vestito il bambino*)
In altri casi il pronome non ha lo stesso senso: il verbo **arrabbiarsi**, ad esmpio, esiste solo come riflessivo. Non esiste infatti **arrabbiare*.	Non ***ti arrabbiare***: la vita è così. Io ***mi arrampico*** su una montagna.
Alcuni verbi possono essere riflessivi (*ricordarsi*) o anche non riflessivi (*ricordare*). Hanno lo stesso significato, ma diverso ausiliare.	Noi ***ci siamo ricordati*** molte cose. Noi ***abbiamo ricordato*** molte cose.
I riflessivi hanno anche valore **reciproco**: *salutarsi, vedersi, sposarsi, abbracciarsi*, ecc.	Marina e Giulia ***si sono incontrate***. Loro ***si abbracciano***.
Nel parlato molti verbi usano i pronomi riflessivi perché suonano affettivamente più "caldi", più "personali".	Antonio ***si è mangiato*** un panino al bar. ***Mi guardo*** un bel film.

23.3 SCHEMA DI RIEPILOGO DEI PRONOMI

PRONOMI SOGGETTO	PRONOMI NON SOGGETTO	PRONOMI RIFLESSIVI	PRONOMI INDIRETTI	PRONOMI DIRETTI
Indicano la persona che compie l'azione espressa dal verbo.	Si usano di solito dopo il verbo e possono anche essere preceduti da preposizione.	Accompagnano i verbi riflessivi.	Si usano di solito prima del verbo e sostituiscono una parola preceduta generalmente da preposizione **a** (*a lui, a lei, a loro*).	Si usano di solito prima del verbo e sostituiscono una parola non preceduta generalmente da preposizione.
io	me	mi	mi	mi
tu	te	ti	ti	ti
lui	lui	si	gli	lo
lei	lei	si	le	la
noi	noi	ci	ci	ci
voi	voi	vi	vi	vi
loro	loro	si	gli	li / le

CI
Nella lingua scritta anche **VI**.
Pronome locativo (in qualche luogo); significa anche "a questo".

NE
Significa "di questo".
Ha valore partitivo e argomentativo.
Significa anche "da questo".

SI
Pronome impersonale.
Regge un verbo singolare o plurale.
Con i riflessivi:
CI SI.

I pronomi soggetto *egli / ella / esso / essa* sono ormai spariti dalla lingua italiana?

No, sono ancora decisamente presenti nella lingua scritta e formale. E nella scuola elementare italiana ancora oggi si insegna spesso la coniugazione dei verbi utilizzando questi pronomi (*io parlo, tu parli, **egli / ella** parla*). Nell'insegnamento dell'italiano a stranieri prevale invece l'uso di **lui / lei**, decisamente più frequente. Attenzione però: **egli / ella** sono solo "soggetto" e quindi posso dire *Egli mi ha visto* ma non si può dire **Io ho visto egli.*

e inoltre...

23.4 RIDONDANZE PRONOMINALI

In italiano, molte volte, si usa il pronome **insieme** con il nome.

È obbligatorio usare i pronomi diretti *lo*, *la*, *li*, *le* o il pronome *ne* quando la frase comincia con l'oggetto e non con il soggetto.	Ho comprato il libro ieri → Il libro ***l'***ho comprato ieri. Ho quattro fratelli → Di fratelli ***ne*** ho quattro.
Non è obbligatorio, ma è frequente nel parlato, usare insieme con i nomi anche i **pronomi indiretti** e ci, specialmente nelle **frasi interrogative**.	Telefoni a Marco spesso? = A Marco ***gli*** telefoni spesso? = ***Gli*** telefoni spesso a Marco? Vai in montagna a Natale? = In montagna ***ci*** vai a Natale? = ***Ci*** vai a Natale in montagna?
L'uso del **pronome ridondante** rende la frase più partecipata e più enfatica.	■ Mangi gli spaghetti? ● Sì, li mangio (dialogo freddo, standard). ■ Gli spaghetti ***li*** mangi? / ***Li*** mangi gli spaghetti? ● Ehi! Sono italiano! Gli spaghetti ***li*** mangio, naturalmente! (dialogo con partecipazione).

23.5 *CE L'HO*

Alla domanda *Hai questa cosa?* la risposta con pronome è *Sì ce l'ho*; *No, non ce l'ho*.
Vicino al pronome diretto si usa la forma ce.

Il pronome diretto è lo, la, li, le a seconda del genere e del numero della cosa stessa. (un libro) ce l'ho (*ce lo ho*) (una penna) ce l'ho (*ce la ho*) (due libri) ce li ho (due penne) ce le ho	■ Mi dai un euro? ● Mi dispiace, non ***ce l'ho***. ■ Mi dai una penna? ● Non ***ce l'ho.*** ■ Avete vini francesi? ● Purtroppo non ***ce li abbiamo***. Li abbiamo finiti. ■ Facciamo le penne o gli spaghetti? ● Le penne non ***ce le*** ho.

23.6 QUALCHE PRONOME POCO USATO

Nella lingua **scritta e formale** ci sono altri pronomi di terza persona simili a lui / lei.

Egli, maschile, solo soggetto, riferito a persone.	Giulio Cesare è nato a Roma: ***egli*** ha conquistato la Gallia.
Esso (m) e essa (f), riferiti di solito a esseri inanimati.	Il verbo potere è anch'***esso*** irregolare.
Ella, femminile, riferito solo a persone e impiegato anche nella forma di cortesia.	Come ***Ella*** ben sa, Signor Ministro, la situazione economica è grave.

1 Scegli fra pronome diretto e NE.

1 ■ Hai mangiato le lasagne? ● Sì, ***le / ne*** ho mangiate tutte.
2 ■ Parli volentieri di politica? ● Sì, ***la / ne*** parlo spesso.
3 ■ Quanti anni hai? ● ***Li / Ne*** ho venticinque.
4 ■ Hai visto qualche film di Sergio Leone? ● ***Li / Ne*** ho visti tutti!
5 ■ Perché non sei andato alla festa? ● Non ***la / ne*** avevo voglia.
6 ■ Quanti caffè hai bevuto? ● Non lo so, non ***li / ne*** ho contati.
7 ■ Hai una cravatta? ● No, devo assolutamente ***comprarla / comprarne*** almeno una!
8 ■ Ti piace la cioccolata? ● Moltissimo. E ***la / ne*** mangio troppa!
9 ■ Ti piace la musica classica? ● Moltissimo. E ***la / ne*** ascolto sempre volentieri.
10 ■ Hai qualche notizia di Federico? ● No, non ***lo / ne*** so niente.

2 Trasforma le frasi alla forma impersonale, come nell'esempio.

Es. Io non bevo il caffè dopo le cinque. Non si beve il caffè dopo le 5.
1 Io non parlo con la bocca piena. ______
2 Io non butto la carta per terra. ______
3 Io non scrivo gli sms agli amici mentre guido. ______
4 Al mare non mi faccio il bagno dopo mangiato. ______
5 Io non dico le parolacce. ______
6 Io non faccio i complimenti a tutti. ______
7 Io non parlo con il conducente dell'autobus. ______
8 Quando canto l'inno nazionale io mi alzo in piedi. ______
9 La mattina non mi alzo dopo le 9. ______

3 Trasforma i due racconti aggiungendo le particelle riflessive ai verbi normalmente non - riflessivi per rendere il testo più "familiare", come nell'esempio.

La giornata di due persone troppo ricche

MARTA – Sono rientrata a casa dopo una lunghissima giornata di shopping. (*Ho comprato*) Mi sono comprata cinque borse, dieci paia di scarpe, due vestiti, un cappotto di *cachemire* e un orologio. Uffa! Sono stanchissima! (*Ho fatto*) ______ un bagno in una vasca di latte, (*ho messo*) ______ una camicia da notte di seta; ho acceso la tv e (*ho bevuto*) ______ un bicchiere di champagne. (*Ho mangiato*) ______ due ostriche e una tartina di caviale. Poi (*ho letto*) ______ un libro sul divano e mi sono addormentata insieme al mio cane Foffi.

SILVIO – Sono rientrato a casa dopo una lunghissima giornata al campo di golf. Appena arrivato a casa (*ho fatto*) ______ una doccia e (*ho letto*) ______ il mio giornale economico preferito. La domestica è in ferie e così (*ho cucinato*) ______ un'aragosta surgelata e (*ho bevuto*) ______ un bicchiere del mio vino preferito. Prima di andare nelle mie stanze da letto (*ho guardato*) ______ in televisione un *reality show*.

4 Coniuga i verbi riflessivi al presente indicativo (e prova a scegliere la risposta giusta).

Al cinema

1 Nella scena più famosa di questo film con Marcello Mastroianni, Anita Ekberg (*farsi*) ____________ il bagno in una famosa fontana di Roma.
A La dolce vita, *F. Fellini*
B La vita è bella, *R. Benigni*
C La nostra vita, *D. Luchetti*

2 Antonietta e Gabriele, (*incontrarsi*) ____________ e (*conoscersi*) ____________ in un palazzo di Roma quasi vuoto perché tutti gli abitanti sono per strada a festeggiare l'arrivo di Hitler nella capitale.
A Che bella giornata, *C. Zalone*
B Una giornata particolare, *E. Scola*
C Buona Giornata, *C. Vanzina*

3 Gaetano, un giovane napoletano, decide di partire per il nord. Va a Firenze dove incontra Marta e (*innamorarsi*) ____________ di lei.
A Ricomincio da tre, *M. Troisi*
B Tre dollari di piombo, *P. Mercanti*
C Le tre madri, *D. Argento*

4 È un film del 2003, che descrive l'Italia tra il 1960 e gli anni Novanta. L'affresco di una generazione che non (*rassegnarsi*) ____________ al mondo così com'è.
A Gioventù perduta, *P. Germi*
B Gioventù bruciata, *N. Ray*
C La meglio gioventù, *M.T. Giordana*

5 La protagonista del film decide di smettere di fare la prostituta, sposa il suo protettore e (*dedicarsi*) ____________ al lavoro più sicuro di venditrice di frutta e verdura.
A Mamma Roma, *P.P. Pasolini*
B Roma città aperta, *R. Rossellini*
C Fantasmi a Roma, *A. Pietrangeli*

6 In un romantico ristorante italiano i due protagonisti di un celebre cartone animato (*baciarsi*) ____________ mangiando uno spaghetto.
A Gli Aristogatti, *W. Disney*
B La carica dei 101, *W. Disney*
C Lilli e il Vagabondo, *W. Disney*

5 Inserisci i pronomi nel testo.

La tradizione della "pastiera napoletana"
La pastiera è un dolce tipico napoletano che si mangia soprattutto nel periodo di Pasqua: in Campania tutti, ma proprio tutti, ____ hanno mangiata almeno una volta nella vita. Molte storie popolari parlano della pastiera e qualche leggenda ____ racconta l'origine.
Una di queste leggende dice che la Sirena Partenope, la più bella sirena del golfo di Napoli, ogni primavera usciva dall'acqua per cantare felice con la sua bellissima voce: i napoletani in quell'occasione potevano finalmente veder____, salutar____ e ascoltar____ il canto.
La sua voce era così melodiosa che tutti gli abitanti della città ____ restavano incantati.
Per ringraziar____ del suo canto, sette belle ragazze napoletane un giorno ____ hanno offerto sette regali: la farina, la ricotta, le uova, il grano tenero, l'acqua di fiori d'arancio, le spezie e lo zucchero; tutti tipici prodotti di quella zona.
La sirena ____ ha presi e ____ ha portati agli dei. Con questi prodotti allora gli dei hanno creato la pastiera, una torta buonissima con un gusto... naturalmente divino!
La pastiera è così buona che chi ____ mangia trova subito il buon umore. Non ____ credete?
Allora forse non sapete che la moglie di Re Ferdinando II di Borbone, Maria Teresa d'Asburgo, era la donna più triste del mondo. Per questo il popolo di Napoli ____ chiamava *La Regina che non sorride mai*.
Ma un giorno Re Ferdinando cosa ____ ha dato da mangiare? Certo, la pastiera naturalmente! La regina ____ ha mangiata una fetta, ha guardato il marito e immediatamente ____ ha sorriso!
Insomma: chi va a Napoli deve assolutamente provar____; e chi ____ è già stato probabilmente ____ ha sicuramente già mangiata almeno una fetta!

e inoltre...

6 Leggi la ricetta della pastiera napoletana. Poi svolgi il compito.

Ingredienti per il ripieno:
350 gr. di ricotta, 350 gr. di zucchero, 2 uova, 2 tuorli, 100 gr. di canditi, 1 cucchiaino di cannella, la scorza grattugiata di un limone, 30 gr. di burro, 200 ml. di latte, vaniglia q.b. (quanto basta), 25 ml. di acqua di fiori d'arancio, 250 gr. di grano precotto.
Ingredienti per la pasta frolla:
250 gr. di farina, 125 gr. di burro, 100 gr. di zucchero, 1 uovo, 1 tuorlo.

Preparazione. Mettere in un contenitore la farina, il burro freddo, un pizzico di sale e lo zucchero. Aggiungere la vaniglia. Unire anche l'uovo e il tuorlo e lavorare velocemente l'impasto; poi avvolgere la pasta frolla nella pellicola trasparente e farla riposare in frigorifero per circa un'ora.
Versare in una casseruola il latte, aggiungere il grano precotto e il burro. Poi grattugiare la scorza di un limone e mescolare gli ingredienti con un cucchiaio di legno, portando ad ebollizione a fuoco lento fino ad ottenere una crema densa. In un mixer frullare le uova con la ricotta, lo zucchero, la cannella, i fiori d'arancio e la vaniglia fino ad ottenere una crema fluida. Unire a questa crema il composto con il grano, mescolare e aggiungere i canditi. A questo punto, stendere la pasta frolla, dello spessore di circa mezzo centimetro. Imburrare una teglia e mettere la pasta frolla. Versare il ripieno nella teglia. Fare delle strisce di pasta frolla e decorare la pastiera. Infornare la pastiera in forno statico preriscaldato a 200° per un'ora circa. Mettete lo zucchero a velo prima di servirla!

6a Vuoi preparare la pastiera. Apri il frigorifero e trovi solo gli ingredienti nelle immagini. Rispondi alle domande, come nell'esempio.

1 Hai il burro? Sì, ce l'ho.
2 Hai lo zucchero? ______
3 Hai il latte? ______
4 Hai l'acqua di fiori d'arancio? ______
5 Hai la vaniglia? ______
6 Hai le uova? ______
7 Hai la ricotta? ______
8 Hai le spezie? ______
9 Hai un limone? ______

7 Hai preparato la pastiera napoletana: un tuo amico vuole la ricetta. Riguarda la ricetta dell'esercizio 5 e rispondi alle domande, come nell'esempio.

Es. Quanta ricotta serve per il ripieno? Ne servono 350 grammi.
1 Quanto latte hai versato? ______
2 Quante uova hai messo? ______
3 Quanti limoni hai grattugiato? ______
4 Quanti canditi hai aggiunto? ______
5 Hai messo il cioccolato? ______
6 Hai usato la vaniglia? ______
7 Quanto zucchero hai aggiunto nel ripieno e quanto nella pasta? ______
8 Avete mangiato tutta la pastiera? ______

8 Rispondi alle domande una volta con la costruzione "standard" e una con frasi in cui è necessario introdurre un pronome ridondante, come nell'esempio.

Es. Hai letto il libro?	Sì, l'ho letto.	Il libro non l'ho letto.	(ma ho visto il film)
1 Hai una macchina?	______	______	(ma ho un motorino)
2 Bevi la Coca Cola?	______	______	(ma bevo il vino)
3 Vai in Italia quest'anno?	______	______	(ma il prossimo anno sì)
4 Hai mangiato la pasta?	______	______	(ma il tiramisù sì!)
5 Accettate assegni?	______	______	(ma la carta di credito sì)
6 Credi all'oroscopo?	______	______	(ma lo leggo lo stesso)
7 Hai sposato Maria?	______	______	(ma ho sposato la sorella)
8 Hai trovato lavoro?	______	______	(ma ho vinto alla lotteria)
9 Hai un chewingum?	______	______	(ma ho una caramella)

9 Completa le frasi con i pronomi e collega le domande alle risposte, come nell'esempio.

1 *Hai saputo di Giuseppe?*
2 Quanti libri leggono all'anno i tuoi studenti?
3 In Sardegna quando _____ vai?
4 Cosa _____ pensi del nuovo fidanzato di Anna?
5 Ma _____ hai mangiata tutta, la torta?
6 Ma tu la bicicletta _____ hai?
7 Come _____ immagini Roberto in pensione?
8 Sai che Vanna e Rosa ora parlano tutto il giorno?
9 Ma davvero loro il cappuccino _____ bevono dopo pranzo?
10 Secondo te perché Maria mi ha lasciato?

A Certo che ce l'ho. Anzi _____ ho due.
B Facile! _____ immagino davanti a un computer con due birre in mano.
C *No, non* __ne__ *so niente! Che è successo?*
D Eh, lo so! Sono stranieri....
E Basta! Non _____ voglio più sapere niente di questi due orribili pappagalli!
F Me lo domandi? _____ telefoni 10 volte al giorno e _____ mandi 100 sms ogni ora... forse sei un po' oppressivo, non credi?
G Ma no, _____ ho lasciata una fetta per te!
H Non _____ leggono neanche uno!
I È antipatico, arrogante e pure bruttino.
L Bah, forse l'estate prossima.

1.__C__ • 2.__ • 3.__ • 4.__ • 5.__ • 6.__ • 7.__ • 8.__ • 9.__ • 10.__

10 E ora scrivi il significato del pronome nelle frasi dell'esercizio 9, come nell'esempio.

Pronome	Significato
1 non ne so niente	Non so niente di Giuseppe
2	
3	
4	
5	
6	
7	
8	
9	
10	

11 Inserisci i pronomi della lista nei versi di alcune famose canzoni italiane.

ce l'	ce l'	ci	io	li	mi	ne	ne	te	te	tu	tu

1 Una famiglia vera e propria non _____ ho e la mia casa è Piazza Grande; a chi mi crede prendo amore e amore do, quanto _____ ho. (...) Lenzuola bianche per coprirci non _____ ho sotto le stelle in Piazza Grande.

Piazza Grande, *Lucio Dalla*

2 La differenza tra me e te. _____ come stai? Bene. _____ come sto? Boh!

La differenza tra me e te , *Tiziano Ferro*

3 Una brutta giornata, chiuso in casa a pensare, una vita sprecata, non c'è niente da fare, non c'è via di scampo, quasi quasi _____ faccio uno shampoo.

Lo shampoo, *Giorgio Gaber*

4 Settemila caffè, _____ ho già presi perché sono stanco di stare al volante e vorrei arrivare entro sera da _____.

Settemila caffè, *Alex Britti*

5 Io lavoro e penso a te, torno a casa e penso a _____.

E penso a te , *Lucio Battisti*

6 Ma un sistema rapido infallibile e geniale fortunatamente io _____ ho (...). _____ pensa Nonna Pina a toglierti lo stress.

Le tagliatelle di Nonna Pina, *Lo zecchino d'oro*

lettura 9. LA BIBBIA DEI POVERI

In molte chiese italiane ci sono affreschi che illustrano episodi della Bibbia e storie di santi. Si sa, una volta non c'era la televisione e la gente che non sapeva leggere e scrivere poteva conoscere le storie sacre dai dipinti. Queste storie, qualche volta, contenevano anche i "fumetti" (sì, proprio come Mickey Mouse - Topolino) con le parole pronunciate dai vari personaggi.

Uno degli affreschi più importanti di questo tipo si trova a Roma, nella Basilica di San Clemente (ed è della fine dell'XI secolo). Il dipinto racconta la storia di Sisinnio, un signore romano sposato con una donna di nome Teodora. Da un po' di tempo sua moglie usciva di casa tutti i giorni senza raccontargli dove andava e un giorno Sisinnio aveva deciso di seguirla. Così l'aveva vista camminare per strada ed entrare in una casa. Gelosissimo, Sisinnio è entrato anche lui. Ma all'interno, sorpresa!, ha scoperto che Teodora non era lì per incontrare l'amante, ma solo per ascoltare una messa celebrata da San Clemente.

Sisinnio, invece di essere contento di avere una moglie che non gli metteva le corna[1] aveva cominciato a dire parolacce contro i cristiani e a questo punto è arrivato il primo miracolo della storia: per punizione, è diventato sordo[2] e cieco[3]!

Il pomeriggio di quello stesso giorno San Clemente, era andato a casa dei due sposi. Qui ha fatto il suo secondo miracolo della giornata e Sisinnio è tornato a vedere e a sentire. Dopo essere tornato in forma però Sisinnio, invece di ringraziare, ha cominciato un'altra volta a dire parolacce contro Clemente e i cristiani e ha ordinato ai servi di legare[4] il Santo e di buttarlo fuori di casa.

E qui arriva il terzo miracolo: Sisinnio e i servi perdono la ragione, impazziscono. I servi invece di legare San Clemente, legano una grossa e pesantissima colonna di marmo[5] e naturalmente non riescono a trascinarla[6]. Sempre più arrabbiato Sisinnio li maltratta e gli dice di tirare più forte. E nel "fumetto" sono scritte le sue parole: "Fili dele pute traite! Gosmari, Albertel, traite!" che significa: "figli di puttana, tirate! Gosmari, Albertel, tirate!". Queste parole sono uno dei primi esempi di lingua "volgare" scritta (lingua volgare era la lingua parlata in quei secoli dal popolo che ormai aveva dimenticato il latino): dal volgare è nato poi l'italiano moderno.

Strano vero? Questo documento così importante nella storia della lingua italiana è in un fumetto, è in una chiesa, e contiene una delle più popolari parolacce della lingua.

[1] mettere le corna → sinonimo popolare di "tradire".
[2] sordo →persona che non ci sente.
[3] cieco → persona che non ci vede.
[4] legare → 
[5] colonna di marmo → 
[6] trascinarla → il verbo "trascinare" significa portare qualcosa facendola strisciare sulla terra.

1 Vero o Falso?

	VERO	FALSO
1 Sisinnio ha seguito la moglie.	☐	☐
2 La moglie di Sisinno era sempre uscita.	☐	☐
3 Sisinnio è diventato sordo e cieco.	☐	☐
4 San Clemente ha detto parolacce.	☐	☐
5 I servi hanno legato San Clemente.	☐	☐
6 San Clemente voleva buttare Sisinnio fuori di casa.	☐	☐
7 Teodora metteva le corna a Sisinnio.	☐	☐
8 Teodora era cristiana.	☐	☐
9 La mamma di Gosmari era una prostituta.	☐	☐

2 Competa il testo con i verbi al presente o all'imperfetto.

In molte chiese italiane ci sono affreschi che (*illustrare*) _______________ episodi della Bibbia e storie di santi. Si sa, una volta non (*esserci*) _______________ la televisione e la gente che non (*sapere*) _______________ leggere e scrivere (*potere*) _______________ conoscere le storie sacre dai dipinti. Queste storie, qualche volta, (*contenere*) _______________ anche i "fumetti" con le parole pronunciate dai vari personaggi.
Uno degli affreschi più importanti di questo tipo (*trovarsi*) _______________ nella Basilica di San Clemente. Il dipinto (*raccontare*) _______________ la storia di un signore romano sposato con una donna di nome Teodora.

3 Scegli la forma verbale più adatta.

1 Il dipinto racconta la storia di un uomo che ***era / era stato*** sposato con Teodora.
2 Da un po' di tempo sua moglie ***usciva / era uscita*** di casa tutti i giorni.
3 Per questo un giorno Sisinnio ***decideva / aveva deciso*** di seguirla.
4 Sisinnio ***era / era stato*** gelosissimo.
5 Dopo che la donna ***entrava / era entrata*** in una casa, è entrato anche Sisinnio.
6 Quel pomeriggio San Clemente ***andava / era andato*** a casa dei due sposi.
7 Sisinnio è tornato a vedere per il miracolo che ***faceva / aveva fatto*** San Clemente.
8 I servi di Sisinnio, a causa del miracolo, ***impazzivano / erano impazziti***.
9 Invece di legare Clemente, i servi ***legavano / avevano legato*** una colonna di marmo.

4 Completa le frasi comparative con DI o con CHE.

1 La gente poteva conoscere le storie sacre più dai dipinti _____ dalla Bibbia.
2 L'affresco di questo tipo più importante _____ tutti si trova a Roma.
3 Sisinno era certamente più geloso _____ intelligente.
4 Teodora era meno stupida _____ Sisinnio.
5 San Clemente è andato a casa di Sisinnio perché, più _____ buono, era pentito.
6 Il terzo miracolo di Clemente è stato più divertente _____ altri.
7 Sisinnio è più arrabbiato con i servi _____ con San Clemente.

5 Completa con il pronome giusto.

1 La moglie di Sisinnio usciva di casa tutti i giorni senza raccontar____ dove andava.
2 Un giorno Sisinnio aveva deciso di seguir____.
3 Sisinnio ____ aveva vista camminare per strada ed entrare in una casa.
4 Sisinnio, doveva essere contento di avere una moglie che non ____ metteva le corna.
5 Sisinnio ha ordinato ai servi di legare il Santo e di buttar____ fuori di casa.
6 I servi legano una pesantissima colonna di marmo e non riescono a trascinar____.
7 I servi non riescono a trascinare la colonna e Sisinnio ____ maltratta.
8 I servi tirano la colonna e Sisinnio ____ dice di tirare più forte.
9 Clemente non fa un miracolo solo, ma ____ fa tre!

24. ALTRE CARATTERISTICHE DELL'IMPERFETTO

24.1 L'IMPERFETTO CON *DOVERE, POTERE, VOLERE, SAPERE* E *CONOSCERE*

Con alcuni verbi l'uso del passato prossimo o dell'imperfetto può cambiare il "senso" della frase.

Ho dovuto fare = ho fatto perché era mio dovere. **Dovevo fare** = era mio dovere fare (ma non dico se ho fatto o no).	***Sono dovuto andare*** dal dottore alle tre. ***Dovevo andare*** dal dottore alle tre e sono stato puntualissimo (ma non ci sono andato).
Ho potuto fare = ho fatto perché avevo la possibilità. **Potevo fare** = era possibile fare (ma non dico se ho fatto o no).	Finalmente ieri ***ho potuto riposare*** un po'. Da piccolo ***potevo guardare*** la TV solo un'ora al giorno.
Ho voluto fare = ho fatto perché ho deciso. **Volevo fare** = era mia intenzione fare (ma non dico se ho fatto o no).	***Ho voluto cambiare*** lavoro (e l'ho cambiato). ***Volevo cambiare*** lavoro (ma forse non l'ho cambiato).
Ho saputo = mi hanno informato di qualche cosa. **Sapevo** = ero a conoscenza di qualcosa.	***Ho saputo*** che sei sposato (mi hanno informato). ***Sapevo*** che sei sposato (non è una novità).
Ho conosciuto = mi hanno presentato qualcuno. **Conoscevo** = ero "conoscente" di qualcuno.	Ieri ***ho conosciuto*** tua sorella. Io ***conoscevo*** personalmente Pasolini.

24.2 L'IMPERFETTO DI CORTESIA

L'imperfetto di **volere** si usa spesso come forma cortese per fare una richiesta.	Buongiorno, ***volevo*** un caffè. ***Volevo*** un'informazione...
Per una richiesta cortese si usa anche il condizionale di **volere**: **vorrei**, **vorresti**, **vorrebbe**, **vorremmo**, **vorreste**, **vorrebbero**.	***Vorrei*** farle una domanda. ***Vorresti*** essere così gentile da aiutarmi?

e inoltre...

24.3 L'IMPERFETTO CON *QUASI QUASI, A MOMENTI, PER POCO*

L'imperfetto può indicare un'azione che nel passato **poteva accadere** ma non è accaduta. Si usa normalmente dopo le formule **quasi quasi**, **per poco**, **a momenti**.	Che spavento! ***A momenti morivo*** di paura! Mentre attraversavo la strada ***quasi quasi finivo*** sotto una macchina!

24.4 L'IMPERFETTO IPOTETICO (O DELL'IRREALTÀ)

Nella lingua parlata l'imperfetto si usa qualche volta anche in frasi **ipotetiche** che indicano impossibilità. (per l'uso scritto e formale vedi **vol. 2, cap.9**).	Se non mi ***aiutavi*** tu non ***sapevo*** come fare! (ma mi hai aiutato) Se ***passavi*** per Roma ***potevamo*** incontrarci. (ma non sei passato)

1 **Coniuga i verbi al passato prossimo o all'imperfetto. Attenzione: qualche volta tutti e due i tempi possono andare bene.**

Andrea (tu - *Sapere*) _______________ che Marco si è sposato?

Matteo No, non lo (io - *sapere*) _______________. Chi te l'ha detto?

Andrea Lo (io - *sapere*) _______________ da suo fratello! L'ho incontrato ieri e mi ha dato la notizia.

Matteo Sai con chi (lui - *sposarsi*) _______________? Con Federica, immagino, la sua storica e bellissima fidanzata.

Andrea Invece no! La storia con Federica è finita un anno fa e... ti ricordi di Concetta, quella con gli occhiali e un po' cicciotta... quella che a scuola (*volere*) _______________ sempre studiare?

Matteo Certo che mi ricordo! La (*conoscere*) _______________ bene... anzi benissimo! A scuola Concetta era innamorata di me, mi stava sempre dietro. Ma insomma... era bruttina e io, modestamente potevo permettermi altro eh! Marco effettivamente non capisce niente di donne.

Andrea Eh già... Ma forse tu non sai una cosa... da quanto tempo non vedi Concetta?

Matteo Mah... io la (*vedere*) _______________ l'ultima volta venti anni fa. Anzi ricordo che (lei - *volere*) _______________ fare l'Università insieme a me. Ma (io - *decidere*) _______________ di smettere di studiare e (*trovare*) _______________ un lavoro... lei non so. Non so nemmeno se (*fare*) _______________ l'Università.

Andrea Sì eccome! (lei - *Laurearsi*) _______________ e poi (*volere*) _______________ fare un dottorato in fisica astronomica. Ma non (*avere*) _______________ i soldi per farlo e allora ha lavorato... come fotomodella.

Matteo Che? Concetta fotomodella? Ma mi prendi in giro?

Andrea Ti giuro! Concetta (*togliersi*) _______________ gli occhiali, (*mettersi*) _______________ le lenti a contatto, e... bruttina lei? Mi sa che non hai visto le foto della pubblicità del profumo "Vento d'estate"!

Matteo Non ci posso credere. Ma comunque non (*fare*) _______________ più il dottorato immagino.

Andrea Certo che lo (*fare*) _______________! (*Dovere*) _______________ studiare tantissimo, ma ora è una ricercatrice affermata e lavora in un centro specializzato in Svizzera dove guadagna moltissimo.

Matteo Ma... ma.. almeno... ora che sono passati venti anni... lei (*tornare*) _______________ bruttina? (*Invecchiare*) _______________ anche lei, no?

Andrea Mi dispiace... ho visto le foto del matrimonio... ed è meglio di quando faceva la modella.

Matteo Cioè... intelligente, bella e ricca?

Andrea Dai, pure tu non sei male, anche se (*perdere*) _______________ i capelli e (*ingrassare*) _______________ parecchio. Peccato solo che non sei ricco e intelligente.

Matteo Grazie Andrea. (io - *Avere*) _______________ davvero bisogno di un amico come te!

2 **Leggi i titoli di giornali degli anni '80 e cerca di capire perché si usa l'imperfetto e non il passato prossimo.**

1
Custodiva nell'auto opere d'arte rubate

2
Quell'uomo che piaceva tanto alle donne

3
Arrestato ieri a Genova era molto stimato
Un piazzista senza laurea operava in ospedale

4
Cinque in carcere Spacciavano droga con un'auto dell'ambasciata

5
Come siamo come eravamo

6
«Girava armato perché è un timido»

7
"Era un uomo che viveva di idee"

8
Due arresti per spaccio di droga
Preparavano le dosi in stanza d'albergo

9
Preso dalla polizia: era giunto sei mesi fa dall'isola
Gestiva la «filiale» della droga siciliana

e inoltre...

3 **Scegli la forma corretta.**

1 ***Ho potuto / Potevo*** anche cambiare lavoro ma ho preferito restare nel mio vecchio ufficio.
2 Era un argomento difficile ma ***ho capito / capivo*** quasi tutto.
3 Buonasera dottore. ***Ho voluto / Volevo*** sapere se possiamo fissare un appuntamento.
4 Da giovane ***ho conosciuto / conoscevo*** tutte le discoteche della città.
5 ***Ho conosciuto / Conoscevo*** mio marito il 3 agosto del 2011.
6 Non sono arrabbiato perché non sei venuto alla festa. Però ***hai potuto / potevi*** telefonarmi!
7 Caravaggio in realtà ***si è chiamato / si chiamava*** Michelangelo Merisi.
8 Sono arrivato all'ultimo minuto e a momenti ***ho perso / perdevo*** il treno.
9 Sei molto strano. Che cosa hai? ***Hai bevuto / Bevevi***?
10 Mentre ***ha aspettato / aspettava*** l'autobus, canticchiava una canzone.
11 Lui non ***ha saputo / sapeva*** ballare, ma cantava benissimo!
12 Mi hanno detto che mi hai cercato. Che ***hai voluto / volevi***?
13 Ti ringrazio per il regalo ma veramente non ***hai dovuto / dovevi*** disturbarti.
14 Lo so che non dovevo scherzare sulle mogli. Ma come ***ho potuto / potevo*** sapere che è vedovo?
15 Ieri ***ho avuto / avevo*** una bellissima notizia!
16 ***Avete letto / Leggevate*** il giornale stamattina?

25. GLI INTERROGATIVI

25.1 GLI INTERROGATIVI

Le frasi interrogative in italiano sono caratterizzate dall'**intonazione** della voce; graficamente si esprimono con il punto interrogativo: **?**.	Oggi sei stanco. (intonazione ↓) Oggi sei stanco? (intonazione ↑)
Molte frasi interrogative sono introdotte da avverbi, aggettivi o pronomi interrogativi (**Dove?**, **Come?**, **Quando?**, **Quanto?**, **Perché?**, **Come mai?**, ecc.).	***Dove*** abiti? ***Come*** ti chiami? ***Quando*** torni? Quanti anni hai? ***Perché*** studi italiano? ***Come mai*** hai quella faccia? ***Chi*** sei? ***Che*** cosa hai fatto ieri? ***Quali*** libri hai letto? Ecc.
In particolare: **Chi** (pronome) - Si riferisce a persone, a esseri animati.	***Chi*** sono quelle persone? ***Chi*** ha parlato?
Che / Che cosa (aggettivo e pronome) - Si riferisce a cose; nel parlato sentiamo spesso anche la forma **cosa?**.	***Che*** ore sono? ***Che*** cosa hai detto?
Quale (aggettivo e pronome) - Si riferisce a persone e cose; al singolare, seguito dal verbo **essere**, si può troncare (**qual è**).	***Quale*** libro vuoi? ***Quali*** film hai visto? ***Qual è*** la tua opinione?

25.2 USO DI *PERCHÉ*

Perché? è un interrogativo. Un sinonimo è **Come mai?**, molto frequente nella lingua colloquiale.	***Perché*** sei arrivato in ritardo? ***Come mai*** anche tu in questo bar?
Perché si usa anche per rispondere a domande.	■ Perché mangi gli spaghetti? ● Mangio gli spaghetti perché ho fame / Perché ho fame.
Per cominciare un discorso con frase causale non si usa **perché** ma si usano altre parole con valore simile: **siccome**, **dato che**, **visto che**, **giacché**. Quasi esclusivamente nella lingua scritta si usa anche **poiché**.	***Siccome*** oggi sono libero resto a casa dormire. ***Dato che*** hai capito non ho altro da dire. ***Visto che*** è tardi chiamo un taxi. E ***poiché*** non lo faceva lui, sono dovuta uscire io.

25.3 GLI INTERROGATIVI "RAFFORZATI"

Gli interrogativi, specialmente nel parlato, possono essere accompagnati da rafforzativi che rendono la domanda più espressiva.

Prima dell'interrogativo si può usare **ma**.	***Ma perché*** non rispondi al telefono? ***Ma chi*** ti ha raccontato questa storia?
Dopo l'interrogativo si può usare **mai**.	E ***perché mai*** sei arrabbiato? ***Dove mai*** ho messo le mie chiavi?
Ma e **mai** si possono usare anche nella stessa frase.	***Ma quando mai*** non sono stato onesto con te? ***Ma chi mai*** ha detto questa cosa?
Al posto di **mai**, nel parlato, si usa qualche volta anche una parola "colorita" (**diavolo**, **cavolo** o anche espressioni più volgari come **cazzo**).	***Dove cavolo*** stai andando? ***Ma come diavolo*** guidi? ***Ma che cazzo*** dici? (volgare)

e inoltre...

25.4 IL "SEGNALE INTERROGATIVO" *CHE*

Se la domanda non è introdotta da un interrogativo (Es: *Hai visto quel film?*) nel parlato si può usare il segnale interrogativo **che**. Serve a annunciare l'arrivo di una domanda.	***Che***, sai che ore sono? ***Che***, è libero quel posto? ***Che***, mi presti dieci euro? ***Che***, mi fa un caffè?
La formula **che...?** si può rafforzare con **ma** per indicare sorpresa o disappunto.	***Ma che***, sei impazzito? ***Ma che***, sei ubriaco?

Nella spiegazione dei rafforzativi delle interrogative (25.3), c'è anche un'espressione volgare. Era necessario metterla in un libro di grammatica?

Quell'espressione volgare è di frequenza d'uso altissima. "Nasconderla" ci sarebbe sembrato un inutile perbenismo linguistico.

vai su www.alma.tv

Il *che* rivoluzionario **CERCA**

nella rubrica GRAMMATICA CAFFÈ

vai su www.alma.tv

Imprecazione all'italiana **CERCA**

nella rubrica GRAMMATICA CAFFÈ

1 Inserisci nelle frasi gli interrogativi della lista.

che / che cosa | chi | come | dove | perché | quale/i | quando | quanto/a/i/e

1 ________ non rispondevi al telefono se eri a casa?
2 ________ si chiama tuo fratello?
3 ________ cominciano le vacanze di Natale?
4 ________ anni hai?
5 Da ________ arriva questo treno? Da Firenze o da Genova?
6 ________ è l'ultimo film che hai visto?
7 ________ vai al lavoro, in macchina o in autobus?
8 ________ possiamo fare in questa situazione?
9 Di ________ è la macchina parcheggiata in doppia fila?
10 In ________ eravate a quella festa?
11 Mi dici ________ sei così nervoso?
12 Ma ________ diavolo è possibile ragionare in questo modo?
13 Con ________ vai a ballare domani sera?
14 ________ va? Tutto bene?
15 ________ stai andando?
16 ________ romanzo di Italo Calvino ti è piaciuto di più?
17 ________ volte devo ripetere la stessa cosa?
18 A ________ ora ci possiamo incontrare?
19 Di ________ sei? Di Milano o di Venezia?
20 Da ________ tempo sei sposato?
21 Da ________ vai a pranzo domenica prossima? Dai tuoi genitori o dai tuoi suoceri?
22 Non so davvero ________ rispondere.
23 Da ________ lo conosco? - Mah... da almeno vent'anni!

2 Sostituisci con dei sinonimi appropriati le parole sottolineate.

1 <u>Perché</u> (__________) non sei uscito oggi?
2 <u>Siccome</u> (__________) non sei venuta all'appuntamento, sono andata via!
3 <u>Dato che</u> (__________) siamo stanchi, abbiamo deciso di non uscire.
4 <u>Perché</u> (__________) mi parli così?
5 <u>Visto che</u> (__________) sei qui, aiutami in questo lavoro.
6 <u>Come mai</u> (__________) non ti ha telefonato?

3 Napoleone non poteva usare sms e chat. Peccato: una sua famosa lettera alla moglie, con un telefonino, magari poteva essere così... Guardala e poi svolgi il compito.

3a Sottolinea tutti gli interrogativi nella lettera di Napoleone alla moglie.

Primavera 1797
Cara Giuseppina, non ti amo più. Al contrario, ti detesto!
Sei una disgraziata, realmente perversa, realmente stupida, una vera e propria Cenerentola! Non mi scrivi mai!
Che cosa fate tutto il giorno, signora? Chi può essere questo meraviglioso nuovo amante che vi porta via ogni momento?
Attenta Giuseppina, una notte io sarò lì!
In verità, amore mio, sono preoccupato di non avere vostre notizie. Dovete immediatamente scrivermi una lettera di quattro pagine con quelle meravigliose parole che riempiono il mio cuore di emozione e di gioia!
Voglio abbracciarvi presto e coprirti di un milione di baci, brucianti come il sole dell'equatore.

Napoleone Bonaparte

e inoltre...

4 Trasforma le domande rafforzando gli interrogativi con **MA**, **MAI**, **CHE**, **DIAVOLO**, **CAVOLO** e, dove possibile, introducendo la domanda col segnale interrogativo **CHE**.

1 Perché dovevo dirgli tutta la verità? ____________________
2 Che stai dicendo? ____________________
3 Quando rientri dal tuo viaggio? ____________________
4 Sei già stanco? ____________________
5 Come parli? ____________________
6 Chi telefona a quest'ora? ____________________
7 Che cosa hai messo nel caffè? Il sale? ____________________
8 Sei impazzito? ____________________
9 Come ti sei vestita? ____________________
10 Stai scherzando? ____________________

5 In ogni gruppo di frasi, una è scorretta. Trovala.

1 Perché sono stanco vado a dormire. / Siccome sono stanco vado a dormire. / Vado a dormire perché sono stanco.
2 Perché mai devo sentire queste stupidaggini? / Ma perché devo sentire queste stupidaggini? / Siccome devo sentire queste stupidaggini?
3 Che, mi puoi prestare due Euro? / Mi puoi prestare due Euro? / Che cosa mi puoi prestare due Euro?
4 Non vado in vacanza dato che devo lavorare. / Non vado in vacanza perché devo lavorare. / Come devo lavorare non vado in vacanza
5 Come mai sei in ritardo? / Perché sei in ritardo? / Che cosa sei in ritardo?
6 Chi studiano italiano? / Quanti studiano italiano? / Ma perché mai studiano italiano?
7 Da quando mi aspetti? / Da quale mi aspetti? / Da quanto mi aspetti?
8 Perché leggo? Perché mi piace! / Come mai leggo? Siccome mi piace! / Come mai leggo? Perché mi piace!

26. IL FUTURO

26.1 LE FORME DEL FUTURO SEMPLICE

	ESSERE	AVERE	PARL -ARE	SCRIV -ERE	FIN -IRE
io	sarò	avrò	parl-**erò**	scriv-**erò**	fin-**irò**
tu	sarai	avrai	parl-**erai**	scriv-**erai**	fin-**irai**
lui / lei	sarà	avrà	parl-**erà**	scriv-**erà**	fin-**irà**
noi	saremo	avremo	parl-**eremo**	scriv-**eremo**	fin-**iremo**
voi	sarete	avrete	parl-**erete**	scriv-**erete**	fin-**irete**
loro	saranno	avranno	parl-**eranno**	scriv-**eranno**	fin-**iranno**

26.2 FUTURO IRREGOLARE

Alcuni verbi hanno le forme irregolari. Per esempio:

	ANDARE	BERE	DARE	DIRE	DOVERE
io	andrò	berrò	darò	dirò	dovrò
tu	andrai	berrai	darai	dirai	dovrai
lui / lei	andrà	berrà	darà	dirà	dovrà
noi	andremo	berremo	daremo	diremo	dovremo
voi	andrete	berrete	darete	direte	dovrete
loro	andranno	berranno	daranno	diranno	dovranno

	FARE	POTERE	RIMANERE	SAPERE	STARE
io	farò	potrò	rimarrò	saprò	starò
tu	farai	potrai	rimarrai	saprai	starai
lui / lei	farà	potrà	rimarrà	saprà	starà
noi	faremo	potremo	rimarremo	sapremo	staremo
voi	farete	potrete	rimarrete	saprete	starete
loro	faranno	potranno	rimarranno	sapranno	staranno

	VEDERE	VENIRE	VIVERE	VOLERE
io	vedrò	verrò	vivrò	vorrò
tu	vedrai	verrai	vivrai	vorrai
lui / lei	vedrà	verrà	vivrà	vorrà
noi	vedremo	verremo	vivremo	vorremo
voi	vedrete	verrete	vivrete	vorrete
loro	vedranno	verranno	vivranno	vorranno

26.3 USI DEL FUTURO SEMPLICE

Il futuro semplice esprime **un'azione che deve accadere**. Se questa azione è probabile o certa, di solito si usa il presente indicativo.	Domani ***andrò / vado*** al mare. Che ***fai*** stasera? (improbabile: *che farai*) Un giorno ***avremo*** la pace in tutto il mondo.
Il futuro può esprimere anche **un dubbio personale**. Sottintende *forse*, *perché no?*, *non lo so ma è possibile*.	■ Non risponde al telefono? ● Mah... ***sarà*** fuori. ***Sarà*** vero... ma non ci credo!

e inoltre...

26.4 LE FORME DEL FUTURO ANTERIORE

	MANGIARE	PARTIRE	DIMENTICARSI
io	avrò mangiato	sarò partita/o	si sarò dimenticata/o
tu	avrai mangiato	sarai partita/o	ti sarai dimenticata/o
lui / lei	avrà mangiato	sarà partita/o	si sarà dimenticata/o
noi	avremo mangiato	saremo partite/i	ci saremo dimenticate/i
voi	avrete mangiato	sarete partite/i	vi sarete dimenticate/i
loro	avranno mangiato	saranno partite/i	si saranno dimenticate/i

26.5 USI DEL FUTURO ANTERIORE

Il futuro anteriore esprime un'azione che deve avvenire **prima di un'altra espressa al futuro**. Molto spesso è possibile usare al posto del futuro anteriore un più semplice passato prossimo o addirittura il presente.	Appena ***sarai tornato*** ti telefonerò. = Appena sei tornato ti telefono. / Appena torni ti telefono.
Come il futuro semplice, anche il futuro anteriore può esprimere **un dubbio personale**, ma su un evento passato.	■ Ieri non è venuto al lavoro? ● Mah... ***sarà stato*** male.

1 Completa la tabella con le forme verbali del futuro semplice e dell'infinito mancanti.

ESSERE			PERMETTERE			DIMENTICARSI	
sarò							potrò
sarai	arriverà						
sarà							
saremo		diventeremo					
sarete					costruirete		
saranno				apriranno			

2 Completa le frasi con i verbi al futuro semplice.

1 Prima di partire (io - *passare*) ________________ da te per salutarti.
2 Non ho notizie di Maria da parecchio tempo: più tardi le (*scrivere*) ________________ una mail.
3 Domani andrò in banca e (*sentire*) ________________ se ci sono novità sul mio conto.
4 Ma tu che (*fare*) ________________ quando non ci sarò io ad aiutarti?
5 Caterina mi ha detto che (*venire*) ________________ a trovarci uno di questi giorni.
6 Chi vivrà, (*vedere*) ________________ (modo di dire).
7 Questa storia (*andare*) ________________ a finire male!
8 Se è nervoso (lui - *avere*) ________________ i suoi motivi.
9 Tutti parlano bene di quel film. (*Essere*) ________________ bello (= Deve essere bello).
10 Hai viaggiato tutta la notte? (tu - *Essere*) ________________ stanco! (= Probabilmente sei).
11 Sono sicuro che voi non (*dimenticare*) ________________ quello che vi ho detto.

3 Inserisci nel racconto le determinazioni di tempo della lista.

da alcune settimane	dopo	fa	fra sei mesi	l'anno scorso	per una settimana	più a lungo	prima

Partiremo per l'India ______________ e staremo a New Delhi ______________ così come abbiamo fatto anche ______________. ______________ la settimana a New Delhi andremo subito a Goa e pensiamo di restarci ______________, almeno per un mese. ______________ di partire naturalmente dovremo organizzarci bene. ______________ abbiamo già cominciato a comprare le cose necessarie per il viaggio e qualche giorno ______________ ho anche visto un bellissimo zaino che spero di comprare.

4 Scrivi per ogni persona una previsione per il prossimo anno.

1 Il tuo / La tua insegnante di italiano.
2 La città di Roma.
3 Il marito della tua migliore amica.
4 Il Papa.
5 Il Capo del Governo italiano.
6 L'euro.
7 Il Premio Nobel per la Pace.
8 La statua della Libertà.

vai su www.alma.tv

Tra grammatica e smiles CERCA

nella rubrica GRAMMATICA CAFFÈ

5 Completa il testo con i verbi al futuro.

Che bel futuro!

Dobbiamo credere alla magia? E all'astrologia?

La maggior parte della gente dice di non crederci, ma su molti giornali italiani, anche su quelli serissimi, troviamo l'oroscopo del giorno o della settimana. Se leggete l'ultima pagina dei quotidiani, fra gli annunci pubblicitari, facilmente (voi - *trovare*) ____________________: "il mago Pinco Pallino vi (*leggere*) ____________________ la mano e vi (*dire*) ____________________ passato, presente e futuro".

"Avete problemi d'amore? Niente paura! La maga Tizia ne (*risolvere*) ____________________ gran parte o li (*risolvere*) ____________________ tutti"

L'astrologia va di moda specialmente alla fine dell'anno: come (*essere*) ____________________ l'anno prossimo? "Ottimo per i Capricorni!"; "Scorpioni, attenti ai reumatismi!"; "Di che segno sei? Della Bilancia? Tutto bene! A giugno (tu - *trovare*) ____________________ un lavoro interessante!"; "Voi dell'Acquario e dell'Ariete (*avere*) ____________________ molta fortuna"; "Le donne del Cancro e dei Pesci (*trovare*) ____________________ marito prestissimo!"

A Capodanno ne parlano tutti, radio, televisione, giornali. Io? Io non ci credo... ma quando mi dicono che quelli del mio segno sono intelligenti e fortunati e presto (*diventare*) ____________________ ricchi...".

da Roberto Tartaglione, *Paese che vai*

vai su www.alma.tv

Non c'è più futuro **CERCA**

nella rubrica **GRAMMATICA CAFFÈ**

e inoltre...

6 Rispondi alle domande usando il futuro di dubbio, semplice o anteriore.

1 Quanti anni ha?

2 Che ore sono?

3 Che lavoro fa?

4 Perché sono così seri?

5 Che cosa è successo?

6 Quanti abitanti ha Roma?

7 Perché non è uscito ieri sera?

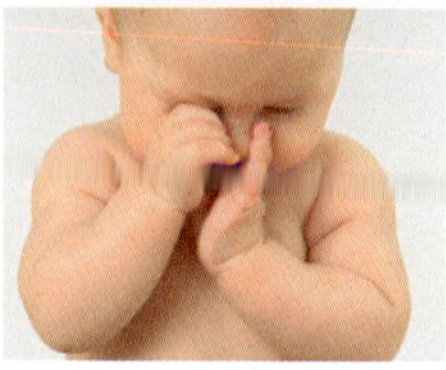

8 Perché si tocca gli occhi?

7 Completa le frasi con i verbi al futuro anteriore.

1 Tu uscirai di casa solo dopo che (tu - *fare*) ________________ quello che ti ho chiesto.
2 Quando lui (*finire*) ________________ l'università dovrà cercarsi subito un lavoro.
3 Non è venuto all'appuntamento? Come sempre (lui - *dimenticarselo*) ________________ .
4 Oggi c'era un traffico terribile! (io - *Stare*) ________________ in macchina almeno quattro ore.
5 Ti darò il mio aiuto solo quando (tu - *dimostrare*) ________________ che lo meriti.
6 Si è offeso? Mamma mia! Che cosa (io - *dire*) ________________ di così terribile?

8 Leggi l'articolo e sottolinea tutti i verbi al futuro.

Come saremo nel 2050

Nanomedicine, vetture autonome, vestiti intelligenti, hotel sotto il mare: dieci premi Nobel predicono il futuro e spiegano come sarà la vita sulla Terra nel 2050. Medicina e ricerca allungheranno la durata media della vita. Tutto sarà più immediato e comodo. Si parla di una nuova rivoluzione industriale. Ma c'è anche chi prevede una catastrofe...
Secondo gli scienziati, una decina di Nobel interrogati dal magazine francese *Le Point*, non tutto sarà nero. Le buone notizie arriveranno principalmente dalla medicina. Ecco quali saranno i principali cambiamenti da qui al 2050:

1. Il primo hotel anfibio offrirà delle camere dieci metri sott'acqua. Aprirà a Dubai.
2. I capi d'abbigliamento saranno tessuti con le nanofibre. Non si consumeranno più e si adatteranno all'ambiente circostante.
3. I robot saranno dappertutto. Saranno in grado anche di fare interventi chirurgici.
4. La medicina genetica permetterà di rallentare la comparsa di varie malattie (Alzheimer, autismo, cancro).
5. I supercalcolatori saranno mille volte più potenti delle attuali macchine.
6. I cinesi costruiranno una stazione abitabile sulla luna, in attesa di andare su Marte.
7. Le vetture diventeranno autonome al 100%. Molte auto saranno elettriche, il consumo di idrocarburi si abbasserà del 65%.
8. La speranza di vita continuerà ad aumentare. Ogni decennio aumenterà di 20 anni per i più ricchi, che potranno vivere una vita completamente sana.
9. Il pianeta conterà 9 miliardi di abitanti.
10. Il riscaldamento globale sconvolgerà il pianeta e ci saranno terremoti e mancanza di acqua. I pessimisti insomma non mancano.

9 Riordina le frasi riportandole al senso originale espresso nel testo precedente.

1 I cinesi
2 La speranza di vita
3 Il primo hotel anfibio
4 I supercalcolatori
5 Il pianeta
6 I robot
7 Il consumo di idrocarburi
8 I capi di abbigliamento

A saranno dappertutto.
B si abbasserà del 65%.
C conterà 9 miliardi di abitanti.
D si adatteranno all'ambiente.
E offrirà camere sott'acqua.
F costruiranno una stazione sulla luna.
G continuerà a aumentare.
H saranno più potenti delle attuali macchine.

1.__ • 2.__ • 3.__ • 4.__ • 5.__ • 6.__ • 7.__ • 8.__

lettura 10. NERONE

Nerone nasce nell'anno 37 d.C. ad Anzio, una piccola città di mare vicino a Roma. Nel 53 sposa Ottavia, una brava ragazza figlia dell'imperatore Claudio. Il popolo dice che non è un matrimonio d'amore ma di interesse perché, dopo la morte di Claudio, Nerone diventa imperatore al posto suo.

I primi anni di governo vanno bene. In realtà Nerone pensa soprattutto a divertirsi con gli amici, a scrivere canzoni e a cantare, ma per fortuna c'è mamma Agrippina che pensa ai problemi dello Stato.

Un giorno però Nerone si innamora di Poppea. Prima sembra solo un piccolo *flirt*, una cosa da niente. Dopo però, quando la storia diventa seria, Agrippina chiama il figlio e gli fa una scenata[1].

«Nerone mio - gli dice Agrippina - ti volevo dire una cosa riguardo a Poppea: tu hai famiglia e sei un personaggio importante! Fino a quando continuerai a portare quella a casa? Qualche avventura va bene, lo so, l'uomo è cacciatore... ma adesso con quella basta! La gente chiacchiera: che figura fai? E che figura fa quella santa donna di tua moglie che sta tutto il giorno in cucina? Se non la lasci, fra poco tempo tutta Roma saprà questa storia! No, no, questa storia deve finire, Nerone mio!»

Dopo pochi giorni Agrippina muore assassinata[2]. Subito dopo muore anche Ottavia, assassinata pure lei. La gente dice che l'assassino è Nerone, ma probabilmente la responsabile è Poppea.

Poppea e Nerone allora si sposano. Dopo il matrimonio Poppea comincia a fare la bella vita: una volta vuole più soldi, un'altra volta un parrucchiere orientale, e poi vuole fare il bagno nel latte, e poi vuole andare alle feste senza il marito. «Fra un po' vorrà anche il mio impero» pensa Nerone. Insomma: il matrimonio è una catastrofe. Un giorno i due litigano, una parola tira l'altra, Nerone dà un calcio nel sedere[3] a Poppea, lei cade, batte la testa e muore.

Nerone ora è solo e triste. «Che farò adesso che sono di nuovo vedovo[4]?» pensa il poveretto. Per avere un po' di compagnia sposa allora Statilia Messalina. Ma l'imperatore ha una crisi nervosa, non lavora più, vuole cambiare lavoro e andare a vivere in campagna. Quando scopre che anche i suoi amici non gli vogliono bene, che stanno con lui solo per interesse, ma in realtà non amano la sua arte e neanche le sue canzoni ha una grande crisi depressiva e si suicida. Prima di morire grida le sue ultime parole: «Ah, che artista muore con me!»

---

[1] fa una scenata → Dice qualcosa in modo molto aggressivo.

[2] assassinata → Uccisa, ammazzata.

[3] calcio nel sedere → 

[4] vedovo → Uomo a cui è morta la moglie.

Esercizi

1 **Riassumi la storia collegando i gruppi di frasi, dove possibile, con le congiunzioni: E, O, MA, MENTRE, PERCHÉ, QUANDO, CHE, DOVE, DOPO, DOPO CHE, PRIMA, PRIMA DI, ecc.**

Es. - Nerone pensa a divertirsi - Nerone canta - Agrippina è la madre di Nerone - Agrippina pensa a governare	**Es.** Nerone pensa a divertirsi e mentre lui canta, Agrippina, sua madre, pensa a governare.

1 - Nerone nasce nel 37 d.C. - Nerone nasce ad Anzio - Anzio è una città di mare - Anzio è vicino a Roma	**1**
2 - Nerone si innamora di Poppea - La storia diventa seria - Agrippina fa una scenata a Nerone - Agrippina muore assassinata - Ottavia muore assassinata - Forse l'assassino è Nerone - Forse l'assassina è Poppea	**2**
3 - Nerone sposa Messalina - Messalina è una *porno-star* molto sexy - Nerone è depresso - Gli amici non vogliono bene a Nerone - Gli amici non amano la musica di Nerone - Nerone si suicida	**3**
4 - Nerone sposa Ottavia - Ottavia è figlia dell'imperatore Claudio - Claudio muore - Nerone diventa imperatore - Nerone pensa a divertirsi - Nerone scrive canzoni - Nerone canta - Nerone ha una mamma - La mamma di Nerone si chiama Agrippina - Agrippina pensa al governo	**4**
5 - Nerone e Poppea si sposano - Poppea fa la bella vita - Poppea vuole molti soldi - Poppea vuole molti vestiti - Poppea fa il bagno nel latte - Poppea vuole molti uomini - Nerone dà un calcio nel sedere a Poppea - Poppea cade e batte la testa - Poppea muore	**5**

2 Completa le risposte con i pronomi diretti, indiretti, CI o NE.

1 Nerone è nato ad Anzio? — Sì, ____ è nato nel 37 d.C.
2 Nerone ha sposato Ottavia? — Sì, ____ ha sposata nell'anno 53.
3 Nerone ha sposato Ottavia e Messalina? — Sì, ____ ha sposate tutt'e due.
4 Agrippina pensava ai problemi dello Stato? — Sì, doveva pensar____ lei.
5 Agrippina ha fatto una scenata al figlio? — Sì, ____ ha fatto una grande scenata.
6 Ottavia stava molto in cucina? — Sì, ____ stava tutto il giorno.
7 Nerone ha assassinato Agrippina? — No, ____ assassinata Poppea.
8 Nerone era innamorato di Poppea? — Sì, ____ era innamorato pazzamente.
9 Poppea voleva andare alle feste? — Sì, voleva andar____ senza il marito.
10 Nerone ha dato un calcio a Poppea? — Sì, ____ ha dato un calcio nel sedere.
11 Poppea ha battuto la testa? — Sì, ____ ha battuta per terra.
12 Nerone voleva cambiare lavoro? — Sì, voleva cambiar____ perché era stanco.
13 Gli amici non amavano le canzoni di Nerone? — No, non ____ amavano.

3 Completa le frasi con le preposizioni.

1 Nerone nasce _____ Anzio.
2 Anzio è una città _____ mare.
3 Nerone sposa Ottavia _____ 53 d.C.
4 Nerone diventa imperatore _____ posto di Claudio.
5 Nerone pensa soprattutto _____ divertirsi.
6 Agrippina pensa _____ problemi dello Stato.
7 Un giorno Nerone si innamora _____ Poppea.
8 Poppea vuole andare _____ feste senza il marito.
9 Prima _____ morire Nerone dice le ultime parole.

4 Rispondi usando un pronome diretto "ridondante", come nell'esempio.

Es. Hai letto quel libro? — *Quel libro l'ho letto* proprio volentieri.
1 Hai bevuto la birra? — ______________________ tutta!
2 Hai mangiato gli spaghetti? — ______________________ ieri!
3 Hai comprato le caramelle? — ______________________, naturalmente!
4 Hai fatto colazione? — ______________________ al bar.
5 Hai incontrato le tue amiche? — ______________________ spesso in questo periodo.
6 Hai guardato la televisione? — ______________________ solo un po'!
7 Hai pulito le scarpe? — ______________________, cosa credi?
8 Hai sentito questa canzone? — ______________________ dal vivo!
9 Hai usato il computer? — ______________________ anche troppo!

5 Giochiamo un po'.

1

2

3

4

5

Qui sopra ci sono le foto di cinque famosi e criticati personaggi politici italiani del Novecento.

1. **Vittorio Emanuele III**, l'ultimo re d'Italia (criticato per aver lasciato l'Italia nelle mani del fascismo).
2. **Benito Bussolini** (capo del partito fascista e responsabile dell'entrata in guerra dell'Italia al fianco di Hitler).
3. **Palmiro Togliatti** (storico capo comunista criticato per i suoi legami con Stalin).
4. **Giulio Andreotti** (7 volte capo del governo e criticato per i suoi non chiari rapporti con la mafia).
5. **Silvio Berlusconi** (criticato per i conflitti di interesse fra i suoi affari privati e quelli pubblici).

Quale - secondo voi - è il più degno erede di Nerone? E perché? E nel vostro paese c'è un politico che ricorda un po' il nostro imperatore romano?

6 Riscrivi la storia usando i tempi passati dell'indicativo.

Nerone **nasce** ___________ ad Anzio e nel 53 **sposa** ___________ Ottavia. Il popolo **dice** ___________ che non **è** ___________ un matrimonio d'amore ma di interesse. Nerone **diventa** ___________ imperatore al posto di Claudio e i primi anni di governo **vanno** ___________ bene anche se Nerone **pensa** ___________ soprattutto a divertirsi con gli amici. Per fortuna infatti **c'è** ___________ mamma Agrippina che **pensa** ___________ ai problemi dello Stato. Un bel giorno però Nerone **si innamora** ___________ di Poppea: prima **sembra** ___________ solo un piccolo *flirt*, ma quando la storia **diventa** ___________ seria, Agrippina **chiama** ___________ il figlio e gli **fa** ___________ una scenata.
Dopo pochi giorni Agrippina e Ottavia **muoiono** ___________ assassinate. La gente **dice** ___________ che l'assassino **è** ___________ Nerone, ma probabilmente la responsabile **è** ___________ Poppea.
Poppea e Nerone allora **si sposano** ___________. Dopo il matrimonio Poppea **comincia** ___________ a fare la bella vita e il matrimonio **è** ___________ una catastrofe. Un giorno i due **litigano**, ___________ Nerone **dà** ___________ un calcio nel sedere a Poppea, lei **cade** ___________, **batte** ___________ la testa e **muore** ___________.
Per avere un po' di compagnia l'imperatore allora **sposa** ___________ Messalina, ma **ha** ___________ una crisi nervosa, non **lavora** ___________ più e **vuole** ___________ cambiare lavoro. Quando **scopre** ___________ che anche i suoi amici non gli **vogliono** ___________ bene, **ha** ___________ una grande crisi depressiva e **si suicida** ___________.

7 Completa con forme riflessive reciproche, come negli esempi.

Es. Io ho sposato Maria	Io e Maria ci siamo sposati.
Es. Tu hai sposato Maria	Tu e Maria vi siete sposati.
Es. Lui ha sposato Maria	Lui e Maria si sono sposati.

1 Ho conosciuto un ragazzo ______
Hai conosciuto un ragazzo ______
Ha conosciuto un ragazzo ______

2 Ho visto Carla ______
Hai visto Carla ______
Giulia ha visto Carla ______

3 Ho salutato gli amici ______
Hai salutato gli amici ______
Loro hanno salutato gli amici ______

4 Abbiamo incontrato Paola ______
Avete incontrato Paola ______
Anna ha incontrato Paola ______

5 Ho parlato con il dottore ______
Hai parlato con il dottore ______
Il dottore ha parlato con lui ______

6 Domani ti telefono ______
Telefoni a Marco domani ______
Lui telefona a lei spessissimo ______

7 Ho incontrato Anna e Eva ______
Hai incontrato Anna e Eva ______
Lui ha incontrato Anna e Eva ______

8 Rileggi la storia e inserisci i verbi evidenziati nella tabella.

Nerone **è nato** ad Anzio. **Ha sposato** Ottavia ed **è diventato** imperatore.
Come imperatore Nerone **pensava** soprattutto a divertirsi mentre mamma Agrippina invece **pensava** ai problemi dello Stato.
Un giorno Nerone **si è innamorato** di Poppea. All'inizio **sembrava** solo un flirt.
Agrippina allora **aveva fatto** una scenata a Nerone perché la storia con Poppea **doveva** finire.
«Tu **sei** un personaggio importante! Fino a quando **continuerai** a portare a casa Poppea?
La gente **chiacchiera**! Questa storia **deve** finire».
Agrippina **è morta** assassinata. Nerone allora **aveva sposato** Poppea, ma lei **ha cominciato** a chiedere molte cose: **voleva** fare il bagno nel latte e **voleva** un parrucchiere orientale.
«Fra poco **vorrà** anche il mio impero!» **pensava** Nerone.
Ma Poppea **è morta** dopo che Nerone gli **aveva dato** un calcio.
«Che **farò** adesso che sono di nuovo solo?» **pensava** il poveretto.
Nerone **aveva visto** però che i suoi amici non lo **amavano**.
Per questo alla fine **si è suicidato**.

TRAPASSATO PROSSIMO	PASSATO PROSSIMO	IMPERFETTO	PRESENTE	FUTURO

TEST 2

1 Completa con gli articoli determinativi o indeterminativi.

1 Alle otto _____ autobus sono sempre pieni di gente.
2 Marco fa _____ architetto.
3 In televisione dicono che la prossima sarà _____ estate caldissima.
4 Il "Barberini" è _____ cinema di Roma molto bello.
5 Roma e Milano sono _____ città più grandi d'Italia.
6 Non metto mai _____ zucchero nel caffè.
7 Giacomo è _____ uomo pieno di qualità.

Ogni articolo corretto 2 punti

_____
_____
_____
_____
_____
_____
_____

TOTALE _____ / 14

2 Completa con la vocale mancante.

1 Torino e Palermo sono due importanti città italian___.
2 Mio figlio fa molt___ sport diversi.
3 I maschi hanno il vestito azzurro, le femmine hanno il vestito ros___.
4 In quel bar trovo sempre gente simpatic___.
5 Da bambino ho studiato in una scuola internazional___.
6 Il quel ristorante il pesce è sempre fresc___.
7 In questa scuola ci sono molte ragazze americane e ingles___.

Ogni vocale corretta 2 punti

_____
_____
_____
_____
_____
_____
_____

TOTALE _____ / 14

3 Scegli la forma corretta.

1 In Italia ***sono / ci sono*** moltissime opere d'arte.
2 Gli spaghetti sono ***bene / buoni***.
3 Karl è ***tedesco / di Germania***.
4 ***Spagna / La Spagna*** è molto turistica.
5 In Italia si ***legge / leggono*** molti giornali sportivi.
6 Hai visto ***quelli / quei*** signori?
7 È meglio uscire un po' ***di / che*** stare a casa davanti alla tv.

Ogni forma corretta 2 punti

_____
_____
_____
_____
_____
_____
_____

TOTALE _____ / 14

4 Completa con le preposizioni.

1 Ho comprato un paio di bellissimi occhiali _____ sole.
2 A che ora finisci _____ lavorare?
3 Tornerò a casa mia _____ una settimana.
4 Sono stato _____ dottore e mi ha detto che sto benissimo!
5 La lezione dura _____ nove e mezza alle undici.
6 Il prossimo anno vado _____ Stati Uniti.
7 Non devi camminare in mezzo _____ strada: è pericoloso!

Ogni preposizione corretta 2 punti

_____
_____
_____
_____
_____
_____
_____

TOTALE _____ / 14

5 Completa con i verbi al presente indicativo.

1 Dove (*andare*) _______________ stasera i tuoi amici?
2 Oggi (*venire*) _______________ a casa mia Marina e Luca.
3 Noi (*fare*) _______________ un lavoro davvero molto interessante.
4 Lui (*capire*) _______________ bene l'inglese, ma lo parla poco.
5 Io la mattina (*alzarsi*) _______________ sempre molto tardi.
6 Stasera Elena (*uscire*) _______________ con il suo fidanzato.
7 Lui non viene alla festa perché non (*sentirsi*) _______________ bene.

Ogni verbo corretto 2 punti

TOTALE _____ / 14

6 Completa con i verbi al passato prossimo o all'imperfetto indicativo.

1 Giulia e Angelica (*andare*) _______________ in quel museo almeno dieci volte!
2 Da bambino mi (*piacere*) _______________ molto studiare la storia.
3 Volevo andare a casa perché (*avere*) _______________ fame.
4 Daniela voleva fare l'attrice ma poi (*diventare*) _______________ professoressa.
5 Le mie sorelle (*vivere*) _______________ per due anni in Francia.
6 Quando lavoravo fuori città (*prendere*) _______________ il treno ogni giorno.
7 Ieri sera noi (*passeggiare*) _______________ un po' nel parco.

Ogni verbo corretto 2 punti

TOTALE _____ / 14

7 Completa con un pronome diretto, indiretto, **CI** o **NE**.

1 Marco mi ha scritto e allora io _____ ho telefonato.
2 Mi piacciono i film western: _____ guardo spesso.
3 Stefania mi ha fatto una domanda e io _____ ho risposto.
4 Queste sono le mie sorelle: _____ ho incontrate al bar cinque minuti fa.
5 Per l'anniversario di nozze dei miei genitori _____ ho regalato un tappeto.
6 Ti piacciono le mele? _____ vuoi una?
7 Buongiorno dottore. _____ posso chiedere una cosa?
8 Istanbul è una bellissima città e io _____ sono stato molte volte.

Ogni pronome corretto 2 punti

TOTALE _____ / 16

TOTALE TEST _____ / 100

INDICE ANALITICO

Indice analitico in ordine alfabetico degli argomenti grammaticali trattati nel testo. Il numero in neretto si riferisce al capitolo/paragrafo. Nel caso dei box di "curiosità linguistiche" è indicata la pagina.

AGGETTIVO

ARTICOLO

AVVERBIO

DISCORSO INDIRETTO

INTERROGATIVI

NOME

NUMERALI

POSSESSIVI

PREPOSIZIONI

PRONOMI

CI

DIRETTI

INDIRETTI

NE

Indice analitico

SOLUZIONI

1. IL NOME

2 Andrea; Clio.

3 *Femminili:* Mattina, Sera, Notte; *Maschili:* Giorno, Pomeriggio.

4 **1.** Questo in italiano si chiama *libro*; **2.** Questa in italiano si chiama *famiglia*; **3.** Come si chiama questo in italiano? Questo in italiano si chiama *ragazzo*; **4.** Come si chiama questa in italiano? Questa in italiano si chiama *ragazza*; **5.** Come si chiama questa in italiano? Questa in italiano si chiama *macchina*.

5 **1.** anni, **2.** bambini, **3.** giorni; **4.** lavori; **5.** libri; **6.** pizze; **7.** case; **8.** famiglie; **9.** idee; **10.** macchine.

6 **1.** numero, **2.** ragazzo, **3.** Stato; **4.** ora; **5.** persona; **6.** ragazza; **7.** bambino; **8.** settimana; **9.** signora; **10.** storia.

7 **a.** amore; **b.** classe; **c.** professore; **d.** giornale; **e.** ospedale; **f.** gente; **g.** arte; **h.** mese; **i.** voce; **l.** notte; **m.** nazione; **n.** presidente; **o.** mare; **p.** televisore; **q.** nome.

8 *Maschili:* amore, professore, giornale, ospedale, mese, presidente, mare, televisore, nome; *Femminili:* classe, gente, arte, voce, notte, nazione.

9 **1.** *un telefonino - tre* telefonini; **2.** *un* anno - *due anni*; **3.** *una madre - due* madri; **4.** *una nazione - sei* nazioni; **5.** *una signora - due* signore; **6.** *un* signore - *due signori*; **7.** *una francese - due* francesi; **8.** *un televisore - due* televisori.

12 **1.** tiramisù, **2.** città, **3.** amici; **4.** pomeriggi; **5.** uomini; **6.** euro; **7.** radio; **8.** mani; **9.** film; **10.** caffè.

13 *Professor*, Ingegner, Dottor.

2. L'ARTICOLO

1a amico, amore, anno, attenzione, esame, esempio, euro, idea, informazione, ora, organizzazione, uomo.

1b amico, amore, anno, esame, esempio, euro, uomo.

1c attenzione, idea, informazione, ora, organizzazione.

1d **2.**

2 **1.** un, **2.** una, **3.** una; **4.** una; **5.** un; **6.** un'; **7.** un; **8.** l; **9.** Le; **10.** Le; **11.** Le; **12.** l; **13.** Le; **14.** l.

3 **1.** Questa è un'amaca; **2.** Questo è un orologio; **3.** Questo è uno zaino; **4.** Questa è una famiglia; **5.** Questo è un autobus; **6.** Questa è un'onda.

4 **1.** l', un; **2.** la, una; **3.** il, un; **4.** lo, uno; la, una; **5.** la, una; **6.** l', un'; **7.** il, un.

5 **1.** c (un'); **2.** a (un); **3.** b (un); **4.** h (una); **5.** i (un); **6.** m (uno); **7.** d (una); **8.** e (un); **9.** f (un); **10.** g (un); **11.** l (un).

6 Gli *sceicchi bianchi*; Gli *alberi degli zoccoli*; I *buoni*, i *brutti*, i *cattivi*.

7 **1.** l'; **2.** i; **3.** il; **4.** il; **5.** il; **6.** lo.

8 **1.** lo / uno psicologo; **2.** la / una scuola; **3.** l' / un'avventura; **4.** l' / un orso; **5.** lo / uno zio; **6.** gli zaini; **7.** gli gnomi; **8.** lo / uno xilofono; **9.** l' / un appartamento; **10.** lo / uno gnomo; **11.** la / una tela; **12.** lo / uno iettatore; **13.** lo / uno stadio; **14.** l' / un uovo.

3. L'AGGETTIVO

1 **1.** austriaca; **2.** greco; **3.** italiane; **4.** russi; **5.** svedese; **6.** francese; **7.** norvegesi; **8.** inglesi; **9.** olandesi; **10.** danese; **11.** tedesche; **12.** italiani; **13.** croato; **14.** spagnole.

2 **1.** b; **2.** l; **3.** c; **4.** d; **5.** i; **6.** h; **7.** f; **8.** a; **9.** p; **10.** m; **11.** e; **12.** n; **13.** q; **14.** r; **15.** o; **16.** g.

3 **1.** italiana; **2.** inglese; **3.** grande; **4.** vecchi; **5.** famosa; **6.** privata; **7.** ricco; **8.** pieno; **9.** straniera; **10.** bella; **11.** importanti; **12.** democratica; **13.** antiche; **14.** grande; **15.** piccole; **16.** nazionali; **17.** grande; **18.** forti; **19.** nuova; **20.** interessante.

4 A. 7; B. 2; C. 1; D. 3; E. 5; F. 4; G. **6.**

5 **1.** bei; **2.** bello; **3.** bell'; **4.** bella; **5.** bell'; **6.** belle; **7.** begli; **8.** bel; **9.** bell'; **10.** bella.

6 **1.** Quei - bassi; **2.** Quegli - poveri; **3.** Quell' - vecchio; **4.** Quella - cattiva; **5.** Quell' - stupida; **6.** Quelle - inglesi; **7.** Quegli - bruttissimi; **8.** Quel - debole; **9.** Quell' - disonesto; **10.** Quella - bellissima.

7 **1.** *Una sfera rossa e un cubo verde*; **2.** Una sfera verde e un cubo rosso; **3.** *Due sfere* verdi e *un cubo* rosso; **4.** Una sfera rossa e due cubi verdi; **5.** Due sfere rosse e due cubi verdi; **6.** Due sfere rosse e due cubi rossi; **7.** Due sfere, una verde e una rossa e due cubi, uno verde e uno rosso; **8.** Una sfera e un cubo rossi e un cubo verde.

8 **1.** *Il cielo è* azzurro/blu; **2.** *Queste penne sono* rosse; **3.** *Queste faccine sono* verdi; **4.** *Queste faccine sono* gialle; **5.** *Questi vestiti sono* rosa; **6.** *Questi capelli sono* castani.

9 **1.** donne inglesi; **2.** città grandi; **3.** Quei ragazzi; **4.** Quegli studenti; **5.** uomo belga; **6.** notti sono fredde; **7.** madre giovane; **8.** buoni; **9.** bell'albergo; **10.** padre anziano; **11.** dispari; **12.** lavoro facile; **13.** persona spagnola; **14.** belle amiche; **15.** antico; **16.** grande; **17.** polli arrosto.

4. IL PRESENTE DI *ESSERE* E *AVERE*

1 **1.** sono; **2.** è; **3.** sono; **4.** è; **5.** hai; **6.** è; **7.** abbiamo; **8.** avete; **9.** è; **10.** ha; **11.** è.

2 **1.** c'è; **2.** è; **3.** ci sono; **4.** ci sono; **5.** sono; **6.** c'è; **7.** ci sono; **8.** è; **9.** c'è; **10.** ci sono; **11.** è; **12.** c'è; **13.** è; **14.** ci sono; **15.** c'è; **16.** c'è.

3 **1.** ha; **2.** siamo; **3.** sono, sono; **4.** Hai; **5.** sei; **6.** abbiamo; **7.** ho; **8.** hanno; **9.** avete; **10.** è; **11.** siete; **12.** sono; **13.** hai; **14.** sei; **15.** abbiamo, abbiamo, abbiamo.

5 VC - *Buongiorno! Io sono il Signor Cattaneo.* AV - Buongiorno, piacere! Sono la Signora Vitou, sono francese. E Lei di che nazionalità è? VC - Sono italiano, di Milano. E Lei, di dove è? AV - Sono di Parigi. E quanti anni ha? VC - Ho 40 anni e sono professore di lingua italiana all'Università per Stranieri. E Lei che lavoro fa? AV - Ah! Interessante! Io sono dottoressa. Ha un numero di telefono? VC - Certo! 339.6785921. AV - Grazie! A presto allora! Arrivederci!

Soluzioni

5. I NUMERI E L'ORA

1 **1.** uno; **2.** due; **3.** tre; **4.** quattro; **5.** cinque.

2 **1.** diciotto; **2.** ventuno anni (ventun anni); **3.** trentatré anni; **4.** quaranta anni (quarant'anni).

3 **1.** Gli spaghetti aglio, olio e peperoncino costano sette euro e cinquanta. **2.** Un carciofo romanesco costa un euro e venti. **3.** Un litro di diesel costa un euro e sessantuno. **4.** La frittura di calamari costa nove euro. **5.** Una camera tripla in alta stagione costa seicentodieci euro.

4 L'anno di nascita di... Giulio Cesare è il cento avanti Cristo; Michelangelo è il millequattrocentosettantacinque; Federico Fellini è il millenovecentoventi; Umberto Eco è il millenovecentotrentadue; Roberto Benigni è il millenovecentocinquantadue; Sofia Loren è il millenovecentotrentaquattro; Rita Levi Montalcini è il millenovecentonove; Giuseppe Garibaldi è il milleottocentosette; Marco Polo è il milleduecentocinquantaquattro; Maria Montessori è il milleottocentosettanta.

5 **1.** L'ufficio informazioni il pomeriggio apre alle due; **2.** Il supermercato apre alle otto; **3.** La biblioteca il giovedì mattina apre alle nove; **4.** La biblioteca il martedì pomeriggio apre alle tre; **5.** La biblioteca il lunedì è chiusa; **6.** L'ufficio informazioni la mattina chiude all'una; **7.** L'ufficio informazioni il pomeriggio chiude alle sette e mezza; **8.** Il supermercato la sera chiude alle sette; Il sabato mattina la biblioteca chiude all'una.

6 **1.** sono le diciotto e quarantaquattro; **2.** sono le dieci e nove; **3.** sono le dodici e cinque / è mezzogiorno e cinque; **4.** sono le quattordici e quarantuno; **5.** sono le dieci e cinquantotto di sera / sono le ventidue e cinquantotto; **6.** sono le quattordici e quarantatré; **7.** sono le dieci e venti; **8.** sono le dodici e trentacinque / è mezzogiorno e trentacinque; **9.** sono le dodici / è mezzogiorno; **10.** sono le dieci e otto; **11.** sono le dodici e trentaquattro / è mezzogiorno e trentaquattro; **12.** sono le dodici e trentotto / è mezzogiorno e trentotto; **13.** sono le dodici e tre / è mezzogiorno e tre; **14.** sono le nove e cinque di mattina; **15.** è l'una e mezza di pomeriggio; **16.** sono le nove e trentadue; **17.** sono le otto; **18.** sono le nove e mezza.

7 **1.** Per Venezia c'è un treno alle dieci meno dieci; **2.** Per Genova c'è un treno alle dieci e mezza; **3.** Per Ivrea c'è un treno alle nove e trentadue; **4.** Per Amsterdam c'è un volo alle cinque e mezza; **5.** Per Parigi c'è un volo alle sei e cinque; **6.** Per Bari c'è un volo alle cinque e trentacinque; **7.** Per Napoli c'è un volo alle sette meno cinque.

lettura 1 - L'ITALIA

1 **1.** v; **2.** f; **3.** f; **4.** f; **5.** f; **6.** v; **7.** f; **8.** v.

2 **1.** ricca di città antiche; **2.** il cinema; **3.** a Roma; **4.** c'è; **5.** ci sono; **6.** qualche volta; **7.** centrale; **8.** è; **9.** una nazione moderna; **10.** un nome famoso; **11.** grandi musei; **12.** di.

3 A. 11; B. 14; C. 12; D. 5; E. 6; F. 7; G. 8; H. 9; I. 1; L. 4; M. 13; N. 3; O. 10; p. 2.

4 **1.** sono famose per il cinema; **2.** sono due repubbliche democratiche; **3.** sono due capitali europee; **4.** sono due regioni in Italia centrale; **5.** sono due nazioni interessanti; **6.** non sono solo due grandi musei; **7.** sono due nazioni moderne; **8.** sono due televisioni private; **9.** sono due stilisti; **10.** sono due regioni dell'Italia settentrionale; **11.** sono due regioni dell'Italia meridionale; **12.** italiani sono quasi sempre puliti; **13.** sono due famosi aperitivi.

5 **1.** ricco; **2.** ricca; **3.** ricche; **4.** ricchi; **5.** famosa; **6.** famoso; **7.** famose; **8.** famosi; **9.** regioni; **10.** polacco; **11.** italiani.

6 **1.** un, il, la, la, il; **2.** Lo, una; **3.** Il, una; **4.** un, un, una; **5.** la, le, la; **6.** I.

7 **1.** Paese ricco; **2.** Arte italiana; **3.** Cinema bello; **4.** Capitale europea; **5.** Papa africano; **6.** Presidente americano; **7.** Mare azzurro; **8.** Regione italiana; **9.** Nazione democratica; **10.** televisione privata; **11.** Industrie grandi; **12.** storie italiane; **13.** Musiche importanti; **14.** Montagne alte; **15.** Mode straniere; **16.** Nazioni ricche; **17.** Paesi industriali; **18.** regioni italiane; **19.** Nomi famosi; **20.** Città moderne.

6. IL PRESENTE INDICATIVO

1 *Cant-ARE:* canto, canti, canta, cantiamo, cantate, *cantano*; *Scriv-ERE:* scrivo, *scrivi*, scrive, scriviamo, scrivete, scrivono; *Apr-IRE:* apro, apri, *apre*, apriamo, aprite, aprono; *Fin-IRE:* finisco, finisci, finisce, *finiamo*, finite, finiscono.

2 *Possibile soluzione:* 1.21.G; 2.22.D; 3.17.H; 4.20.L; 5.16.B; 6.14.A; 7.24.F; 8.19.M; 9.18.I; 10.15.N; 11.13.E; 12.23.C.

3 1.11.E; 2.16.D; 3.9.C; 4.14.B; 5.12.F; 6.10.A; 7.15.H; 8.13.G.

4 *Si chiama Laura,* ha 40 anni e è di Faenza in provincia di Ravenna. Vive a Milano e ha una figlia che si chiama Paola. Viaggia molto per lavoro. Di solito si sveglia alle 10 perché va a dormire molto tardi. Canta tutto il giorno e la sera sente la musica, mangia le tagliatelle e qualche volta beve il vino rosso.

Si chiamano Guido, Luca e Paolo e sono fratelli. Vengono da Milano e sono la quarta generazione dell'azienda italiana Barilla. Sono famosi in tutto il mondo per la produzione della pasta. Nel tempo libero fanno molti sport e leggono libri di filosofia.

Si chiama Roberto, ha 39 anni, è di Casale Monferrato in provincia di Alessandria. Studia danza e ballo in tutto il mondo. Preferisce non parlare di cose private.

5 vivo, Abitiamo, lavoriamo, insegna, Siamo, C'è, c'è, È, Stai, sei, vieni; Sono, sto, lavoro, ho, si chiama, posso, potete.

6 si alza, Prepara, Beve, ha, Si lava, si veste, sveglia, Porta, va, Lavora, va, fa, torna, gioca, cena, guarda, sta, telefona, legge, va; si alza, Prepara, si lava, si veste, sveglia, Porta, torna, Va, incontra, prende, Prepara, tornano, mangia, giocano, studia, pulisce, va, cena, guarda, va.

7 è, mangiano, vede, attraversa, cambia, passa, si rompe, cade, porta, portano, riceve, deve, portano, vedete, avete, fa, Dovete, deve.

8 *La soluzione è soggettiva.*

9 **1.** Stai lontano dal vino? **2.** Usi droghe? **3.** Fumi? Quante sigarette? **4.** Fai sport? **5.** Bevi abbastanza acqua? Quanti bicchieri? **6.** Hai una vita sessuale regolare? **7.** Mangi in modo sano? **8.** Prendi molte medicine? Usi molti farmaci? **9.** Hai hobby o passatempi?

10 **1.** sa; **2.** posso; **3.** sai; **4.** so; **5.** posso; **6.** può, sa; **7.** posso; **8.** so; **9.** possiamo; **10.** sapete.

7. LE PREPOSIZIONI

1 a, a, da, da, da, da, da, da, in, in, in, per, in, in, in.

2 **1.** Carlota (in); **2.** *Paul* (in); **3.** Catherine (da); **4.** Timo (in); **5.** Jeff (da / per); **6.** Giulio (di); **7.** Benoit (a); **8.** Fatima (a / da); **9.** Alejandra (a); **10.** Ellen (in).

3 **1.** alla; **2.** della; **3.** alla; **4.** alla; **5.** dalla.

4 **1.** È un autobus - Sono degli autobus; **2.** È un giornale - Sono dei giornali; **3.** È una macchina - Sono delle macchine; **4.** È una famiglia - Sono delle famiglie; **5.** È un monumento - Sono dei monumenti.

5 Nell'armadio... c'è una borsa, c'è una camicia, c'è un cappotto, c'è una gonna, ci sono dei pantaloni, c'è un vestito. Nei cassetti... ci sono degli asciugamani, ci sono dei boxer, ci sono delle calze, ci sono dei calzini, c'è un cappello, c'è una cintura, c'è un costume da bagno, c'è una cravatta, ci sono dei guanti, c'è una maglietta, c'è un maglione, ci sono delle mutande, c'è un reggiseno, c'è una sciarpa.

6 Sul tavolo ci sono dei bicchieri, dei coltelli, delle forchette, dei piatti, una tovaglia e dei tovaglioli.

7 Nel salotto ci sono dei divani, delle lampade, un quadro e un tappeto.

8 di, di, di, con, dei, di, di, a, per, a, di, a, da, a, a.

9 **1.** io; **2.** te; **3.** io; **4.** te; **5.** tu; **6.** te; **7.** te; **8.** te; **9.** me.

8. I POSSESSIVI

1 **1.** sua; **2.** i loro; **3.** la sua; **4.** suo; **5.** il suo; **6.** la loro; **7.** suo; **8.** suo; **9.** La sua; **10.** la sua; **11.** suo; **12.** suo; **13.** la loro; **14.** le loro.

2 La mia casa, La tua casa, La sua casa, La nostra casa, La vostra casa, La loro casa; Le mie scarpe, Le tue scarpe, Le sue scarpe, Le nostre scarpe, Le vostre scarpe, Le loro scarpe; I miei pantaloni, I tuoi pantaloni, I suoi pantaloni, I nostri pantaloni, I vostri pantaloni, I loro pantaloni; Il mio libro, Il tuo libro, Il suo libro, Il nostro libro, Il vostro libro, Il loro libro.

3 **1.** la mia; **2.** il nostro; **3.** i tuoi; **4.** la loro; **5.** la vostra; **6.** il suo.

4 **1.** sua; **2.** i loro; **3.** il suo; **4.** i suoi; **5.** la sua, sua; **6.** suo, la sua; **7.** sua.

5 **1.** quel, il mio; **2.** quella, la mia; **3.** quei, i miei; **4.** quegli, i miei; **5.** quelle, le mie; **6.** quell', il mio; **7.** bell', il mio; **8.** bella, la mia; **9.** bella, la mia; **10.** bello, il mio.

6 i suoi, il suo, i suoi, il suo, la sua, Mio, il suo, Il suo, mio, mia, Mia, il suo, Mio, i suoi, La loro, I miei, I miei.

7 **1.** Il mio, **2.** Tua; **3.** I suoi; **4.** Nostra; **5.** Il loro; **6.** La mia; **7.** I tuoi; **8.** Sua; **9.** Le nostre; **10.** Vostro; **11.** La loro; **12.** La sua.

8 **1.** colpa mia; **2.** affari miei; **3.** a casa mia; **4.** a casa loro; **5.** Piacere mio; **6.** merito suo; **7.** In cuor suo; **8.** da parte mia; **9.** di testa vostra; **10.** sa il fatto suo.

9 **1.** proprio; **2.** suo; **3.** proprie; **4.** sue; **5.** propria; **6.** sua; **7.** proprio; **8.** sua; **9.** propri; **10.** suoi.

10 **1.** Sottintesi "genitori". Vuole sempre l'articolo. **2.** Prima di "fratello" non va l'articolo. **3.** Prima di "sorella" non va l'articolo. **4.** Prima di "cugino" non va l'articolo. **5.** Qui si usa l'articolo perché è un cugino determinato, in questo caso è quello "scemo".

lettura 2 - LINGUE ITALIANE

1 **1.** v; **2.** f; **3.** f; **4.** v; **5.** v; **6.** f; **7.** f; **8.** v; **9.** v; **10.** v; **11.** v; **12.** f; **13.** v.

2 **1.** Gli, l'; **2.** l; **3.** Gli, lo; **4.** La; **5.** l'; **6.** Il; **7.** I.

3 **1.** Un; **2.** un'; **3.** uno, un; **4.** una, un.

4 **1.** di; **2.** della; **3.** del; **4.** dell'; **5.** dei; **6.** degli; **7.** delle; **8.** dello.

5 **1.** Gli; **2.** vengono; **3.** Il; **4.** regione; **5.** lo; **6.** a; **7.** in; **8.** Quante lingue; **9.** dice; **10.** toscano; **11.** capiscono; **12.** parlano; **13.** giornali; **14.** uno; **15.** forte.

6 **1.** studiano; **2.** vanno; **3.** sentono; **4.** hanno; **5.** va; **6.** capisce; **7.** significa; **8.** è; **9.** dice; **10.** parlano; **11.** dice; **12.** capiscono; **13.** vede; **14.** cerca, ha.

9. IL *SI* IMPERSONALE

1 si festeggiano, si fa, si mangiano; si fa, si scrive, si preparano; si festeggia, Si organizza, si fanno, si è, si pensa, si festeggia, si va.

2 **1.** Ci si sposa di meno e più tardi; **2.** Come ci si comporta a tavola; **3.** Altro che noia, con le poesie ci si diverte; **4.** Italia, Pirlo: "A vincere non ci si abitua mai".

3 **1.** Si trova l'ingresso; **2.** Si vedono tutte le stanze; **3.** Si pranza in cucina; **4.** Si ricevono gli ospiti in salotto; **5.** Non si deve entrare in quella camera; **6.** Si chiudono le porte a chiave; **7.** Si passa molto tempo ai fornelli; **8.** Si preparano gli spaghetti; **9.** Non si usano tappeti; **10.** Si lavora molto.

4 **1.** I; **2.** I; **3.** I; **4.** I; **5.** I; **6.** I; **7.** I; **8.** R.

5 **1.** Si può; **2.** si bevono; **3.** si ha voglia; **4.** si mangia, ci si sente; **5.** si può smettere; **6.** Si dice; **7.** si vede; **8.** Non si deve.

10. L'AUSILIARE *STARE*

1 sta volando; Stanno migliorando; Stiamo affondando; ci sta sfiorando.

2 **3.** Sta per dormire; **4.** Sta dormendo; **5.** Sta per bere; **6.** Sta bevendo; **7.** Stanno per sposarsi; **8.** Si stanno sposando; **9.** Sta per telefonare; **10.** Sta telefonando; **11.** Stanno per baciarsi; **12.** Si stanno baciando.

3a Emoticon (faccine), status (stato), social network (rete sociale - poco usato), link (collegamento).

5 **1.** stanno giocando; **2.** sta guardando; **3.** stanno ascoltando; **4.** state facendo; **5.** si stanno laureando; **6.** sta bevendo; **7.** stai leggendo; **8.** sto pensando.

Soluzioni

11. IL PASSATO PROSSIMO

1a nata, morta, laureata, aperto, scritto, deciso, trasferita, vissuto (*Maria* Montessori).

1b è nata, è morta, È diventata, Ha studiato, si è laureata, ha cominciato, ha dovuto, Ha viaggiato, ha vissuto, è ritornata, Ha vinto, ha nominato (*Rita Levi* Montalcini).

2

A	P	E	R	T	O	N	A	T	O
S	R	V	I	N	T	O	I	V	E
T	E	I	S	V	D	R	F	B	I
A	S	S	P	E	I	E	A	S	S
T	O	S	O	E	R	S	T	E	E
O	S	U	S	C	R	I	T	T	O
L	E	T	T	O	T	A	O	O	O
R	E	O	O	H	M	E	S	S	O
A	D	E	C	I	S	O	N	N	O
L	O	B	E	V	U	T	O	S	T
E	S	C	O	R	S	O	S	O	P
A	R	C	H	I	U	S	O	T	I
C	I	P	I	O	M	O	R	T	O

I verbi *essere* e *stare* hanno lo stesso participio.

3 stata, deciso, preso, arrivate, affittato, guidato, dormito, visitato, camminato, riposate, bevuto, mangiato, conosciuto, andate, passato, fatto, abbronzate, fatto, ballato.

5 **1.** (Non) ho visitato almeno due continenti - (Non) ha visitato almeno due continenti; **2.** (Non) ho studiato all'estero - (Non) ha studiato all'estero; **3.** (Non) mi sono innamorato/a - (Non) si è innamorato/a; **4.** (Non) sono restato/a a casa in pigiama per diversi giorni - (Non) è restato/a a casa in pigiama per diversi giorni; **5.** (Non) ho avuto un figlio - (Non) ha avuto un figlio; **6.** (Non) ho mangiato la vera mozzarella di bufala - (Non) ha mangiato la vera mozzarella di bufala; **7.** (Non) ho cambiato diversi lavori - (Non) ha cambiato diversi lavori; **8.** (Non) ho fatto un viaggio da solo - (Non) ha fatto un viaggio da solo; **9.** (Non) ho viaggiato con un biglietto di sola andata - (Non) ha viaggiato con un biglietto di sola andata; **10.** (Non) ho vinto alla lotteria - (Non) ha vinto alla lotteria.

6 sono andati, sono costati, è durato, è piaciuto, ha capito, si è addormentato, sono usciti, hanno litigato, è tornato, ha camminato, è rientrata, è tornata, ha chiesto, sei stata, ha risposto, ha cominciato, è andata, ha chiuso.

7 **1.**G; **2.**E; **3.***L*; **4.**H; **5.**A; **6.**F; **7.**I; **8.**C; **9.**D; **10.**B.

8 **1.** è nato; **2.** è morto; **3.** ha scoperto; **4.** ha pensato; **5.** è andato; **6.** ha domandato; **7.** ha risposto; **8.** ha detto; **9.** è tornato; **10.** è uscito; **12.** è arrivato.

9 **1.** Mi sono potuta vestire da sola - Ho potuto vestirmi da sola; **2.** Federico si è voluto lavare le mani - Federico ha voluto lavarsi le mani; **3.** Noi ci siamo voluti/e divertire - Noi abbiamo voluto divertirci; **4.** Renzo e Lucia non si sono dovuti sposare - Renzo e Lucia non hanno dovuto sposarsi; **5.** Tu e Andrea vi siete potuti incontrare - Tu e Andrea avete potuto incontrarvi.

10 **1.** Mi sono dovuto/a comprare dei vestiti nuovi - Ho dovuto comprarmi dei vestiti nuovi; **2.** Mi sono dovuto/a inventare un sistema per aprire la porta - Ho dovuto inventarmi un sistema per aprire la posta; **3.** Mi sono dovuto/a scusare - Ho dovuto scusarmi; **4.** Mi sono dovuto/a alzare alle 3:30 - Ho dovuto alzarmi alle 3:30; **5.** Mi sono dovuto/a fare un panino - Ho dovuto farmi un panino.

lettura 3 - UNA PAGINA DI DIARIO

2 **1.** Marco e Paolo hanno preso lo stipendio e hanno incontrato un loro amico; **2.** Marco e Paolo sono usciti dall'ufficio e sono andati a mangiare; **3.** Marco e Paolo hanno ritirato la loro macchina dal meccanico; **4.** Marco e Paolo hanno incontrato una ragazza e hanno giocato a tennis con lei; **5.** Marco e Paolo hanno cenato con la ragazza ma dopo lei è tornata a casa sua; **6.** Marco e Paolo sono tornati a casa, hanno acceso il televisore e sono andati a dormire.

3 **1.** Marco è uscito di casa alle otto; **2.** Ha preso lo stipendio alle nove; **3.** È andato al bar alle dieci; **4.** È uscito dall'ufficio all'una del pomeriggio; **5.** Ha visto Maria alle cinque del pomeriggio; **6.** Maria è tornata a casa sua alle undici di sera; **7.** Marco è andato a dormire a mezzanotte.

4 **4.**

5 **1.** in; **2.** Nei; **3.** Nell'; **4.** Negli; **5.** Nelle; **6.** nello; **7.** Nella; **8.** Nel.

6 **1.** sul, **2.** su; **3.** sullo; **4.** Sull'; **5.** Sui; **6.** sulla; **7.** Sulle; **8.** Sugli.

7 **1.** all'; **2.** alle; **3.** al; **4.** a; **5.** allo; **6.** alla; **7.** ai; **8.** agli.

8 **1.** di; **2.** della; **3.** del; **4.** dell'; **5.** dei; **6.** degli; **7.** delle; **8.** dello.

9 **1.** Quella; **2.** quell'; **3.** quello; **4.** quegli; **5.** quel; **6.** Quel; **7.** Quelle; **8.** Quei.

10 **1.** andato / andata; **2.** preso / preso; **3.** usciti / uscite; **4.** incontrato / incontrato; **5.** tornate / tornati; **6.** parlato / parlato; **7.** stata / stati; **8.** giocato / giocato; **9.** salita / salito; **10.** fatto / fatto; **11.** venute / venuti; **12.** visto / visto.

11 si va, si prende, si incontrano, si esce, si va, si torna, si fanno, si fa, si va, si torna, si guarda, si ricomincia, si va.

12 **1.** ha dovuto; **2.** sono potuti; **3.** hanno voluto; **4.** è potuto; **5.** è voluto; **6.** hanno voluto; **7.** hanno dovuto; **8.** ha potuto.

12. NOMI E AGGETTIVI PARTICOLARI

1 **1.** *F* (stilista); **2.** D (musiciste); **3.** A (artista); **4.** B (dentisti); **5.** C (giornalista); **6.** E (psicanalista).

2a **1.** buono, bene; **2.** bene, buono; **3.** cattivi, buoni, cattiva; **4.** male.

4 **1.** Questa mattina avete comprato qualche medicina per il mal di gola?; **2.** Per alcuni minuti Marco e Giuseppe non hanno più parlato; **3.** Alcuni anni fa sono andato in Sicilia; **4.** Non sei sempre un mostro nelle foto. In alcune foto sei carino; **5.** Qualche politico è disonesto; **6.** Vittoria è un'artista e alcune sue opere d'arte sono davvero geniali; **7.** Alcuni vizi fanno bene alla salute; **8.** La mattina bevo alcuni caffè; **9.** È tanto ricca: ha qualche casa in montagna, qualche casa al mare e qualche casa all'estero...; **10.** Qualche vestito che Marisa ha comprato è davvero orribile; **11.** Quando il professore parla in italiano qualche volta non capisco; **12.** Abbiamo alcuni problemini economici.

5 buona, un po' di, bella, belle, brutta, qualche, cattivo.

Soluzioni

7 **1.** 1° piano; **2.** 1° piano; **3.** 3° piano; **4.** piano terra; **5.** 2° piano; **6.** 6° piano; **7.** 4° piano; **8.** 7° piano; **9.** 5° piano; **10.** 3° piano.

8 **1.** XIII; **2.** XXIII; **3.** III, **4.** VIII; **5.** IV.

13. LE DETERMINAZIONI DI TEMPO

1 **1.** Il 25 dicembre; **2.** Il 15 agosto; **3.** Il 20 giugno; **4.** Il 19 marzo; Il 1° novembre; **6.** Il 19 marzo; **7.** Il 2 giugno; **8.** *risposta soggettiva.*

2 **5.** Capodanno; **3.** Carnevale; **6.** Epifania; **4.** Festa della donna; **7.** Festa del lavoro; **1.** Natale; **2.** Pasqua.

3a **1.** inverno; **2.** estate; **3.** autunno; **4.** primavera.

4 **1.** Nel duemilauno; **2.** Nel duemilanovecentonovantanove; **3.** Nel millenovecentocinquantasette; **4.** Nel millenovecentoquarantotto; **5.** Nel milleottocentosessantuno; **6.** Nel milleottocentonovantacinque.

5 **1.** Ho conosciuto Roberto quattordici anni fa / Conosco Roberto da quattordici anni; **2.** Daniela e Sonia hanno iniziato a lavorare sei anni fa / Daniela e Sonia lavorano da sei anni; **3.** Emma e Vittoria sono andate a scuola un'ora fa / Emma e Vittoria sono a scuola da un'ora; **4.** Gabriele si è sposato tre mesi fa / Gabriele è sposato da tre mesi; **5.** Enrico ha iniziato a suonare la chitarra sette anni fa / Enrico suona la chitarra da sette anni.

6 **1.** Sì, l'ho visto tre giorni fa; **2.** Inizia fra / tra un'ora; **3.** Si sposano fra / tra tre mesi; **4.** No. Ci vado fra / tra una settimana; **5.** No. Telefono a mia madre (Le telefono) fra / tra poco.

7 **1.** fra / tra; **2.** fa; **3.** da; **4.** prima; **5.** da; **6.** Dopo; **7.** Da; **8.** fa; **9.** Fra / Tra; **10.** Dopo.

14. VERBI E AUSILIARI PARTICOLARI

1 **1.** è; **2.** sei; **3.** Sono; **4.** sono; **5.** sono, sono, sono, ho, ho; **6.** hai, abbiamo; **7.** è.

3 **1.** ha vissuto; **2.** è esplosa; **3.** hanno passato; **4.** è finita; **5.** ha bruciato; **6.** ha / è piovuto; **7.** ha cambiato; **8.** abbiamo finito; **9.** ha / è decollato; sono bruciate.

4 *giocare* - gioco, giochi, gioca, *giochiamo*, giocate, giocano; *navigare* - navigo, *navighi*, naviga, navighiamo, navigate, navigano; *cambiare* - *cambio*, cambi, cambia, cambiamo, cambiate, cambiano; *iniziare* - inizio, inizi, inizia, iniziamo, *iniziate*, iniziano; *avviare* - avvio, avvii, *avvia*, avviamo, avviate, avviano; *spiare* - spio, spii, spia, spiamo, spiate, *spiano*.

5 *Possibile soluzione:* **1.** Non ho mai letto il giornale italiano; **2.** Ho già visitato la Toscana; **3.** Non ho ancora bevuto un vero caffè; **4.** Non ho più mangiato un vero gelato; **5.** Non ho mai visto *La Traviata*; **6.** Non ho mai comprato un vestito di Giorgio Armani; **7.** Ho già cucinato la pasta alla carbonara al dente; **8.** Non ho ancora inviato una mail in italiano; **9.** Non ho più parlato tutta la notte in italiano.

6 Giochi, posso, gioco, fai, andiamo, cerchiamo, rinunciamo, rischiamo, scii, prendete, iniziamo, Rinviamo, porto, bevi, dice, cominci, rinvii, cominci, dimentichi, risparmi, sbaglio, sbagli, hai, Consigli, mangi, lasciamo, cambio, rischio, devo, dici, è, possiamo.

lettura 4 - UN GENIO PERMALOSO

1 **1.** a Roma, nel Lazio; **2.** nel Foro di Traiano, a quasi novant'anni, nel 1565, a pochi chilometri dal Vaticano; **3.** in più di quattro anni; **4.** di finire presto; di non essere arrabbiato; **5.** in un bagno; **6.** un demone; **7.** i testicoli di Minosse.

2 a. 4; b. 7; c. 1; d. 6; e. 2; f. 3; g. 8; h. 5.

3 **1.** è nato; **2.** è morto; **3.** ha dipinto; **4.** è entrato; **5.** è rimasto; **6.** ha osservato; **7.** ha gridato; **8.** ha finito; **9.** ha cominciato; **10.** ha guardato; **11.** ha detto; **12.** è diventato; **13.** ha risposto; **14.** è andato; **15.** ha preso; **16.** ha fatto.

4 Maria e Sofia sono nate a Roma; **2.** Michelangelo e Raffaello sono morti in Italia; **3.** Michelangelo e Raffaello hanno dipinto in Vaticano; **4.** Una donna è entrata nella Cappella Sistina; **5.** Noi siamo rimasti/e un mese in Italia; **6.** Noi abbiamo detto molte cose; **7.** Biagio e il Papa hanno guardato i dipinti; **8.** Biagio è diventato tutto rosso; **9.** Io non ho visto qualcosa di scandaloso; **10.** Le suore sono uscite dalla Cappella Sistina scandalizzate; **11.** Il Papa e i vescovi sono andati via; **12.** Due suore sono andate via; **13.** Michelangelo ha fatto Minosse con la faccia di Biagio.

5 **1.** Umberto Eco è nato a Alessandria il 5 gennaio del 1932. È del Capricorno; **2.** Giuseppe Ungaretti è nato a Alessandria d'Egitto il 10 febbraio 1888. È dell'Acquario; **3.** Anna Magnani è nata a Roma il 7 marzo 1908. È dei Pesci; **4.** Dario Fo è nato a Sangiano il 24 marzo 1926. È dell'Ariete; **5.** Rita Levi Montalcini è nata a Torino il 22 aprile 1909. È del Toro. **6.** Franco Modigliani è nato a Roma il 18 giugno 1918. È dei Gemelli; **7.** Luigi Pirandello è nato a Agrigento il 26 giugno 1867. È del Cancro; **8.** Salvatore Quasimodo è nato a Modica il 20 agosto 1901. È del Leone; **9.** Maria Montessori è nata a Chiaravalle il 31 agosto 1870. È della Vergine; **10.** Enrico Fermi è nato a Roma il 29 settembre 1901. È della Bilancia; **11.** Ennio Morricone è nato a Roma il 10 ottobre 1928. È dello Scorpione; **12.** Italo Svevo è nato a Trieste il 19 dicembre 1861. È del Sagittario.

6 **1.** a; **2.** a; **3.** nella sua casa; **4.** del; **5.** nella; **6.** a; **7.** al; **8.** a; **9.** in; **10.** dalla; **11.** all'.

7 **1.** Qualche dipinto è scandaloso; **2.** Qualche Papa è famoso; **3.** Qualche pittore ha lavorato a Roma; **4.** Qualche artista ha vissuto a Roma; **5.** Qualche figura è dipinta nuda; **6.** Qualche cardinale è scandalizzato; **7.** Qualche affresco è restaurato; **8.** Qualche artista è toscano.

8 **1.** sono; **2.** c'è; **3.** ci sono; **4.** ci sono; **5.** è; **6.** è; **7.** è.

15. L'IMPERFETTO

1 venivo, incominciavo, Volavo, ero, si allontanava, volavo, sentivo, suonava (*Nel* blu *dipinto* di blu). *Il nome del gioco è la soluzione dell'esercizio 4.*

2 facevano, si chiamava, si giocava, durava, Era.

3 **1.** si chiamava; **2.** aveva; **3.** si sono sposati; **4.** mi svegliavo; **5.** parlavano; **6.** ha ucciso; **7.** era; **8.** voleva; **9.** ho fatto; **10.** ho capito; **11.** ero.

4 *Frasi sbagliate:* 2, 4, 6, 8, 9, 12, 13, 15, 18, 19, 22, 24, 25. *Il gioco si chiama:* CALCIO STORICO.

5 c'è, ero, dicevo, Avevo, si chiamava, Ho abbandonato, sono entrato, ho salvato, Sono diventato, sono stato.
6 ho sognato, ero, C'era, conoscevo, è entrata, si è seduta, si è fermato, è salito, eravamo, mi sentivo.
7a è entrato, portava, aveva, Si è seduto, ha ordinato, ha portato, erano, ha chiesto, ha suggerito, ha tirato, ha inseguito.
8 A. 3; B. 4; C. 5; D. 2; E. 1.

lettura 5 - SCIUSCIÀ E VUCUMPRÀ

1 **1.** v; **2.** f; **3.** f; **4.** v; **5.** f; **6.** f; **7.** f; **8.** f; **9.** v; **10.** v; **11.** f; **12.** v.
2 **1.** a; **2.** a; **3.** b; **4.** c; **5.** c; **6.** a; **7.** b; **8.** c; **9.** a; **10.** a; **11.** c; **12.** c; **13.** b.
3 **1.** era; **2.** era; **3.** ha vissuto; **4.** ero; **5.** sono pulito; **6.** puliva; **7.** sapevano; **8.** sono nato; **9.** era; **10.** ha vinto; **11.** è finita; **12.** aveva.
4 **1.** nel; **2.** in; **3.** un'; **4.** uno; **5.** un; interpretava (era); **7.** un; **8.** gli; **9.** è; **10.** si chiama.
5 **1.** a; **2.** Giordana; **3.** cinque ore; **4.** nel; **5.** il; **6.** si chiama; **7.** del; **8.** Sergio; **9.** tre ore e mezza; **10.** stranieri; **11.** degli; **12.** il.

TEST 1

1 **1.** la; **2.** Le; **3.** gli; **4.** lo; **5.** L'; **6.** il; **7.** l'.
2 **1.** bianco; **2.** bella; **3.** italiano; **4.** calda; **5.** difficile; **6.** spagnole; **7.** intelligenti.
3 **1.** il tuo fidanzato; **2.** Quei; **3.** libro; **4.** La mia casa; **5.** Lei conosce; **6.** tuo fratello; **7.** l'11 maggio.
4 **1.** da; **2.** a; **3.** A; **4.** di; **5.** in; **6.** a; **7.** nel.
5 **1.** prendete; **2.** scrive; **3.** dorme; **4.** siamo; **5.** vuoi; **6.** puoi; **7.** finiscono.
6 **1.** è andato; **2.** è cominciato; **3.** ho preso; **4.** sono arrivate; **5.** ha bevuto; **6.** ho detto; **7.** è tornata.
7 **1.** era; **2.** stavo; **3.** Ho letto; **4.** ho capito; **5.** mi svegliavo; **6.** ho imparato; **7.** Ho conosciuto; **8.** aveva.

16. COMPARATIVO E SUPERLATIVO

1 **a.**
2 **1.** minimo; **2.** bruttissimo; **3.** benissimo; **4.** ottima; **5.** minimo; **6.** estremo; **7.** superiore.
3 **1.** C; **2.** C; **3.** A; **4.** C; **5.** C; **6.** B; **7.** B; **8.** B; **9.** C.
4 a. **2.** E; b. **6.** A; c. **5.** D; d. **3.** B; 5; e. **4.** F; f. **1.** C.

17. LE ALTERAZIONI

1 **1.** borsetta; **2.** piedino; **3.** storiaccia; **4.** stradona / stradone; **5.** donnina; **6.** casetta; **7.** tempaccio; **8.** professorone; **9.** furgoncino; **10.** alberello; **11.** tavolino; **12.** ragazzone; **13.** mammina; **14.** bicchierone; **15.** gattaccio; **16.** passeggiatina; **17.** dottorino; **18.** verdino.
2 **1.** un periodo brutto; **2.** una brutta parola; **3.** un piatto di pasta abbondante; **4.** una pentola grande e capiente; **5.** un leone molto giovane; **6.** un poeta scarso; **7.** una bella famiglia; **8.** un pesce piccolo; **9.** una donna robusta, grande; **10.** un po' marrone; **11.** un po' giallo; **12.** un brutto lavoro; **13.** una brutta vita; **14.** un ladro che fa piccoli furti; **15.** una brutta risposta; **16.** un piccolo cucchiaio; **17.** un fatto brutto.
3 letto - lettino, lettone, lettuccio; libro - librone, libretto, libraccio; tavolo - tavolino, tavolone; tavolaccio; bicchiere - bicchierino, bicchierone; bacio - bacino, bacetto, bacione; palazzo - palazzone, palazzetto, palazzaccio; cosa - cosina, cosona, cosetta, cosaccia, cosuccia; film - filmone, filmetto, filmaccio; giornata - giornatina, giornatona, giornataccia.
5 **1.** bottino, bottone; **2.** visone; **3.** mulinello, mulino, muletto; **4.** rossetto; **5.** porticciolo.
6 **1.** scribacchiava; **2.** fischiettare; **3.** vivacchiare; **4.** studiacchiavo; **5.** mangiucchiare; **6.** rifatto; **7.** tagliuzzare; **8.** si sbaciucchiano; **9.** canticchio; **10.** pioviggina; **11.** lavoricchia; **12.** saltellavo.
7 *Verticali* - **1.** limone; **2.** fornello; **3.** finestrino; **6.** campanello; **7.** tacchino; **9.** scarpone; **10.** mattone; **12.** bottone.
Orizzontali - **4.** collina; **5.** lavandino; **8.** cancellino; **10.** motorino; **11.** focaccia; **13.** portone.

18. LA PARTICELLA *CI*

1 **1.** *Non credo a quello che mi dici*; **2.** Siamo stati lì (a La Spezia); **3.** Puoi vivere bene lì; **4.** Parli tu con mia moglie; **5.** Penso io a fare questa cosa (parlare con tua moglie); **6.** *verbo esserci*, **7.** *verbo esserci*; **8.** *verbo riflessivo*; **9.** Sono stato lì (a Brindisi); **10.** Non credo a quello che dici *(esclamazione)*; **11.** Penso io a fare questa cosa (parlare con tua moglie); **12.** *verbo riflessivo*; **13.** Hanno sposato noi; **14.** Trovano noi bellissimi; **15.** amano noi; **16.** *verbo riflessivo*.
2 **1.** giusto; **2.** sbagliato; **3.** giusto; **4.** sbagliato; **5.** giusto; **6.** sbagliato; **7.** giusto; **8.** sbagliato; **9.** giusto; **10.** sbagliato.
3 **1.** ci vuole; **2.** ci metto; **3.** ci ho messo; **4.** ci vedo; **5.** sento; **6.** ci sono volute; **7.** ci ha messo; **8.** hai visto; **9.** ci vogliono; **10.** ci mettete.
4 *Frasi con ci ridondante:* 2, 4, 6, 9.

19. IL DISCORSO INDIRETTO

1 *Questa mattina non mi sento bene e* non ho voglia di andare a lavorare. Però devo andarci assolutamente perché tra due giorni cominciano le vacanze di Natale e devo finire un lavoro importante. Prendo un'aspirina, faccio colazione e esco subito di casa. A piedi ci vogliono almeno trenta minuti... ma con la macchina ci metto solo dieci minuti. Ieri sono arrivato in ritardo e non voglio certo fare tardi anche oggi!
2 *Antonio ha detto a Paolo e Francesca che...* **1.** lui e sua sorella bevevano il caffè senza zucchero; **2.** lui diceva sempre la verità; **3.** quella era una bella giornata; **4.** lì a Reykjavik avevano un ottimo salmone; **5.** il giorno prima era davvero molto stanco; **6.** il giorno dopo usciva con sua moglie; **7.** nostro fratello mangiava poco; **8.** loro si svegliavano sempre alle 7; **9.** amava l'Italia e ci abitava volentieri; **10.** quel film era davvero brutto; **11.** Carlo doveva lavorare quel giorno e anche il giorno dopo; **12.** se noi volevamo poteva restare ancora dieci minuti; **13.** non potevamo usare sempre la sua macchina; **14.** conosceva bene nostro figlio; **15.** lui sapeva come si fa un

vero caffè; **16.** quella mattina stava lì a casa e si riposava; **17.** per andare a casa ci volevano venti minuti; **18.** da un po' di giorni non ci sentiva bene; **19.** da un po' di giorni non si sentiva bene; **20.** con Maria ci parlava lui; **21.** una settimana dopo era Natale; **22.** una settimana prima era ancora estate e quel giorno faceva freddo; **23.** lui e Marco erano amici e si davano del tu; **24.** lì a Milano pioveva sempre; **25.** stava leggendo un bel libro; **26.** stava per partire per le vacanze; **27.** non c'era problema; **28.** per andare a casa ci volevano due ore.

lettura 6 - CAMERA IN AFFITTO

2 delle; **2.** all'; **3.** dal; **4.** a; **5.** a; **6.** Per; **7.** in; **8.** nell'; **9.** in; **10.** alle; **11.** a; **12.** alle; **13.** sul; **14.** sull'; **15.** alle; **16.** in; **17.** dal; **18.** da.

3 **1.** Ci ho parlato; **2.** Ci penso; **3.** Ci sono stato; **4.** Ci sono; **5.** Ci vado; **6.** Ci vengo.

4 **1.** La ragazza ha detto che era una studentessa universitaria; **2.** L'uomo ha detto che allora era certamente molto giovane; **3.** La ragazza ha detto che aveva 22 anni; **4.** L'uomo ha ripetuto l'età della ragazza e ha detto che si trattava di una camera grande; **5.** La ragazza ha chiesto quante persone vivevano in quell'appartamento; **6.** L'uomo ha detto che ci viveva solo lui e nessun altro; **7.** La ragazza ha detto di aver capito e poi ha chiesto qual era il prezzo; **8.** L'uomo ha risposto che non lo sapeva e che non ci aveva pensato. Poi ha chiesto alla ragazza quanto voleva spendere; **9.** La ragazza era un po' disorientata...; **10.** L'uomo ha detto alla ragazza che potevano trovare un accordo, che quella sera lui era libero e che lei poteva andare lì così si conoscevano, lei guardava l'appartamento, bevevano qualcosa e parlavano un po' del prezzo. **11.** La ragazza ha risposto che quella sera era già impegnata e che non poteva; **12.** L'uomo ha detto che allora potevano vedersi il giorno dopo; **13.** La ragazza ha detto di no e che nel caso ritelefonava. Poi ha ringraziato per l'informazione; **14.** L'uomo ha detto che andava bene e che aspettava una sua telefonata. Poi ha chiesto il nome alla ragazza; **15.** La ragazza ha detto di chiamarsi Silvana, poi ha salutato; **16.** L'uomo ha ricambiato calorosamente il saluto.

20. I PRONOMI DIRETTI

1 **sì:** 2, 3, 5, 7, 9, 10, 13, 16, 17, 18, 22, 23; **no:** 1, 4, 6, 8, 11, 12, 14, 15, 19, 20, 21, 24.

2 **1.** C; **2.** B; **3.** A; **4.** E; **5.** D; **6.** F; **7.** H; **8.** G; **9.** I.

3 **1.** Sì, l'abbiamo scritta; **2.** Sì, l'ho vinta; **3.** Sì, li ho mangiati; **4.** Sì, le ho comprate; **5.** Sì, l'ho invitato; **6.** Sì, le ho preparate; **7.** Sì, l'ho visto; **8.** Sì, l'ho pagato; **9.** Sì, l'ho conosciuto; **10.** Sì, l'ho sentita; **11.** Sì, l'ho fatta; **12.** Sì, le ho perse; **13.** Sì, l'ho chiusa; **14.** Sì, l'ho accesa.

4 **1.** È un normale pronome diretto che si riferisce a Trinità e va prima del verbo coniugato all'imperfetto; **2.** È un pronome diretto che si riferisce a Trinità e si deve attaccare al verbo perché il verbo è all'infinito.

5 **1.** lo (Divorzio all'italiana); **2.** La (Monica Vitti); **3.** Lo, La (Madonna);

6 **1.** le (falso); **2.** le (falso); **3.** (falso); **4.** la (vero); **5.** li (vero); **6.** lo (vero); **7.** lo (falso); **8.** li (vero); **9.** le (falso).

7 *Soluzione possibile:* **1.** Sì, l'ha preso; **2.** No, non li ha presi; **3.** No, non li ha presi; **4.** No, non l'ha presa; **5.** No, non le ha prese; **6.** Sì, l'ha preso; **7.** No, non l'ha presa; **8.** No, non li ha presi; **9.** No, non li ha presi; **10.** Sì, le ha prese; **11.** Sì, le ha prese; **12.** Sì, li ha presi; **13.** No, non lo ha preso; **14.** Sì, li ha presi.

8 **1.**b; **2.**b; **3.**a; **4.**b; **5.**b; **6.**a; **7.**a; **8.**b; **9.**a; **10.**b.

9 **1.** lo; **2.** lo; **3.** l'; **4.** le; **5.** lo; **6.** l'; **7.** lo; **8.** lo; **9.** lo; **10.** l'.

21. I PRONOMI INDIRETTI

1 **ci** credo (al fatto); **le** ha rubato (a lei); **ci** è servita (a noi); non **mi** piace (a me); **Gli** ho sparato (a lui); **Mi** era antipatica (a me).

2 **sì:** 8, 9, 12, 17, 18, 19, 21. **no:** 1, 2, 3, 4, 5, 6, 7, 10, 11, 13, 14, 15, 16, 20, 22, 23, 24.

3 **1.** *mi*; **2.** ti; **3.** gli; **4.** le; **5.** ci; **6.** vi; **7.** gli.

4 gli, gli, le, le, Mi, gli, gli, le, le.

5 *Risposte possibili:* **1.** Sì, le ho scritto; **2.** Sì, ci è piaciuto; **3.** Sì, gliel'hanno regalata; **4.** Sì, gli basta; **5.** Sì, ve li ho portati; **6.** Sì, te le do; **7.** No, non me l'hai raccontata; **8.** Sì, gli ho risposto.

6 **1.** B; **2.** A; **3.** A; **4.** A; **5.** A; **6.** A; **7.** A; **8.** A; **9.** B.

7 gli telefono, lo chiamo, gli do molti consigli, gli spiego, gli telefono, lo invito, non gli piace, Lui ha, gli compro, la può mettere.

8 **1.** La posso invitare a cena?; **2.** Maria L'ha vista al museo di Arte Contemporanea ieri pomeriggio; **3.** Le consiglio di andare al concerto. La pianista è bravissima!; **4.** Ho pensato di invitarLa a cena questa sera se ha tempo; **5.** Ho dimenticato di darLe il mio numero di telefono!; **6.** Se vuole, posso aiutarLa; **7.** La ringrazio molto; **8.** Le telefono appena posso; **9.** Le va di bere qualcosa?

9 *Risposte possibili:* **1.** No, non l'ho presa; **2.** Sì, l'ho mangiata tutta; **3.** Sì, l'ho bevuto tutto; **4.** Sì, l'ho spenta; **5.** No, non ci sono andata; **6.** Sì, l'ho fatto; **7.** Sì, l'ho messa in ordine; **8.** No, non gli ho risposto; **9.** No, non ci sono andata; **10.** Sì, li ho finiti; **11.** Sì, mi è piaciuta; **12.** Sì, mi sei mancata; **13.** No, non gli ho telefonato.

10 mi, ti, Ti, mi, le, le, ti, mi, le, l', le, le, -la, -mi, le, ci, ti.

11 *gli*, gli, le, le, gli, gli, le, -gli, -gli.

lettura 7 - ORA ET LABORA

1 **1.** lo; **2.** -lo; **3.** lo; **4.** lo; **5.** gli; **6.** gli; **7.** -gli; **8.** lo.

2 **1.** sai; **2.** legge; **3.** dici; **4.** sei; **5.** piace; **6.** può; **7.** posso; **8.** vedi; **9.** fumo; **10.** è.

3 passeggiavano, leggevano, si è messo, ha acceso, ha cominciato, ha visto, ha sgranato, ha detto, era.

4 li, gli, gli, lo, la, l'.

5 li, le, l', gli, gli, l', gli.

6 *In un antico convento su una collina, due monache passeggiano nel giardino e leggono il Vangelo. A un certo punto una delle due si mette in bocca una piccola sigaretta, l'accende e comincia a fumarla di gusto. L'altra monaca sgrana gli occhi e dice che è vietato fumare quando si legge il Vangelo. La prima monaca*

racconta che poco prima era andata dalla madre badessa per chiederle il permesso e lo aveva avuto. Ma anche la seconda monaca era andata dalla madre badessa per lo stesso motivo e non aveva avuto il permesso. Il problema era che la prima monaca non aveva fatto la domanda giusta. La seconda invece aveva chiesto se mentre fumava poteva leggere il Vangelo. Per questo la madre badessa aveva dato il permesso senza problemi.

7 **1.** era, legge; **2.** era; **3.** leggeva, poteva; **4.** quella era; **5.** era/è.

22. IL TRAPASSATO PROSSIMO

1 **1.** ancora; **2.** già; **3.** mai, ; **4.** più; **5.** appena; **6.** sempre.

2 **1.** aveva mangiato; **2.** avevo visto/a; **3.** avevo detto; **4.** avevo finito; **5.** avevo capito; **6.** avevo dimenticato; **7.** avevo mangiato; **8.** era riuscito; **9.** aveva studiato; **10.** era / aveva vissuto.

3 **1.** avevo; **2.** ero appena tornato; **3.** ho bevuto; **4.** parlava; **5.** ero ancora svegliato; **6.** sono tornato; **7.** era; **8.** l'ho letto; **9.** avevo mai visto.

4 **1.** vero; **2.** falso; **3.** vero; **4.** vero; **5.** vero; **6.** falso; **7.** vero; **8.** vero.

5 *Soluzione possibile:* Leonardo è nato il 15 aprile 1452 nel borgo di Vinci, in Toscana, tra Empoli e Pistoia. Il padre naturale, Ser Piero D'Antonio, era notaio; la madre di Leonardo gli aveva lasciato il bambino e si era sposata con un contadino. Ser Piero ha accolto nella sua casa il figlio illegittimo e lo ha educato con affetto. Quando Leonardo aveva sedici anni la famiglia si è trasferita a Firenze. Il padre lo ha mandato nella bottega di Andrea Verrocchio, pittore, scultore ed orafo. Leonardo, in quegli anni, ha dipinto il ritratto della nobildonna Ginevra de' Benci, *la Madonna del garofano* e *l'Annunciazione* degli Uffizi. Nel 1480 ha cominciato il disegno di una *Adorazione dei Magi* per la chiesa di San Giovanni Scopeto, fuori Firenze. Quando ha scoperto che il suo nome non era tra i quattro pittori scelti per dipingere la Cappella Sistina a Roma, ha deciso di partire; e l'*Adorazione dei Magi* è rimasta incompiuta. Nel 1482 si è presentato a Ludovico Sforza, duca di Milano, e ha lavorato per lui come uomo di scienza, ingegnere e ideatore di macchine da guerra, organizzatore di feste e scenografo. Fra il 1483 e il 1486 ha realizzato uno dei suoi numerosi capolavori: la *Vergine delle Rocce*, oggi a Parigi (Louvre); una seconda versione della stessa opera si Maria delle Grazie. A Milano ha scritto anche la maggior parte dei suoi testi scientifici. Nel 1499 le truppe di Luigi XII, Re di Francia hanno invaso la città: Leonardo è fuggito e ha trovato asilo prima a Mantova e poi a Venezia. È tornato a Firenze, la sua città, nei primi anni del Cinquecento: lui e Michelangelo sono stati incaricati di dipingere il Salone del Maggior Consiglio nel Palazzo della Signoria. Qui ha realizzato la famosa *Battaglia di Anghiari* (1503), che però ha lasciato a metà e che oggi non esiste più. Sempre a Firenze ha dipinto la celebre *Gioconda* o *Monna Lisa*. Sempre insoddisfatto e irrequieto, ha poi continuato a viaggiare (nel 1506 era di nuovo a Milano e poi a Roma). Quando nel 1513 Francesco I di Francia l'ha invitato a corte, si è trasferito ad Amboise. Qui ha vissuto gli ultimi anni della sua vita circondato da grande rispetto e ammirazione, e qui è morto il 2 maggio 1519.

6 ha interpretato, ha compiuto, aveva vestito, aveva autorizzato, ha dichiarato, ha organizzato, c'erano, ha mostrato, ha chiesto, era, ha scattato, hanno bloccato, era riuscito.

7 **1.** era tornata a casa due giorni prima; **2.** aveva vissuto in quella città molti anni; **3.** quella mattina non aveva fatto colazione; **4.** il giorno prima alla festa si era annoiata un po'; **5.** aveva cambiato casa l'anno prima; **6.** non aveva capito quello che avevo detto; **7.** non voleva dirmi che cosa aveva fatto quella notte; **8.** era uscita da casa sua circa dieci minuti prima; **9.** non era stata mai così arrabbiata in vita sua.

lettura 8 - IL TAMPONAMENTO

2 aveva tamponato una macchina; **2.** la loro macchina non s'era fatta niente, ma lui si era spaventato, si era dovuto fermare, aveva dovuto lasciare i documenti e il numero di targa; **3.** non aveva visto l'altra macchina perché in quel momento stava telefonando e quindi stava guardando il telefono. Stava facendo proprio il suo numero; **4.** l'altra macchina aveva frenato e lui aveva dato una botta; **5.** non aveva frenato e che era pieno di rabbia; se telefonava Arturo lui non c'era; **6.** aveva tamponato uno dieci minuti prima; **8.** tornava a casa dopo un'ora; **9.** se davvero aveva tamponato uno.

3 **1.** fa; **2.** prima; **3.** fra; **4.** dopo; **5.** dopo; **6.** prima; **7.** dopo; **8.** fa; **9.** dopo; **10.** fa.

4 **1.** Sto andando a casa; **2.** Stavo guardando il telefono; **3.** Sto bevendo un caffè; **4.** No, stavo facendo la doccia; **5.** No, stavo dormendo; **6.** Lo sto leggendo in questi giorni; **7.** Lo sto studiando a scuola; **8.** Stavo mangiando; **9.** Sto sentendo la radio; **10.** Stanno telefonando ai loro genitori; **11.** Stiamo parlando con il dottore; **12.** Sta aspettando l'autobus; **13.** Stiamo finendo il lavoro; **14.** Stanno arrivando proprio ora; **15.** Scusa, sto scrivendo una e-mail; **16.** Mi sto pettinando e sto arrivando.

23. IL PRONOME *NE* E RIPILOGO DEI PRONOMI

1 **1.** le; **2.** ne; **3.** Ne; **4.** Li; **5.** ne; **6.** li; **7.** comprarne; **8.** ne; **9.** la; **10.** ne.

2 **1.** Non si parla con la bocca piena; **2.** Non si butta la carta per terra; **3.** Non si scrivono gli sms agli amici mentre si guida; **4.** Al mare non si fa il bagno dopo mangiato; **5.** Non si dicono le parolacce; **6.** Non si fanno i complimenti a tutti; **7.** Non si parla con il conducente dell'autobus; **8.** Quando si canta l'inno nazionale ci si alza in piedi; **9.** La mattina non ci si alza dopo le 9.

3 *Mi sono comprata,* Mi sono fatta, mi sono messa, mi sono bevuta, Mi sono mangiata, mi sono letta; mi sono fatto, mi sono letto, mi sono cucinato, mi son obevuto, mi sono guardato.

4 **1.** si fa (La dolce vita); **2.** si incontrano, si conoscono (Una giornata particolare); **3.** si innamora (Ricomincio da tre);

4. si rassegna (La meglio gioventù); **5.** si dedica (Mamma Roma); **6.** si baciano (Lilli e il vagabondo).

5 l', ne, -la, -la, -ne, ne, -la, le, li, li, la, ci, la, le, ne, gli, -la, ci, ne.

6a **1.** *Sì, ce l'ho;* **2.** No, non ce l'ho; **3.** Sì, ce l'ho; **4.** No, non ce l'ho; **5.** No, non ce l'ho; **6.** Sì, ce le ho; **7.** Sì, ce l'ho; **8.** No, non ce le ho; **9.** Sì, ce l'ho.

7 **1.** Ne servono 200 millilitri; **2.** Ne ho messe tre; **3.** Ne ho grattuggiato uno; **4.** Ne ho aggiunti cento grammi; **5.** No, non l'ho messo; **6.** Sì, l'ho usata; **7.** Ne ho aggiunti trecentocinquanta grammi nel ripieno e cento grammi nella pasta frolla; **8.** Sì, l'abbiamo mangiata tutta.

8 **1.** Sì, ce l'ho / La macchina non ce l'ho; **2.** Sì, la bevo / La Coca Cola non la bevo; **3.** Sì, ci vado / In Italia non ci vado; **4.** Sì, l'ho mangiata / La pasta non l'ho mangiata; **5.** Sì, li accettiamo / No, gli assegni non li accettiamo; **6.** Sì, ci credo / No, all'oroscopo non ci credo; **7.** Sì, l'ho sposata / No, Maria non l'ho sposata; **8.** Sì, l'ho trovato / No, il lavoro non l'ho trovato; **9.** Sì, ce l'ho / No, il chewingum non ce l'ho.

9 **1.** C (ne); **2.** H (ne); **3.** L; **4.** (ne) I; **5.** (l') G (ne); **6.** (ce l') A (ne); **7.** (lo) B (Lo); **8.** E (ne); **9.** (lo) D; **10.** F (Le, le).

10 **1.** *non ne so niente - Non so niente di Giuseppe*; **2.** Non ne leggono - Non leggono neanche un libro; **3.** Quando ci vai? - Quando vai in Sardegna?; **4.** Cosa ne pensi - Cosa pensi del fidanzato?; **5.** L'hai mangiata tutta - Hai mangiato tutta la torta, ne ho lasciata una fetta - ho lasciato una fetta di torna; **6.** La bicicletta ce l'hai? - Hai la bicicletta?, ne ho due - ho due biciclette; **7.** come lo immagini? - Come immagini Roberto?, lo immagino - immagino Roberto; **8.** Non ne voglio più sapere niente - Non voglio più sapere niente dei pappagalli; **9.** lo bevono - bevono il cappuccino; **10.** le telefoni (...) e le mandi - telefoni e mandi a Maria.

11 **1.** ce l', ne, ne; **2.** Tu,lo, te; **3.** mi; **4.** li, te; **5.** te; **6.** ce l', Ci.

lettura 9 - LA BIBBIA DEI POVERI

1 **1.** vero; **2.** vero; **3.** vero; **4.** falso; **5.** falso; **6.** falso; **7.** falso; **8.** vero; **9.** falso.

2 illustrano, c'era, sapeva, poteva, contenevano, si trova, racconta.

3 **1.** era; **2.** usciva; **3.** aveva deciso; **4.** era; **5.** era entrata; **6.** era andato; **7.** aveva fatto; **8.** erano impazziti; **9.** avevano legato.

4 **1.** che; **2.** di; **3.** che; **4.** di; **5.** che; **6.** degli; **7.** che.

5 **1.** -gli; **2.** -la; **3.** l'; **4.** gli; **5.** -lo; **6.** -la; **7.** li; **8.** gli; **9.** ne.

24. ALTRE CARATTERISTICHE DELL'IMPERFETTO

1 Sapevi, sapevo, ho saputo, si è sposato, voleva, conoscevo, ho vista, voleva, ho deciso, ho trovato, ha fatto, Si è laureata, voleva, aveva, si è tolta, si è messa, ha fatto, ha fatto, Ha dovuto, è tornata, È invecchiata, hai perso, sei ingrassato, Avevo.

2 *Tutti questi verbi all'imperfetto indicano una condizione nel passato, non vogliono indicare un'azione avvenuta in un certo momento.*

3 **1.** Potevo; **2.** capivo; **3.** Volevo; **4.** conoscevo; **5.** Ho conosciuto; **6.** potevi; **7.** si chiamava; **8.** perdevo; **9.** Hai bevuto; **10.** aspettava; **11.** sapeva; **12.** volevi; **13.** dovevi; **14.** potevo; **15.** ho avuto; **16.** Avete letto.

25. GLI INTERROGATIVI

1 **1.** Perché; **2.** Come; **3.** Quando; **4.** Quanti; **5.** dove; **6.** Qual; **7.** Come; **8.** Cosa; **9.** chi; **10.** quanti; **11.** perché; **12.** come; **13.** chi; **14.** Come; **15.** Dove; **16.** Quale; **17.** Quante; **18.** che; **19.** dove; **20.** quanto; **21.** chi; **22.** cosa; **23.** quanto.

2 **1.** Come mai; **2.** Visto che, Dato che, Giacché, Poiché; **3.** Visto che, Giacché, siccome, Poiché; **4.** Come mai; **5.** Siccome, Dato che, Giacché, Poiché; **6.** Perché.

3a Che cosa, Chi.

4 *Soluzione possibile:* **1.** Perché mai dovevo...; **2.** Ma che cavolo stai...; **3.** Ma quando cavolo rientri...; **4.** Ma che sei già stanco?; **5.** Ma come cavolo parli?; **6.** Chi mai telefona...; **7.** Ma che diavolo hai messo nel caffè? Il sale? **8.** Che, sei impazzito?; **9.** Ma come cavolo ti sei vestita?; **10.** Ma che, stai scherzando?

5 **1.** Perché sono stanco vado a dormire; **2.** Siccome devo sentire queste stupidaggini?; **3.** Che cosa mi puoi prestare due Euro?; **4.** Come devo lavorare non vado in vacanza; **5.** Che cosa sei in ritardo?; **6.** Chi studiano italiano?; **7.** Da quale mi aspetti? **8.** Come mai leggo? Siccome mi piace!

26. IL FUTURO

1 ARRIVARE - arriverò, arriverai, *arriverà*, arriveremo, arriverete, arriveranno; DIVENTARE - diventerò, diventerai, diventerà, *diventeremo*, diventerete, diventeranno; *PERMETTERE* - permetterò, permetterai, permetterà, permetteremo, permetterete, permetteranno; APRIRE - aprirò, aprirai, aprirà, apriremo, aprirete, *apriranno*; COSTRUIRE - costruirò, costruirai, costruirà, costruiremo, *costruirete*, costruiranno; *DIMENTICARSI* - mi dimenticherò, ti dimenticherai, si dimenticherà, ci dimenticheremo, vi dimenticherete, si dimenticheranno; POTERE - *potrò*, potrai, potrà, potremo, potrete, potranno.

2 **1.** passerò; **2.** scriverò; **3.** sentirò; **4.** farai; **5.** verrà; **6.** vedrà; **7.** andrà; **8.** avrà; **9.** Sarà; **10.** Sarai; **11.** dimenticherete.

3 fra sei mesi, per una settimana, l'anno scorso, Dopo, più a lungo, Prima, Da alcune settimane, fa.

5 troverete, leggerà, dirà, risolverà, risolverà , sarà, troverai, avrete, troveranno, diventeranno.

7 **1.** avrai fatto; **2.** avrà finito; **3.** se lo sarà dimenticato; **4.** Sarò stato; **5.** avrai dimostrato; **6.** avrò detto.

8 saremo, sarà, allungheranno, sarà, sarà, arriveranno, saranno, offrirà, Aprirà, saranno tessuti, si consumeranno, si adatteranno, saranno, Saranno, permetterà, saranno, costruiranno, diventeranno, saranno, si abbasserà, continuerà, aumenterà, potranno, conterà, sconvolgerà, ci saranno.

9. **1.** F; **2.** G; **3.** E; **4.** H; **5.** C; **6.** A; **7.** B; **8.** D

Soluzioni

lettura 10 - NERONE

1 *Soluzione possibile:* Nerone nasce nel 37 D. C. ad Anzio, una città di mare vicino a Roma; **2.** Nerone si innamora di Poppea. La storia diventa seria, Agrippina dopo una scenata a Nerone, muore assassinata. Anche Ottavia muore assassinata: forse l'assassino è Nerone, oppure Poppea; **3.** Nerone sposa Messalina, ma è depresso perché gli amici non gli vogliono bene e non amano la sua musica, così, Nerone si suicida; **4.** Dopo che Nerone sposa Ottavia, la figlia dell'imperatore Claudio, Claudio muore e Nerone diventa imperatore, ma pensa solo a divertirsi, scrive canzoni e canta. Così Agrippina, la mamma di Nerone, pensa al Governo. **5.** Dopo che Nerone e Poppea si sposano, Poppea fa la bella vita, vuole molti soldi, vestiti, fa il bagno nel latte e vuole molti uomini; così Nerone le dà un calcio nel sedere e Poppea cade, batte la testa e muore.

2 **1.** ci; **2.** l'; **3.** le; **4.** -ci; **5.** gli; **6.** ci; **7.** l'; **8.** ne; **9.** -ci; **10.** le; **11.** l'; **12.** -lo; **13.** le.

3 **1.** ad; **2.** sul; **3.** nel; **4.** al; **5.** a; **6.** ai; **7.** di; **8.** alle; **9.** di.

4 **1.** Quella birra l'ho bevuta; **2.** Gli spaghetti li ho mangiati; **3.** Le caramelle le ho comprate; **4.** La colazione l'ho fatta; **5.** Le mie amiche le ho incontrate; **6.** La televisione l'ho guardata; **7.** Le scarpe le ho pulite; **8.** Quella canzone l'ho sentita; **9.** Il computer l'ho usato.

6 è nato, ha sposato, ha detto, era, è diventato, sono andati, pensava, c'era, pensava, si è innamorato, sembrava, è diventata (era diventata), ha chiamato (aveva chiamato), ha fatto (aveva fatto), sono morte, diceva, era, era, si sono sposati, ha cominciato, era, hanno litigato, ha dato, è caduta, ha battuto, è morta, ha sposato, ha avuto, lavorava, voleva, ha scoperto, volevano, ha avuto, si è suicidato.

7 **1.** Io e un ragazzo ci siamo conosciuti, Tu e un ragazzo vi siete conosciuti, Lei e un ragazzo si sono conosciuti; **2.** Io e Carla ci siamo visti/e, Tu e Carla vi siete visti/e, Giulia e Carla si sono viste; **3.** Io e gli amici ci siamo salutati, Tu e gli amici vi siete salutati, Loro e gli amici si sono salutati; **4.** Noi e Paola ci siamo incontrati/e, Voi e Paola vi siete incontrati/e, Anna e Paola si sono incontrate; **5.** Io e il dottore ci siamo parlati, Tu e il dottore vi siete parlati, Il dottore e lui si sono parlati; **6.** Domani ci telefoniamo, Tu e Marco domani vi telefonate, Lui e lei si telefonano spessissimo; **7.** Io, Anna e Eva ci siamo incontrati/e, Tu, Anna e Eva vi siete incontrati/e, Lui, Anna e Eva si sono incontrati.

8 TRAPASSATO PROSSIMO - aveva fatto, aveva sposato, aveva dato, aveva visto; PASSATO PROSSIMO - è nato, ha sposato, è diventato, si è innamorato, è morta, ha cominciato, è morta, si è suicidato; IMPERFETTO - pensava, pensava, sembrava, doveva, voleva, voleva, pensava, pensava, amavano; PRESENTE - sei, chiacchiera, deve; FUTURO: continuerai, vorrà, farò.

TEST 2

1 **1.** gli; **2.** l'; **3.** un'; **4.** un; **5.** le; **6.** lo; **7.** un.

2 **1.** italiane; **2.** molti; **3.** rosa; **4.** simpatica; **5.** internazionale; **6.** fresco; **7.** inglesi.

3 **1.** ci sono; **2.** buoni; **3.** tedesco; **4.** La Spagna; **5.** leggono; **6.** quei; **7.** che.

4 **1.** da; **2.** di; **3.** tra/fra; **4.** dal; **5.** dalle; **6.** negli; **7.** alla.

5 **1.** vanno; **2.** vengono; **3.** facciamo; **4.** capisce; **5.** mi alzo; **6.** esce; **7.** si sente.

6 **1.** sono andate; **2.** piaceva; **3.** avevo; **4.** è diventata; **5.** hanno vissuto; **6.** prendevo; **7.** abbiamo passeggiato.

7 **1.** gli; **2.** li; **3.** le; **4.** le; **5.** gli; **6.** Ne; **7.** Le; **8.** ci.

Fonti iconografiche

p.28 - VGstockstudio/Shutterstock; Away/Shutterstock; p.31 - artproem/Shutterstock; rusty426/Shutterstock; p.32 - totallyPic.com/Shutterstock; p.34 - Francesco R. Iacomino /Shutterstock; p.35 - StevanZZ/Shutterstock; p.36 - Matej Kastelic/Shutterstock; Norman7/Shutterstock; canadastock/Shutterstock; marcovarro/Shutterstock; Paolo Costa/Shutterstock; EvrenKalinbacak / Shutterstock.com; Francesco R. Iacomino/ Shutterstock; Catarina Belova/Shutterstock.com; Syda productions/Shutterstock; p.37 - Belenos/Shutterstock; p.42 - wavebreakmedia/Shutterstock; Monkey Business Images/Shutterstock; p.44 - Iakov Filimonov/Shutterstock; p.47 - Volodymyr Ivash/Shutterstock; p.50 - exopixel/ Shutterstock; p.56 - BrAt82/Shutterstock; p.59 - szefei/Shutterstock; Ruslan Guzov/Shutterstock; Kamil Macniak/Shutterstock; p.60 - Nelson Marques/Shutterstock; MorganStudio/Shutterstock; p.63 - Voyagerix/Shutterstock; p.67 - paultarasenko/Shutterstock; Noci/Shutterstock; BestPhotoStudio/Shutterstock; izuboky/Shutterstock; Irina Bg/Shutterstock; MorganStudio/Shutterstock; BlackMac/Shutterstock; Yayayoyo/ Shutterstock; p.70 - d13/Shutterstock; p.71 - vgstudio/Shutterstock; p.72 - CandyBox Images/Shutterstock; p.73 - designed by Freepik.com/ Shutterstock; p.82 - Luciano Mortula/Shutterstock; Salvatore Chiariello/Shutterstock; KKulikov/Shutterstock; Diana Taliun/Shutterstock; paulovilela/Shutterstock; Beto Chagas/Shutterstock; SNEHIT/Shutterstock; canadastock/Shutterstock; BlueOrange Studio/Shutterstock; Angelo Giampiccolo/Shutterstock; Viktor1/Shutterstock; tommaso lizzul/Shutterstock; vladimir salman/Shutterstock; musicphone/Shutterstock; Pressmaster/Shutterstock; funkyfrogstock/Shutterstock; Paolo Bona/Shutterstock; jeep2499/Shutterstock; p.100 - Everett Historical/Shutterstock; p.101 - Everett Historical/Shutterstock; p.120 - Kzenon/Shutterstock; p.121 - MilanMarkovic78/Shutterstock; p.122 - Viorel Sima/Shutterstock; p.136 - silky/Shutterstock; p.137 - Mi.Ti./Shutterstock; p.138 - Everett Historical/Shutterstock; p.139 - Kjetil Kolbjornsrud/Shutterstock; p.144 - Syda Productions/Shutterstock; p.145 - Alliance/Shutterstock; p.146 - Syda Productions/Shutterstock; p.153 - Viktor1; p.170 - Kostiantyn Ablazov/Shutterstock; p.175 -ppl/Shutterstock

Appunti

Appunti